生徒年代

茶金歲月前傳

廖運潘——著

目次

第三章 生徒

第七章　晴耕雨讀

第八章　臺大經濟系

第九章　逐出校門

推薦序

奠定未來的童年

徐仁修
荒野保護協會創辦人、生態攝影家、作家

一九九五年，我創辦荒野保護協會時，為協會訂了兩大宗旨：

一、圈護荒野棲息地

二、做好兒童自然教育

當時，許多跟著我創會的夥伴甚是不解，「荒野」與「兒童自然教育」等字眼，讓這些很少接近大自然的都市小雅痞們不解與質疑。其實，這完全是我來自童年的啟發，讀過我的小說《家在九芎林》以及童詩〈村童野徑〉就會恍然大悟。而廖運潘先生這本《生徒年代》，正顯現了童年是奠定人一生的基石。童年的個性，童年與大自然的關係，與家庭環境的關係，與朋友的關係，均塑造了童年的經歷、想法、情感，最後銘印了重要的鄉愁與靈感。廖運潘先生在這樣豐富多變的大小環境下長大，從鄉愁中發酵出來的靈感與情感，最後匯聚成了這套巨著。

廖先生大我十八歲，我們童年的環境差異可說不大。他在二次大戰終戰前度過童年，我是終戰後，敘述的時代環境彼此差不多。他的老家塘背，我童年也去過，他的一位堂姊廖蓮嬌是我母親的同學，也是莫逆之交，我們都叫她阿姨。每次母親回新屋鄉娘家時，都會帶著我去蓮嬌阿姨觀音的家盤桓幾天。阿姨有七個女兒，所以她是七仙女的母親，大女兒徐淑雲更跟我同年。每次去觀音，我總有七仙女陪著去海邊、燈塔，或塘背的廖家大夥房玩耍。

在這個靠海、大家庭、滿是親情圍繞的環境，在充滿愛的良好教育中成長，使得廖家的孩子後來都成為了不起的人才，並有一番了不起的成就。

廖運潘先生與我稱得上忘年之交。第一次與廖先生聊天，我就發現他的各種天賦：聰敏、樂觀、熱情、幽默、善解人意又具同理心，再加上觀察入微、人生經歷豐富、記憶力超強，鉅細靡遺。這些個人特質，終能匯聚成這部著作。如今，我有機會為這部著作寫一篇微不足道的推薦序，深感渾身沾光，甚至有種錯覺，自己的影子似乎也微微發亮了。

推薦序

人人都應該活出自己的傳奇

李偉文
荒野保護協會榮譽理事長、作家、牙醫師

我與作者的女兒廖惠慶及女婿黃雍熙，都是荒野保護協會從籌備至今的志工，這三十年來經常碰面，算是在環境運動上有著革命情感的老伙伴。所以，我有幸能一路見證廖伯父及其子女們的傳奇故事，包括細讀《想到什麼就寫什麼》第一冊到第九冊，這長達一百三十萬字的家族歷史，其實同時也看到了整整一代人的生活史。

這一本《生徒年代》描述的是《茶金歲月》的年代之前，廖伯父的成長與求學故事，重現了二戰前後臺灣庶民百姓的生活日常。其實不要小看這個似乎屬於個人的自傳，誠如傳記作家楊艾俐所主張的，人人都可以寫傳記，不必是個大人物，因為即使是一粒小水滴，也可以映照世界。她認為，歷史是宏觀，時代是長河，傳記是時代的小小身影，是一個人對家庭對社會對國家的貢獻，人們從個人傳記得到的啟示，不下於從宏觀歷史得來的經驗，甚至更超出一個時代所能告訴我們的事。

的確，寫回憶錄應該是每個人走過青壯年後的必修學分。不是為了述說自己的豐功偉業，而是把自己的人生經驗與體會提供給別人參考。人類社會的進步，來自於能承續前人的經驗，並在前人努力的基礎上繼續發展。

另一方面，寫回憶錄對個人來說，也有精神療癒的作用，因為所有的經驗其實都沒有真正地事過境遷，它們都潛藏在內心深處影響著我們，我們可以在隔了一段時空距離後，重新審視種種生命經驗，賦予新的意義。而且，過往有很多事情當年來不及體會，如今透過書寫回憶，就能將模糊的印象重新描繪一次，從中得到領悟，然後在當下還來得及時，獲得改善或實踐的力量。

每次聽惠慶、雍熙賢伉儷聊到廖伯父的點點滴滴時，總會羨慕我們的父執輩歷經二次大戰，活過大變動的時代。我們的生活環境雖然比他們安穩，物質條件豐盛，卻也相對平庸。

不過當我再度仔細拜讀茶金歲月前傳，卻又有不同的體會，覺得我們也有屬於我們獨特的「大時代」，而且每個世代只要如同作者面對當下命運不逃避、以真誠樸直的態度勇於任事，那麼不必是大人物，每一個人都可以在自己的世代裡寫下屬於自己的傳奇，為這個世界增添一些光彩。

另外，也要再度感謝廖伯父能為臺灣留下這部動人的自傳，同時留下了時代的共同記憶，讓大家不會忘記我們是怎麼走過來的，因為民族的集體記憶，是一個社會的靈魂與國家的精神。一個有根的民族，會走得比較安心，比較篤定。

推薦序

古稀素人作家的客村少年情懷

廖運範
長庚大學醫學院特聘講座教授、
中研院院士

「觀音」是桃園一個濱海的客家村落，它有高聳潔白的白沙岬燈塔、供奉觀音佛祖的甘泉寺、湧泉不斷的觀音娘井、以燈塔為校徽的觀音國民小學、以甘泉寺為中心的上街、下街和廟前廣場左右各十幾店家，一九六〇年代還有盛產的美麗稻田，在沒有電力／電燈的年代，這個客村一個食指浩繁的小康人家孕育出觀音地方第一位台灣大學學士。大學畢業後他從左營台灣銀行、到北埔永光公司，然後移居台北重新白手起家養育六位兒女，歷經滄桑起落，到了古稀之年為了給愛聽故事的下一代，開始隨筆「浮生手稿」，十多年間陸陸續續寫了一百多萬字，分九冊自印書名很寫實的《想到什麼就寫什麼》。他是長我十四歲的二哥，我是他眾多兄弟姊妹中的六弟。

二哥的《想到什麼就寫什麼》初出時每冊只印二、三十冊分送子女與至親好友，直到買回北埔洋樓受到注目，才以北埔姜阿新洋樓為中心，濃縮精華出版《茶金歲月》，見證台灣茶業與相關人、事、物的變遷、興衰；現在這部《生徒年代：茶金歲月前傳》則是從有記憶開始的兒時到北埔茶金歲月之前的濃縮精華版，寫的是一位客家純真少年心、眼、耳中跨越日、台兩國治下的庶民生活、風土人情與悲歡離合。他受的正規教育幾乎都用日文，在台大讀的是經濟系，畢業後大多從商，但好奇心強、喜歡追根究底廣泛閱讀，自述興趣在歷史和文學，擅長日文俳句寫作／發表，但沒有學過中文，唯一中文筆耕是為了生計應徵為國防部翻譯幾十萬字的日本「大東亞戰爭史」套書，磨練了他的中文書寫，古稀才提筆寫作，是聯經出版社出書五十年來出第一本書（《茶金歲月》）時年紀最長（九十四歲）的作者。以素人畫家為例他可算是一位素人作家，但他筆下春風，寫濃郁的親情、友情不著痕跡，寫濱海客家刻苦耐勞的風土人情、食衣住行、婚喪節慶，也寫小人物的趣事以及鄉野傳奇、地方特色，精細而且有畫面有情節，讀來歷歷在目、栩栩如生，故事鮮活生動有趣。雖然大致按時序書寫，但時而穿插對日本歷史、事務、時勢與重大事件的了解，包括太平洋戰爭、戰後政權移轉變局、二二八事變、地方選舉等，時而從淡水、高雄、北埔飛回到觀音的人與事，出入自由沒有違和感，真的是「想到什麼就寫什麼」，而且行文流暢，用字遣詞雅俗文白運用自如，還加入不少濱海客家在地特有的俚語，字裡行間透出他的見多識廣、博學強記、心地敦厚、豪放幽默以及對人、事、物、地的觀察入微，手足們每接一冊，都隨著他「寫到什麼就想到什麼」一口氣讀完，沉浸在老家的舊日時光中，意猶未盡欲罷不能。

回想筆者青、少年時期的觀音客村人、事、物，除了父母已升級成祖父母，其他和時間早十五年的書中描述大同小異，古樸的甘泉寺還沒翻修，廟前的巨榕依然「健在」，也還沒有電力／電燈，以此類推，從淡水中學到台灣大學之間的記憶應也如實記述了當年的實況與故事，二〇二三年十一月台大管理學院出版的《走過七十五年——台大管理學院的成長創新之路》，就因「他擁有非凡的記憶力，聊起求學往事能精準道出年份與關係人」，摘取《想到什麼就寫什麼》相關章節加上訪談，收入它的第一章「時代種子的萌芽」，足以說明其可信度獲有頂尖大學認證；前不久行政院客家委員會也頒給他「一等客家事務專業獎章」，表揚《想到什麼就寫什麼》記錄真人真事的客家地方發展史，以及《茶金歲月》出版後的影響與貢獻。

總之，這是一位古稀素人作家筆下客村少年的往日情懷，是一段溫馨、有趣又真實的民間「歷史」故事，還有不經意透露的濱海客家勤勞儉樸、樂天知命的生活哲學，很高興它能和大家見面。

第一部

生徒年代

第一章　塘背廖家

牛棺材

我的廖家祖先世崇公原籍廣東省陸豐縣吉康都，在十八世紀中葉攜眷渡海來臺登陸臺南。當時可能攜帶的盤纏有限，所以一面打工一面北上，聽故老說有時三餐不繼而討過飯吃，換句話說就是當過乞丐。惟此事攸關老祖宗的面子，所以不宜對外喋喋。後來不知道經過多久歲月，父母和四個兒子終於到達竹南附近的中港，可是依舊一貧如洗，在此一帶逗留期間吃了死牛肉，世崇公為此得了牛疔而在中港去世。所以我們來臺祖的墳墓在中港公墓。

一直到二〇〇六年遷葬之前，每年舊曆元月份，四大房都會輪流到中港祖墳掃墓。廖家子孫酷愛吃牛肉，日治時代一般農民不吃牛肉，唯獨廖家請客沒有牛肉就不算澎湃（客語：酒菜豐盛），當時牛肉價格不到豬肉的一半，所以做公忌時每家每戶都會買幾十斤牛肉來做炒牛肉，滷牛肉，牛肉湯等等佳餚應有盡有，人人吃得不亦樂乎。此一特殊嗜好之厲害，甚至到了惹起別姓人諷刺「塘背人係牛棺材」這個地步，但這是否與子孫想要報祖先殺身之仇的潛在孝心有關，則不得而知。

一家之主死後，這個落魄的家族離開傷心地，再沿著海邊北上，一七六一年落腳觀音。他們以幫傭為生，後來在觀音南方二公里找到了一塊沒人要的叫做塘背的沼澤地，一家人協力拚命排水開墾，使這一帶無用之地變成良田。一七七六年，就是美國獨立的那一年，他們在自己的土地上蓋了祖厝，祀奉世崇公。世崇婆後來在觀音逝世，埋葬在塘背浮圳田邊。一九四〇年廖家在祖厝鄰地蓋了納骨塔，二〇〇六年中港墓地廢除，世崇公和世崇婆的骨骸在同一天起金，終於雙雙歸來自己的座位。

我曾祖父廖善安棄世時，曾祖母羅氏年齡大約四十九。他們生有逢政和逢科兩個兒子。祖父逢政公我沒有見過，連我父親都對他老人家沒有印象。祖父逢政婚後無子，聽說新屋庄田心鄰近田寮佃戶邱家生育子女一大群，生活非常窮苦，為了節省柴火，他家男孩子都被趕進埤圳（引水灌田的水路）洗澡，三個女孩子長得清秀，所以很早就賣給人家做「心舅仔」（客語：童養媳）。一九〇三年（明治三十六年），祖父赴新屋庄邱家抱養嬰兒為養子後卻於同一年往生，年僅三十幾歲而已。父親團景從新屋鄉邱家抱養過來時才兩三個月大，因此對祖父毫無印象。祖母名叫雙妹，生有一女阿桂，當時七歲，沒有兒子，才把我父親抱來傳宗接代。祖父去世後三年，祖母改嫁到新屋鄉崩坡下的農家，三歲的父親頓時成了無父無母的孤兒，由他的祖母和逢科叔父母撫養長大成人，所以我從小就尊稱叔公叔婆為阿公阿婆。祖父兄弟在觀音開一家漢藥舖兼雜貨店，藥舖叫做廣生藥房，雜貨店取名榮源商店，擁有田地十三甲，自己不耕種，全部出租，可以說是小康家庭。

父親晚年對我說過很多過來事，他說他開始懂事的時候就無「爺□」（爺娘，父母），「生來就命歪」（生來命薄），但從少年時就懂得打拚，遇到多次困難，承蒙「阿公婆保護」（列祖列宗保佑）都能夠化險為夷。阿太（父親的祖母）「惜孫惜入心」（疼愛到心坎裡，這裡的惜字念ㄒㄧㄚˋ），聽家父說過，他從小跟阿婆一起睡覺到「討哺娘」（娶妻）前夕為止。

父親八歲與堂哥文景一起入學觀音公學校時還留辮髮，每日上學前要阿婆替他拼毛辮，通學單程兩公里多，下雨天路滑難行，阿婆就叫大於家父五歲的堂兄登景伯背他去學校。

父親很早就知悉自己身世，叔公不許邱家祖父來看父親，自然也不可能讓父親到新屋去探視父母，其理由是怕他們父子間有了感情以後，因為邱家非常貧窮，父親可能會拿金錢接濟邱家。如此說來，父親能夠認識他的兄弟姊妹，應該是叔公死後，亦即一九三一年家父二十七歲以後的事。

父親之初次認識廷祥叔，據說是父親搭火車上北經過崁子腳時，看到在車站勤務的廷祥叔而從他的臉形認出可能是自己的兄弟，所以回程就在崁子腳下車向他「認親」。

一九四一年暑假攝於榮源商店門前，右起謝萬協、淡水中學校川村良明老師、廖運潘。

邱家親祖母生了十一男三女，家父排行第六，我見過其中之五位伯父，四位叔父，唯有一位未曾相遇。這位邱家親祖母我只見過一次。第二次世界大戰結束後不久的某一日，我聽說祖母來在崁子腳（內壢）排行第八的廷祥叔家，當時讀臺北高等商業的我認為機會難逢，特地從臺北坐火車前往八叔家見祖母一面。

祖母七十多歲，頭髮全白，面帶微笑看著我，廷祥叔介紹說是六哥的兒子，祖母只說一句「是阿團个賴仔（兒子）麼？」後就沒有第二句。我也不知道用客語對初見面的鄉下祖母該說什麼，只能叫一聲阿婆就後繼無言；阿婆幾個月後病歿，給我留下無限的惦念。我有三位邱家姑母，但只看過三姑「香妹」，我在親祖母病歿約兩年後見到香姑時，立刻在她臉上看出祖母的神采，她是一個美女，所以我相信邱家祖母年輕時一定非常秀美。

廖團景（中）與邱家親兄弟合照。左為邱廷祥，右為最小的林能安（改姓）。

父親廖團景出生時，臺灣已經變成日本領土。當時的公學校是四年制，他八歲進入公學校時一半學日語一半讀漢文，寫字用石筆寫在石盤上，這一些道具我小時候當作玩具玩過。

父親以第一名成績畢業，當時公學校正要改制為六年制，可是叔公以家裡人手不足為由不肯父親繼續上學，此事使父親耿耿於懷，下定主意以後無論如何都要讓自己子女接受良好教育，這就是我能成為觀音國校出身之第一個大學畢業生的原因。此事好像沒有什麼稀奇，但我是觀音第三十二屆畢業生，在我之前竟然沒有半個學士，可知觀音這個地方對教育的漠視。在如此觀念落後的環境裡，父親對教育的熱心是有目共睹的。

父親十二歲開始跟著叔公幫忙漢藥舖和雜貨店，晚上到觀音廟的書房唸漢文，父親認真用功而且嗜好讀書，所以他的漢文造詣相當深厚。叔公的兒子文景伯比我父親大兩歲。他也在店裡幫忙，到了晚上，叔公就回塘背或到觀音郊外的小老婆家，留伯父和父親在店裡。雖然只有兩公里距離，但他們還是很想家，尤其是聽到鄰居的胡琴聲時，特別心焦（客語：因想念而不安）。不久父親也學會拉胡琴，而且拉得很好。可是也許是因為他的性格比較正經的關係，他不會拉一般客家人喜愛的山歌，而是專學外江（平劇）和北管。我小時候，晚餐後在外乘涼時，常常聽他大顯身手，鄰居都會聚集欣賞一番。中日戰爭開始後，日本政府提倡皇民化運動而排斥中華文物，身為觀音保保正的父親就很少去碰胡琴了。

父母結婚時父親十九歲，母親陳李妹少他一歲，兩人的結合是由外祖父陳加的表弟愛狗伯（廖愛景）做媒的。母親說叔公非常疼侄子，聘金高達三百圓。因此嫁妝也相當豐富，簞笥櫥、化粧台、繡燈等等，我小時候都有印象。

一九二八年十月廿二日清晨，我出生在塘背老屋。當時屬於日治時代，按照日本年號的稱呼是昭和三年舊曆九月十日，稍為長大以後我必須牢記這個舊曆日子，因為自己要提醒母親，才能得到兩個煮鴨蛋，而其他兄弟姊妹也各分享到一個，以示同慶。可惜我們大部分都沒注意到舊曆的日子，常常過了才想起來，只有捶胸頓足的份。

母親在塘背生了五個孩子，可惜第一個兒子夭折，二哥運琦、姊姊繡英、二妹繡蓉還有我五個人是在老屋出生的。一九三〇年，觀音的店改建為二層樓，成為當時觀音最高的建築物，我們這一房包括父母親，琦哥，英姊，繡蓉和我都搬到觀音街上來住。我的記憶就從此時期開始隱約出現在腦海裡。

石觀音

觀音這個地方本來是荒地，差不多一百多年前，有一次洪水把一尊酷似觀音菩薩的天然石頭從一窟淺水井沖出來，當時沒有人注意到，只有一些看牛的頑童當做投石標的玩。後來有人認出那是觀音像，才搭了一個草棚來供奉。爾後我們廖家逢奶伯公的父親得到重病，到處求醫無效，以姑作一試的心情來祈求這裡的觀音娘娘，並把石觀音浮出的觀音娘井的水喝下去，結果水到病除。後來他就發起建廟之議，興建了土磚木造的觀音廟。這個地方沒有山，但廟命名為福龍山甘泉寺。奶伯公的父親（廖文安）是第一代香公（客語：廟祝）。我沒有見過第一代香公，但第二代香公奶伯公卻是我們的死對頭。因為我們常常在他午睡時在廟裡大吵大鬧，他很生氣又奈何不了我們之餘，便想出水攻之計，當我們玩得正開心時，他會拿著一杓水偷偷地接近，再向我們猛潑，我們便一哄而散。

甘泉寺建立後，以寺廟為中心，慢慢地形成一個村落，早期地名叫做石觀音莊。由於附近產米不少，石觀音就變成一個米穀的集散地。聽說剛開始的時候，廖家的產米賣不出去，必須雇船運到艋舺去推銷，後來就不必如此麻煩了。

齠齡之憶

據母親說，阿公是很嚴肅可怕的人，但在我

觀音甘泉井，觀音國小校史室提供。

的記憶裡，他是十分慈祥可親的老人家，每當我叫他「阿公」時，他總是大聲答應一聲「哦！」，所以我就常以叫「阿公」作為我的遊戲。現在我依稀記得阿公的面容和他的「哦！」聲，可見在我印象裡阿公是多麼親切。他死後兩三年，大約我六歲那年冬天，我突然想起阿公為什麼不見了，就向每個人打聽「阿公那裡去了？」，但沒有人回答這個問題。有一天問到一個塘背來的人，他是誰我不清楚，好像是個愛開玩笑的人，他告訴我「你阿公到上街賣屁股去了。」我不知道什麼是賣屁股，但懂得哪裡是「上街」。觀音街地形不平；以觀音廟為界，廟後高出十幾公尺，所以叫做上街。鄉公所、派出所、學校，輕便鐵路站都在上街，我們家位於廟側，因地形低窪而被稱下街。從那個時候開始連續好幾天，我一想到阿公，就一個人跑到上街盡頭的輕便車站尋找阿公。

車站外邊是水田，我獨自站在田邊耐心等待，因為偶而載貨回來的人力輕便車都載有幾個客人，我是期待著在那一些人當中能看到我的阿公的。這個行動什麼時候結束我記不清楚了，但想到一個五、六歲的小鬼打赤腳、穿開襠褲、剃光頭、流著鼻涕，在寒冷刮著風砂的路邊望眼欲穿、等待阿公出現的情景，如今依然難免欷歔。

觀音上街。

聽說阿公去世時我三歲，那麼應該是一九三〇年的事。阿公病危時，躺在眠椅上從觀音返回塘背。那天雖然是初冬但有太陽，上面框著黑色蚊帳，我也坐在一起。四個人扛著我們走，其中一個是我父親，走到街尾「揹雞奎」家前面又停下來，說忘記帶什麼東西，叫一個人回去拿。我坐在黑蚊帳裡面，暗暗的很不舒服，記憶也到此為止。之後，我看到阿公躺在棺木裡，泛白的眼睛張得很大，身體周圍塞滿了銀紙，好像很舒服似的。

從開店到開田

叔公（阿公）的去世對我們家帶來很大的衝擊。第一、失去了家長，以後不知怎樣經營下去，第二個問題就是失去漢藥店執照，因為總督府施行漢藥鋪遞減政策，負責人去世後不再補發。

叔公死後藥店不能營業，這等於店裡的收入減少一半以上，為了維持所需的收入，父親只好擴張雜貨店的生意。於是乎，布匹、菸酒、石油、糖果、豬肉、南北貨、金炮燭、缽頭、醃缸、盤碗、平板玻璃、刻印章，甚至棺材、「豬肉砧」（剁豬肉販售之帶腳大椹板）都納入營業範圍。據我所知，父親在我們家是主角，自然而然是當家了。我十歲左右時，父親的一天是這樣的；五點起床到屠宰場，六點回家吃早飯，然後賣豬肉，九點以後忙著應付雜貨店，這個時間伯父才出現來照顧布店，吃過中飯以後就不見人影。下午父親午睡醒了以後，開始整理帳冊，有時候到中壢去補貨，還要偷偷替人開藥方醫病，偶而有人來買棺材時，附帶的生意就很多了。

叔公去世時，家裡的財產有十三甲田地，但父親在爾後的十年間，把它增加到三十甲之多。他的方法有一部分是這樣的：向政府申購廉價海埔新生地，雇人開墾變成水田後，以三年免租的方式招租。我讀公學校二、三年級時，父親每天要我陪他到海邊去巡視開田的進度，他每次給我的酬勞是潭景伯家賣的牛皮糖一塊。開田的方法，是把石頭撿出堆在四圍，在上面盛土種植林投和觀音竹，再加上木麻黃作為風屏。這樣，托了堆肥和桃園大圳的福，很快就變成良田。

為了買地開田，父親向商工銀行借了不少錢，後來我們分家時也把債分攤。只是因為戰爭所引起的通貨膨脹的關係，爾後的負擔就減輕了不少。

觀音街的大家族

觀音的家，前面是雙連間二層樓的店鋪，樓上是母親房間和隔壁的大眠床，以外就是倉庫。店鋪後面是舊有的房子，包括廚房、穀倉、伯父的房間、神明廳和另外一個空房間。我稍微長大以後，和哥哥睡在二樓，從前根本不用墊被，冬天也直接睡在草蓆上。當時雇用的有情伯公（逢情）和彰景叔也一起睡在這。情伯公老實木訥，是我們家的老伙計，也是我們家的廚師，塘背炒可說是他的傑作。他為人老實，但在向厝有一個愛人。情伯公偶而不在家裡睡覺，我們都知道他到哪去。

根據戶籍資料記載，我的出生別是三男，即是說我有兩個哥哥，但聽說母親生產的第一個嬰兒夭殤，所以我從小只有一個哥哥運琦。琦哥大我四歲。因為長子早逝，母親對次子難免小心翼翼愛護有加，兩年後出生的繡英姊就比不上。那個時代的臺灣農村重男輕女，把千金小姐謙稱「妹仔屎」，可知其一斑。

琦哥小時候有偏食壞習慣，所以看起來比較瘦弱，早餐如果沒有喜歡的副食，他只吃兩、三口飯就跑去上學。這一招對溺愛他的母親很有效，母親往往會特別煎蛋，或拿出肉酥、日本福神漬等私房菜來向他妥協。如果我也在旁吃飯，母親會分給我一點意思意思，但我曾經單獨依照琦哥妙方

中年時代的父親，廖團景先生。

母親廖陳李妹女士。

炮製，母親卻嗤的一笑說，「個就省起來，你恁大箍，餓一餐無要緊」（那就省下來吧，你那麼壯碩，餓一餐也無妨），害我失盡面子。她的說法有道理，我很小就領會母親是明理、但不講理的人。

我在一九三五年（昭和十年四月）入學觀音公學校時，琦哥是五年生兒童（註：日治時代公學校在校生之正式稱呼是「兒童」）。在一年生的我眼裡，琦哥是俊秀的上級生，服裝端正，行為規矩，五年級副級長，標準模範生。他身材苗條，我胖嘟嘟；他衣服合身得體，我撿他舊衣大部分尺寸不符；他乖乖牌，舉止態度斯文，我爬上樹頂，地下打滾，與人打架等「無惡不作」；與他相比，我不得不自慚形穢。

我八歲上學時，二妹繡蓉六歲，三弟運淮五歲、三妹繡蘭三歲，四弟運琤是一歲娃娃，四個

一九三七年攝於觀音老家前，左起運淮、運潘、運琤、運琦、運溥、繡英、繡蘭、繡蓉。

幼兒都跟父母親睡在樓下店面大眠床，英姊大概是跟當時十三歲的童養媳周妹姊睡在後堂以前祖父的臥房。店員登景伯和大堂哥運鋑從塘背老屋過來上班，新婚的彰景叔每天下班回到「寮仔」惡牯叔公家。我們家雙連間的二層樓建築，樓下店面後左角有四個半榻榻米大的通鋪，樓上右側隔成二間，前半是通鋪，從前逢情伯公在店裡幫忙時，琦哥和我跟他一起睡；後段是母親房間，她的一大堆嫁妝架子床，簞笥廚，化妝台等都在這個房間，但她平常都睡在樓下大眠床，這裡只當做產房之用。

母親在塘背老家生產三男二女，在觀音產房又生了五男六女，一共八男八女，本身安然無恙而壽比南山（先父享壽九十一，先母九十二）。樓上左側樓梯旁與樓下大眠床同一位置，是同樣四個半榻榻米大的日式房間，有木板隔牆卻沒有日式「幛子」（拉窗）或「襖」（フスマ，木框兩面糊紙的隔扇拉門），前面是一大片空間，放一些雜物。當時的觀音街沒有電燈，晚上採光使用乙炔燈或「燈盞火」（小型煤油燈），睡眠時熄火。外面有時月亮照射，但寬闊的屋內「滿片塞暗天地」（觀音話），對深信妖魔鬼怪、魑魅魍魎之存在的幼童是非常可怕的環境。而在此情景下，琦哥強迫我睡「脣頭」（邊緣），他睡「壁角」（角落裡），時琦哥十二歲，我才八歲，真是哥哥欺負弟弟。

母親好像認為琦哥生來虛弱，必須細心保養以期萬全。那個時代有一店家開始每晨從六公里遠的新坡配送「玄米乳」（日語：糙米醬）給觀音的內地人家庭，聽說很有營養，能幫助幼兒發育，琦哥是稀少的本島人用戶，讓周遭嘴饞小鬼包括我羨慕得要命。但有天清早，琦哥正在享受他的玄米乳時，在傍的英姊告訴他，外面有人說玄米乳很好吃是因為裡面攙有那個送貨小夥子媽媽的母乳的關係，害琦哥立即噴散滿地，從此玄米乳不再送到我們家來。

為了把琦哥養得健康強壯，母親的科學精神無微不至。她托人到中壢買回一大瓶「メガネ肝油」（眼鏡牌魚肝油），附有一支樟腦製小杓子，命琦哥每晚飯後吃一杓。肝油是取自北海道產鱈魚肝臟的脂肪，瓶蓋一開，腥臭沖天，琦哥「面即臭」（臉很臭），從此每日吞飲一小杓肝油成為琦哥的難題。他喝油前會準備一大杯芭樂葉茶和一粒大烏糖塊，皺著眉頭把肝油倒入口中，同時投進烏糖塊，咬了幾口後大灌芭樂葉茶，過程中一臉苦澀。母親監督甚嚴，有時看著他喝，又常常觀察肝油瓶的殘量，以防琦哥怠於用藥，讓他無法使詐。

後來母親不知道聽哪一位高人指點，又不知道經過什麼管道，買回內地（日本）產的「養命酒」，供琦哥睡前喝一小杯。琦哥這次如魚得水，邊喝邊說「好好吃」，害我每夜垂涎三公分。鬼靈精的琦哥有了新主意，他用半小杯養命酒來賄賂我替他喝一杓眼鏡牌魚肝油，由於魚肝油腥羶難當，養命酒美味無法抵消腥味，所以我試過一次就拒絕買賣，他改善條件，以一小杯酒換一杓油，但只成交一次就遭我拒絕往來。母親可能期待神藥能使琦哥像吹氣球般地迅速長大，惟短時間看不出神效，而神藥價貴又難入手，所以大約一年後就不了了之。這讓琦哥鬆了一口氣，倒是我後來居上，追上琦哥之成長，乃托神藥在我身上現靈之福亦不無可能也。

一九三七年三月，琦哥公學校畢業，投考新竹中學校落第，留在母校補習一年，翌年再考竹中而重蹈覆轍，便屈就於中壢第一公學校高等科一個學期，第二學期東渡東京插班私立錦城中學校。「棚頂」（樓上）大眠床的空間也由七歲的三弟運淮遞補，而改為哥睡「脣」，弟睡「角」。

我大概六歲時，有一天和二妹繡蓉在二樓玩，我們在壁櫥裡面找到一個中元放水燈用的燈籠，燈盤是木製的，還剩有一小截白色蠟燭，旁邊剛好有一盒火柴。我們二人開始玩放水燈，我用火柴點了蠟燭，把燈籠吊在壁櫥上方的釘子上，後來忘記就走開，沒多久燈籠燒起來，很快蔓延到壁櫥。外面有人大喊「火燒屋」，鄰居多人跑過來救火，所幸發現得早，鄰居運林哥用幾瓢水就把火熄滅了。父親問我是誰點的火，我害怕之餘，直指二妹。父親沒有罵我們，但把責任推給二妹，又是大欺小，我感到無比慚愧，過了很久都還為自己的卑鄙覺得內疚。

小時候，母親要包辦一切家事，包括洗全家人的衣服和在屋子後面菜園種菜，忙得不可開交，所以買了一個叫做阿妹的童養媳。她當時九歲，有一天打水給我姊姊洗臉，一不小心掉進十尺深的水井裡面。姊姊哭著去叫人，幸好阿妹雙手抓住水面旁邊的石頭未沉下去，隔壁熒景叔進去井內，用菜籃托住阿妹，叫上面的人拉上來。母親非常疼阿妹，她刻苦耐勞，文靜不善言辭。母親原有意將來配給小她一歲的哥哥為妻，後來知道哥哥決定要娶玄妹嫂時，二十二歲的阿妹悄悄出走而不知去向，父母親很同情她的處境，所以沒有去追究。

當母親太忙或要到河邊洗衣服時，大部分都把我寄在李蒼伯公家。他們家住在我們右斜對面，有兩間店面，一間是老人家開的小糖果店，另一間是二層樓。宣景叔在樓下開木匠店。

廖團景、陳李妹全家福，後排左二為周妹。

幼年時，我的另外一個去處是左斜對面的姑婆家。她家姓葉，屋子很矮，連她家人都長得特別矮。姑婆是從廖家嫁到葉家的，兒子葉標和我父親同庚。姑婆通達世故又是自己人，所以母親遇到困難時就會請教她。母親要打我時，我可以跑到她家避風頭。

踩鹹菜是每家每戶的例行公事，我們家當然也不例外。把大菜（芥菜）排在草蓆上，撒上鹽巴，大家把腳洗乾淨後，踏在大菜上面走來走去，這是促進大菜乳酸醱酵的最重要過程。把充分踩過的大菜擺在甕中，上面壓幾個石頭便大功告成。踩鹹菜多半在晚飯後進行，腳底有傷口時很慘。還沒有踩完以前不准離開現場，以免弄髒腳底，有時候還要背著弟弟或妹妹來參加，以收一箭雙鵰之效。因為如此，家裡的踩鹹菜一點兒都不好玩。可是姑婆家的踩鹹菜就不一樣。姑婆家好像有永遠踩不完的鹹菜，在我的記憶裡，她家經常在踩鹹菜，所以有時候我也去客串插一腳。她家的方式非常自由民主，既不用洗腳，又可以隨便離開去玩別的事情，興趣一來再回到原來的崗位，小孩子在鹹菜上面蹦蹦跳也沒有人管，這才是自由天地也。

童年玩伴

幼年時代的朋友，綽號阿戇的葉福來比我少一歲。他是我們家對面阿桶伯的獨生子，滿頭的雞屎堆有時抓破流血，鼻子經常掛著兩條青絲鼻涕（客家話叫做鼻膿，很有臨場感）。在當時，一般小孩流鼻涕好像是很普遍的，所以用手擤鼻涕的技術也相當發達。一段時期日本人幾乎把這個惡習廢除掉，可惜光復後這個古老文化又重振起來。

阿桶伯家是兩棟相連的店鋪式建築，一棟是二層樓住家，另一棟單層的是牛欄兼肥寮。把牛的排泄物和雜草或能腐爛的垃圾堆在一起讓其醱酵，就可製造堆肥，因此阿戇每天在肥寮拉屎，作為對家裡小小的貢獻。更厲害的是他不用衛生紙，而是以稻草或小石頭來擦屁股，實在稱得上是個克難小英雄。葉家有一位童養媳，名叫維妹，外號蟾蜍。阿戇十七歲那一年冬天，阿桶伯準備讓他們「做大人」（福佬話送做堆）。阿戇提高警覺，帶了一條棉被賴在我們家大眠床睡覺。除夕晚上，阿桶伯親自出馬來提回棉被，阿戇抱住棉被不放，最後大聲哭起來。我們兄弟幾個勸阿桶伯不要強人所難，後來阿桶伯知難而退，阿戇總算逃過一劫，但蟾蜍卻看破了紅塵，削髮為尼，雖然不識字，但聽說很會唸經。阿戇為人靈巧，對機器方面是無師自通，除了種田以外，從修理腳踏車開始，升級修理機車又兼電氣工程、賣煤氣等。

報效祖國

其次應該要提到運敏。他與我同庚，父親潭景伯綽號崩江潭，以賣糖果為業，但聽說日本人開桃園大圳到處建貯水池時，潭景伯包了不少工程而風光一時。

運敏為人風趣，一天到晚瘋瘋癲癲，說說笑笑，只是因為他沒有牙齒，所以他說的話很難聽得懂。也許是因為沒有牙齒，他的舌頭上可舔到鼻子，下可伸至下巴。他沒有綽號，我們只能叫他無牙敏。運敏在光復後不久志願當兵，到大陸一直沒有回來，聽說前幾年已經去世了。他的女兒託觀光客尋根，她的臺灣叔叔和姑姑都蠻有人情味，到大陸去拜長兄墳墓之同時，給了姪女足夠買兩棟房子的銀子。

劉秀春外表蠻斯文，但性格卻很乖戾。不過從其成長的過程看來，實在是不能怪他。他的祖父是由大溪搬過來的閩南人，大家叫他「福佬旺」，在廟旁邊開一家客棧。他父親排行第二，不知其名，外號「人丁仔」（大概是福佬話之矮子的意思）。人丁仔學過泥水匠，當時學藝的期間是三年六個月，出師後還要免費替師父服務一年，就是說跟著師父去做工而工資歸於師父。但人丁呀沒有耐心，沒有出師，高不成低不就，所以經常處於半失業狀態。有一天他母親阿園嬸突然失蹤，父親從此變得自暴自棄，常常不回家，使他三餐不繼，生活相當悲慘。

因為如此，劉秀春戰後志願當中國兵，比起無牙敏更為自然，而具有其必然性。可是他們完全不知道他們陷入一個很大的陷阱。募兵官在戲院開演講會，起初講了一大堆從軍報國的大道理，卻沒有人理會他的鬼話。因為戰爭剛結束，日本已經投降，對共產黨的情形一知半解，所以大家都不管什麼報國不報國。可是當台上說到每個月的薪水有好幾萬塊時，大家的眼睛就亮起來，演講完畢的同時，就有人搶先出去報名。劉秀春、廖運敏之外，我的四個國小同學廖達景、彭木火，吳海湧、張雲燃也在其內。除了劉秀春後來與共產黨打戰負傷，幸運獲准退伍而能夠回家以外，都是一去不還。他們之所以會志願當兵，完全是受了金錢的誘惑，因為當時一般公務員的薪水只不過是舊臺幣二、三千元，做公務員要學歷還要靠關係才能謀得一官半職。現在他們沒有學歷，不用人家提拔就能得到如此優厚的職位，簡直是千載難逢的好機會，怎能叫他們不去享受這個榮華富貴呢？可是好景不常，等到他們獲知所謂的幾萬塊是指大陸上貶得一文不值的法幣時，人已在船上，只有徒嘆奈何的份了。

光復後，我學兄萬庚也受騙去當水兵。知道上當後不久，他服役的軍艦靠岸基隆港。他藉登陸的機會逃之夭夭，後來考上了臺北師範。翌年他到基隆遊玩，看到他以前乘坐的軍艦，申請參觀獲准，走到他以前住的艙位時，竟然看到有一個掛著「謝萬庚」名牌的水兵。濫芋充數的軍隊之不堪一擊，誠不言而喻也。

道士

廖運浮的正名是廖遵浮，從小到大都是一副娃娃臉。他少我一歲，住在我們右鄰第三家，父親阜景叔是一位道士，也是大家公認的怪人。他的主要職務是驅鬼，所以都是在傍晚出門。如果遇到我母親，一定要稟報一聲「阿嫂，老弟要去撈一筆了」，回來時就大聲喊叫說「阿嫂，老弟撈一筆回來了」，所以我父親叫他「憨阜景」。他們家與別人合租一個房子，廁所也是共用的。然而阜景叔占廁所的時間特別長，他怕人家騷擾他，因此特製一枚看板寫著「內有人」三個大字，進廁所時就掛在廁所門，一掛就是一個多鐘頭。使他的共租人大為跳腳。

阜景叔對「機器採茶」情不自禁，當時沒有幾家人有此貴重之物，他又是跑江湖的，所以誰家擁有此物，他瞭如指掌。於是乎，他「送鬼」完畢的歸程經過有機器採茶的人家時，就會忍不住地敲門，懇求主人賜給他一杯熱茶，乘機要求欣賞人家的機器採茶一番。雖然他的歸程時間都是三更半夜，但被叫醒的人多半有一點懾於他的法術，也有想要誇示寶物的心理，所以還是不嫌麻煩地敷衍敷衍他。機器採茶乃是早期蓄音機之謂，因為它能唱採茶歌曲，故得此稱。

我父親不迷信，但有一次二妹得病而藥石罔效，便姑且一試，請了道士送鬼。阜景叔大概認為殺雞不必用牛刀，就派運浮和他的師兄來。他們「做法」和唸辭十分滑稽使人忍無可忍，運浮又怪不好意思的樣子，我猜他的做法一定是心不在焉，這樣的送鬼哪裡有效？可是，出乎意料之外，二妹的病竟然痊癒，於是我們就斷定鬼不是被他們驅走，而是笑死的。

自幼年到十歲、曾祖母去世時為止，我最高興的事莫過於轉塘背住幾天，那裡有最疼我的阿太在。我的玩伴自然是同年齡的運錂，而孩子們最快樂的遊玩場所，就是老屋周邊的炮樹林（黃槿樹林）。炮樹的生態很怪，不太喜歡往上伸直，而是毫無原則、橫豎亂七八糟地生長，甚至有一些是躺在地面上長大。炮樹樹幹肥大樹皮粗糙，厚而軟，這一種樹最適合孩子們在樹上爬來爬去。炮樹的花是黃色，形狀略似百合但沒有那麼大，樹葉是圓形，直徑至少有十五公分大，小孩子們差不多好幾個小時都留在樹上，方便時也不下來，而就「樹」解決。寬大的炮樹葉是理想的衛生紙，樹下則隨時都有幾隻豬待命，來分享頑童們所投下的賞賜。

儘管我很喜歡轉塘背，但去的機會並不很多，大部分是親房有喜事或喪事的時候才可以回去，然後乘機多住幾天。母親雖然不太願意讓我住下來，但有阿太做我的靠山，所以我才能如願以償。

當時楊梅有一位叫做劉金標（號逸梅）的畫像師父，觀音一帶的人都請他畫像，我曾祖母的肖像也是出自劉師父的手筆。他把畫布貼在白鐵皮上面作畫，我認為我阿太的畫像是他的傑作之一。那一幅阿太油畫像一直掛在塘背老屋的正廳，阿太去世後，只要有回老屋的機會，我一定進去正廳

鹹菜甕上救回的曾祖母羅氏畫像。

瞻仰她的遺容。但伯父全家搬到觀音、把老屋免費供給親房人家居住後，阿太遺像就不知去向。

一九八〇年前後，有一次我回觀音對父親提起阿太畫像的事，父親說他不清楚，並叫我去問運煍看看。晚上我造訪在甘泉寺右側經營保生藥房兼照相館的大堂兄運煍哥，他也沒有印象，並叫堂嫂出來，問她知不知道阿太畫像在哪裡。包妹嫂若無其事地答稱，「我一直當做鹹菜缸的蓋子使用」，差一點害我昏倒。

我隨包妹嫂到他們家後面貯藏室，阿太的畫像果然蓋在鹹菜缸上，白鐵皮被酸和鹽分燻得略微生銹，畫像上面蒙上一層灰塵。我把畫像拿下來，用雞毛撢子輕輕拂去灰塵，發現畫像臉上眉間有部分脫落，使我痛心不已。

我請大堂哥把畫像贈給我帶回。我有意托人把臉上脫落的地方修補上去，但找不到適當的畫家。後來我叫我大外孫吳祚豪將其拍照，帶回加拿大後以最新的技術把畫面的瑕疵加以掩飾，並刊載在拙著《想到什麼就寫什麼》的第一頁，以示我對她老人家的敬愛和懷念。

小燈塔迷

很小的時候，母親每天把我寄在右斜對面李昌伯公糖果店，拜託李昌伯婆照顧。為了防止小鬼頭亂跑，伯婆總是要我在整天躺著抽鴉片或打瞌睡的伯公旁邊遊玩。通鋪角落放著一大堆我喝過的美國鷲牌煉乳空罐，乃是我的寶貝玩具。我百玩不厭地把牛乳罐一個一個疊上去，號稱「起燈台」，疊到燈台倒下去，又重新做起，這種聚精會神的工作不許旁人騷擾，有人叫我名字，若不是家人或親人，我就毫不客氣地用客語罵三字經惡言相向，有時熱中之餘，甚至在床鋪上撒尿。這大概是三歲以前的事，除了用牛乳罐起燈台，其他已沒有記憶，這些都是幾年後李昌伯婆告訴我的。

舊時的觀音白沙岬燈塔。

自幼年稍微懂事以來，我似乎對觀音燈台（客語：燈塔）抱有特別的憧憬，它是我這個小小井底蛙心目中最高的建築物，童年時我曾經做了保守謹慎的目測估計：只要建設一百座燈塔接上去，就能夠碰到天。我把這個偉大發現對好友無牙敏發表，運敏對我的眼力嗤之以鼻，以漏風的口吻說，他相信僅僅二十個燈塔就夠用。

海岸離觀音街八百公尺，海拔也低了少許，所以前方視線如果不被遮住，我們隨時隨地都能看見聳立海邊的白堊燈塔。幼年時代，對面葉桶伯矮屋未改建之前，從我們家二樓眺望燈塔片刻是我每晨起床必做的事。它在朝陽下傲然屹立，燦爛輝煌，雲霞中孤芳自賞，風雨中堅定不移。只要不離開吾鄉，我走到那裡，它就在那裡。甘泉寺大榕樹梢上，鬼嬤埤駁（客語：堤防）「牛嬤膣棘」（一種雜草）草叢中，榛榔坑斷崖邊，只要把頭抬起來，燈塔就在不遠處。我想，成長而生活在觀音街的人，下意識或無意識間，都覺得燈塔就在身邊，也都認為白沙岬燈塔是觀音鄉永恆的象徵。

儘管如此，燈塔是為來往臺灣海峽全世界船舶而設，對觀音並未帶來實質利益。它歸屬海關管轄，兩名定額職員都由外地派來，雇傭一個工友是對地方唯一的小惠，而彭氏族人包攬了日治時代燈塔歷代「小使」（工友）之全部人選。

打爛船

白沙岬燈塔對觀音庄不但未帶來好處，甚至還斷了吾鄉的財路，「打爛船」這一句觀音特有的說辭，就因燈塔出現而式微。客語「打爛」是打破器物之謂，例如打爛碗、打爛玻璃等，但打爛船並非「打破船」，而是船隻觸礁破碎之意，昔時觀音人大概認為船與陶瓷或玻璃一樣，都是不堪一擊的脆弱容器。打爛船原意如此，但由觀音人口中講出來的意思是「發橫財」。我們廖家潭景伯看到友人穿新衣服時，最愛說「打爛船係麼？」遇到朋友提一大塊豬肉回家，便問「噯呀！幾時打爛船？」

觀音榛榔坑口一帶是珊瑚礁隱藏在淺水面下的海角，沙渚不算很白，卻取名白沙岬。白沙岬海灘屬於「遠淺型」，退潮時海灘向外延伸五百公尺以上，漲潮時密布「蠔螺牯石」（觀音話，後經學者證實為藻礁）的岬角潛伏在海面下，成為不諳地形之沿岸航行船隻的致命陷阱。行駛相當速度的船舶衝撞暗礁，木殼船必然粉身碎骨，就是鐵船亦難免四分五裂打爛船的厄運。所幸觀音海岸是遠淺型沙灘，遇難船不致於沉沒，而是擱淺在白沙岬，損壞嚴重的小船人員攜帶重要物品棄船而逃，遺棄的貨物糧食等自然成為附近居民之獵物。大船情況不盡相同，船長向外求援，設法採取應急修補後自行離去，或用拖船拖回母港修理。但那些因坐礁浸水受損而失去商品價值的麵粉、砂糖、布匹等物，則任憑居民搬走。海邊住民發些小財、眉開眼笑之餘，節儉的客家人也變得大方一點了。這就是觀音話打爛船之語源。

一八九五年日本開始統治臺灣，三年後開工建設觀音榛榔坑口燈塔，一九〇一年元月落成命名「白沙岬燈台」啟用後，通過觀音海域的大小船舶提高警覺而遠離白沙岬，不再有觸礁的事發生，打爛船這一句吾鄉特有而盛行多年的戲謔從此逐年被人遺忘，如今已經鮮為人知了。

燈塔的委屈

觀音白沙岬燈塔之概況如下：高度二十七點七公尺，外形為白油漆塗裝，採圓錐型「煉瓦石造」工法之雙層耐震結構，內部有鐵製螺旋梯纏繞著建築物的中央大鐵柱。圓屋頂下方的頂樓是燈光室，光源是氣化煤油燈和擺在油燈前後兩邊之幾百片稜鏡和大塊水晶透鏡，二者結合反射發出十萬瓦特燈光，其中一面用一塊紅玻璃片遮在透鏡中央位置，使其變成紅光。燈光室是以鋼骨和強化玻璃圍成的圓筒型結構，從黃昏到破曉，裝有巨大照明設備的轉盤以每二十秒一迴轉的速度不斷地三百六十度旋轉，輪流發出白色與紅色的光芒。白光表示燈塔亦即白沙岬之所在位置，照射距離二十五點七海里，北自淡水外海、南至新竹南寮海面的船隻都看得見。紅光所及距離不大，僅足於涵蓋危險區域作為警告標示。燈光室後半玻璃窗以窗簾遮住，所以燈光不照陸地，僅從海岸防風林梢由左而右、掠影浮光而過。每一座燈塔的外形和燈光照射方式都不一樣，海上船隻白天辨識其外形，夜間則從照明來判斷是何地燈塔。燈光室下一層為機械房，中央豎立著具有螺絲溝的粗大旋轉軸，連結上方的照明轉盤與下面的轉動裝置。轉動裝置依靠通過大鐵柱內部空洞徐徐而下的鐵墜子之拉力運轉，鐵墜子用手動起重機每日捲起一次便可，燈油氣化裝置之手動壓縮機和壓縮空氣筒等也設在機房內。

通過如上簡單而實際的設備，給燈塔帶來生命，一百年來屹立觀音海邊，為保護來往臺灣海峽各國船隻安全而默默奉獻。臺電從一九五六年開始供電後，這套精巧的丹麥製燈塔設備氣化煤油燈和轉動裝置為電燈和電動設備所取代，如今只留下稜鏡及透鏡等增光器材發揮功能而已。

機房外圍陽台是絕佳展望台，從機房小門出去用鐵柵圍住的陽台瞭望四周，乃是訪客攀高的最大目的。吾鄉除了大海與一望無際的防風林和稻田以外，並無其他特別驚人的景點，但踏上幾十公里方圓無以匹敵的高塔、面對廣大無邊的天地時，任何人都會興起滄海一粟的感歎。

白沙岬燈塔只比我年長二十七歲，但在我的觀念裡，它與觀音的歷史同樣長久，我從小就以為燈塔與觀音廟是同一年代出現。一九三七年中日戰爭爆發，日軍攻下北京城，日本舉國歡騰展開慶祝活動，白天的旗行列（揮小旗遊行）和晚上的提燈行列為其主軸，遊行路程是從公學校到燈塔約一公里距離。吾鄉的慶祝行列由庄長宇都宮龜次郎主持，庄中名流士紳先導，公學校全體師生隨後，各人揮動小膏藥旗，邊走邊唱軍歌。到了燈塔，大家跟著宇都宮庄長向海三呼萬歲後便大功告成，解散回家。當我跟著庄長大喊萬歲的剎那，很自然地仰首朝天，看到燈塔機房陽台下掛著「明治三十四年建立」的銘牌而大感意外，原來燈塔與明治三十六年出生的父親同屬一輩，此事使我對它更有一份親切感。

燈塔平常不對外開放，雖然未見禁令告示，惟一般庄民都不會接近那個神祕兮兮的日本人城廓。每年一度的舊曆正月二十日天穿日，才允許民眾自由攀登參觀。天穿日乃是舊年度五穀收成後之農閒期結束，第二天起即要進入新年度農忙期之分歧點，是日所有農家停止一切工作，盡情地吃喝玩樂，為翌日開始之長期辛苦的勤勞做好心理準備，以增加日後的活力。「有攢無攢也愛搿天穿」（客語：無論舊年攢到錢與否，天穿日一定要玩到底）是北部客家人對天穿日的共識。我第一次爬上燈塔，大概是五、六歲時的天穿日那一天，同行有三、四位大人。當年的燈塔周邊蓋有相當寬大的圓形平房，作為放置煤油儲藏槽之用。我一進入屋子，就立刻吸入擺在裡面的六座大油槽強烈的煤油氣味而反胃，等到踏上狹窄、擦得發亮且沾滿滴油、故而滑溜的螺旋狀鐵梯時，頓時像暈車似的想吐，但為了達成嚮往已久的上燈台壯舉，只能硬著頭皮往上爬。小孩子穿運動鞋爬鐵梯不成問題，但姑婆和母親穿厚皮底拖鞋，鞋底都鑲有鞋釘來減輕磨損，走鐵梯很容易踩空滑倒，所以不得不打赤腳攀上燈塔。

鐵梯背側是封閉式，看不見下面，所以較有安全感。然而螺旋梯到達一個平台為止，從平台登上機房，就必須爬一節近乎垂直的鐵梯，我的「上燈台」壯舉在此功敗垂成。回家途中，大家笑我「惡人嘸膽」（脾氣壞卻膽子小），長大後我才發現我有懼高症。

白沙岬燈塔建在槺榔坑出海口左側砂丘上，約為二千坪的長方形建地，以丸石砌成的圍牆為界，用地內另有兩棟宿舍。燈塔鄰近有一座吾鄉最大的砂丘，凸起約五十公尺的橢圓形砂屯（觀音話：砂丘）乃是觀音庄第一高峰，左右兩邊勻稱地附有小砂屯各一，整體看起來略似母雞蹲踞之狀，故而取名「金雞孵卵」，傳說是龍穴。雞頭斜著面向北海。很久以前，徐姓人家在雞頭部位營建祖墳後，家運欣欣向榮，有一年生產一個十斤重的男嬰，大家都說是真命天子。有一歹徒推測墳墓的「金斗甕」（骨罈）必定裝有金銀隨葬，故而擇一黑夜進行盜墓。盜賊把覆土挖除打開金斗甕時，裡面閃閃發亮跳出一隻金鳥，曳光升空而去，但甕中卻空無一物。是夜，胖娃娃暴斃，徐家從此家道中落。以上是我小時候聽自「盡愛講膨風」（很愛吹牛皮）的鄰居運林兄講的故事。

中日戰爭爆發後，派出所在金雞孵卵頂上蓋了一棟約十坪大的二層樓木造小屋，號稱海岸監視哨，每晚派遣觀音壯丁團成員輪流值夜，依靠燈塔燈光照射監視海岸，以防敵方奸細偷渡登陸。但監視哨離海岸二百多公尺，中間又隔著木麻黃防風林，正前面幾百公尺寬的範圍外能見度十分有限，也沒有特別的探照器材或通訊裝備，監視哨之設置和運作，可說是徒勞無功、多此一舉。終戰後木屋不久忽然消失，想必已變成附近住民炊飯之柴火。燈塔南向一百多公尺處有五、六十戶住家的小聚落，正式地名是「新坡下」，但大家都習慣稱其為「燈台下」。

我第一次上燈塔功虧一簣而面子全失後，一直苦無雪恥機會。三、四年後，中日戰爭開始，後來又演變成太平洋戰爭，燈塔不准閒雜人等進入，所以我在終戰以前無法達成宿願。燈塔自一九三七年夏天開始封閉內部，但大門常開，我唸公學校時，經常藉抓蟬、摘月桃花、採百合花或騎腳踏車之便，獨自進去燈塔用地內走動，詳細觀察裝在石柱上的「日時計」。日時計是日晷儀的日本名，日是太陽，時計為鐘錶之意，其構造是在刻載時刻的銅盤上裝一指示針，以落在盤上的針影來判讀時刻，但如果是陰天就不管用，只好瞻仰一下我心目中的最高建物就心滿意足而歸。可能是因為夜間勤務的關係，管理燈塔日本人白天都蟄伏在屋子內，我很少遇到他們，偶而有之，都好像不問世俗的隱遁者似的不理不睬，擦身而過。這是由於長期睡眠不足所造成的精神朦朧，抑或孤島僻地之勤務所形成的孤僻性格使其然，則不得而知。但也有例外，某個夏天我正在仰視燈塔時，一位年輕日本人牽著腳踏車從宿舍出來，衣著隨便，穿下馱（日本木屐），長褲皮帶後面拖著手拭（日本長手巾），頭戴乞丐帽。他微笑著問我是不是很喜歡燈塔，我點頭並順便問他，觀音燈塔是不是臺灣最高的一個。他想了一下說不知道，但自言自語似的說了句，這座燈塔是三等燈塔。此話使我感到有些失望，那一位實習生模樣的日本人叫我慢慢看燈塔後騎車出去，我追上去問他哪裡有一等燈塔，他說鵝鑾鼻。我想鵝鑾鼻燈塔既然是一等，其高度必定勝過白沙岬燈塔很多，聽說建觀音燈塔時，有一個日本工人從「鍋嬤凸」（鍋底突出部，觀音人是指燈塔圓頂而言）摔下來「身屍骨頭圾碎」（粉身碎骨）而死，那麼蓋一等燈塔應該更加危險。

那個時期，父親八弟廷祥叔來訪，他向父親說崁子腳製糖會社的工廠已經竣工，單單一支大煙囪就花費好幾萬圓，我從旁發問其高度多少，廷祥叔說與觀音燈塔差不多，也許稍高一點。我已知臺灣南部有很多糖廠，如果廷祥叔所言不差，全島能與吾鄉燈塔分庭抗禮之高塔比比皆是，這真是情何以堪？差不多那個時候，主管郵政電信的日本遞信省發行了一種以鵝鑾鼻燈塔做圖案的郵票，我詳細觀察那圖案，發現外形很像觀音燈塔，從鍋嬤凸以下機房、外圍陽台、窗戶等位置判斷，其高度也不見得比白沙岬燈塔高，使我越發無法接受白沙岬的等級不如鵝鑾鼻的事實。後來有機會看到崁子腳糖廠的煙囪，我判定比觀音燈塔矮了一截，依此類推，也認為南部糖廠煙囪並無過人之處。

終戰第二年，廖運潘與日本人燈塔長工於觀音白沙岬燈塔頂端發光室內合影。

當時高商二年級的廖運潘在燈塔旁留影，燈光反射彷彿白天。

戰後至大學畢業之間的五年期間，我上過多次燈塔。其中一次是晚間，我唸臺大法商學院二年級時，在返鄉的桃園客運巴士上認識一位在白沙岬燈塔服務的中年日本人。他對我頭上的舊臺北高等商業學校制帽表示敬意，邀我去燈塔參觀，我問他今晚是否可以，他說無妨。晚餐後我騎腳踏車赴約，忘記其名的日本歐吉桑提著小油燈，帶我爬上鍋爐凸照明室，氣化煤油在石棉罩燃燒發出的亮度大概是有五、六百燭光，經過放大鏡變成十萬燭光的強光，從照明室看，一條圓筒形巨大光束隨著旋轉器的轉動，慢慢地由左而右、向外海掃射出去，頗有豪邁雄偉之概。在海邊觀賞，紅光非常漂亮，但從燈塔上看下去，光度因紅色罩而大減，貧弱的紅光照在黑暗的沙灘和海面並不顯眼。

一九五二年八月二十五日，我服務的銀行員工旅遊參觀鵝鑾鼻，當時除了燈塔和公路局站牌以外什麼都沒有。我仔細觀察鵝鑾鼻燈塔，相信其外形與白沙岬相似，高度也一樣，而恆春半島不供電，想必照明和轉盤設備也相同，唯獨觀音燈台建在平地上，只向臺灣海峽大約一二〇度範圍提供信號。瘦而長的臺灣末端半島形似爬蟲尾巴，低矮的小山脈縱走中央部，最南端斷崖上聳立著鵝鑾鼻燈塔，從高崗西望臺灣海峽，南瞰巴士海峽，東眺太平洋黑潮，可謂是絕佳景色。鵝鑾鼻占了地利之便，在二百公尺高的山崗上照射將近三百度範圍內的三個海洋，對全球船隻之貢獻度，斷非吾鄉的燈塔可比。

我原本對照片上看似不比吾鄉燈塔高明的鵝鑾鼻燈塔名列一等燈塔、吾鄉的白沙岬燈塔卻長久以來排列三等而抱屈，看到此景，心中疑惑頓時雲消霧散。鵝鑾鼻地理條件實非吾鄉可比，它高踞一等燈塔確實當之無愧，不得不甘拜下風。尊鵝鑾鼻為一等燈塔，白沙岬屈就三等，乃理所當然也。

兩代緣

我六歲那一年做了一次大旅行，行程是觀音到四湖，然後再到新埔阿姨家。以現在的標準看來，這樣的距離只不過是兩小時的車程，但當時我們卻花了好幾天。我的借公（客語外公）住在伯公岡（現在地名富岡）附近的四湖，我們必須花兩個多小時走到新屋，然後再花二個小時半的步行才能到達四湖。我對觀音到四湖步行的路程完全沒有記憶，很可能是母親或其他人揹著我走路。在四湖的記憶也是一片空白，唯一記得的是我很早起來跑到大廳去看外公在削筷子。我們一

日治時期鵝鑾鼻燈塔及鯨顎骨鳥居（典藏者：Lafayette Digital Repository）。

行人包括母親、姊姊和我在四湖住一天後，再去新埔街五分埔阿姨家做客，行程很可能是走路到伯公岡搭火車到竹北。我沒有那時首次搭火車的記憶，但在竹北改坐輕便車的事卻記得很清楚。因為我在搭輕便車時，把外公買給我的陶瓷鯉魚打破。鯉魚是紅色蹺尾巴的，觀音戇嬤叔公家裡也有一隻，他把它掛在牆上當做插扇子之用，我每次看到戇嬤叔公的鯉魚，總是難免有點心痛。

竹北這個地名，當時的我當然不知道。二十歲那年，聽說阿姨的次子錦川兄要去上海留學，我到新埔拜訪他，經過竹北時才推想以前坐輕便車的地方可能就是竹北。至於竹北到新埔的輕便車之旅如何，已完全沒有記憶。在新埔可能住了二天或三天，我所記得的是阿姨動不動就笑得前仰後合，還有堆積如山的橘子。

在完全不生產水果的觀音家，我們能吃到的橘子頂多是一個，甚至兩個人共享一個。所以那一大堆的橘子，對我們來說簡直是一個寶藏。我還不會剝橘子，姊姊一個人剝，我們兩個人吃，最後姊姊的右姆指的指甲崩了三分之一。阿姨家應該有後來成為我姊夫的梅谷和錦川，以及我長大以後認識的瑞英等人，但也沒有和他們接觸過的記憶。我們姊弟二人躲在一個小房間猛吃橘子，姊姊自誇她在學校唱歌唱得很好，並且表演一段給我聽，兩年後我上一年級，偷看她的成績通信簿時，發現她一年級的唱歌成績是丙，她辯解說，那一次唱歌考試她缺席，所以才落到丙的成績。

住新埔街五分埔的阿姨，其實並非母親的姊妹，而是她少女時代最要好的朋友。阿姨名叫吳娘妹，娘家在伯公岡四湖，離我外公家不遠。那個時代的農家女孩子大部分沒有唸書，母親和阿姨也不例外，她們除了幫忙家事和種田以外，唯一要學習的就是裁縫和刺繡。所以農忙期以外，她們二人經常在一起。母親家境較好，阿姨家卻相當貧窮，母親說她們家吃的飯黑得可怕，因為摻有大量的蕃薯籤。

外公很疼阿姨，家裡有好吃的東西，就叫母親去叫阿姨過來一起享用。阿姨覺得不好意思，所以有時候不肯來，後來母親心生一計，要請她過來吃東西時，就不發一語地拉著她脖子下面的布鈕便向外跑，跑到經過兩家田界秧地才放手，這樣阿姨就乖乖的跟著來。這是母親去世前兩、三個月告訴我的。

外公相當勤勞，而且具有生意眼光，除了耕作自己的田地以外，還抽空從事牛隻買賣、收購棕毛、做中人等。牛隻是遠到臺中海岸線的大甲買回來的。外公有一位親戚住在大甲，透過親戚的關係在大甲一帶物色適當的牛隻，通常一個人趕二、三隻牛走路回到四湖。由於牛步不快，一百多公里的路程要花四、五天，途中只好野宿，是相當辛苦的事。

阿姨嫁到五分埔詹家，也是我外公做的媒。外公因為買棕前往五分埔，獲知當地富家詹文光（外號詹桶）先生有意續弦，所以自告奮勇前去拜訪詹先生，結果一撮而合，阿姨嫁給詹先生，成為他的第三任太太。詹文光先生是一位腰纏萬貫的讀書人，他的第一位太太生了我岳母蒜妹、煥奎舅和蜂妹姨後去世。第二位太太生了銓嬸（桂蘭）和文妹姨後也撒手歸天。那個時候的詹先生大概是五十出頭，阿姨的年紀與他長女、亦即我岳母相仿，所以她回娘家勸父親打消續弦的念頭，可是惹來老人家不悅，知難而退。阿姨生二子，大兒子梅谷後來成為我姊夫，小兒子錦川舅是我唸高等商業學校時的早一屆前輩。說道我和錦川舅的相遇，也是相當奇特的。原來我們相識一年多的時間，卻不知道彼此的淵源。

河村桑

說到錦川舅，必須先提河村桑。我在昭和二十年（一九四五年）三月十一日入學於當時改稱臺北經濟專門學校的臺灣總督府立臺北高等商業學校。那時三年級除了三名學生以外都已投軍，留下的三人是叫做渡邊和田中的日本人，以及中壢人劉錦榮先生。渡邊因為左臂不能舉到肩膀以上，所以免除兵役，田中前輩是在中國大陸歷戰五載、退役的二十九歲老學生，劉桑則除了他很突出的大暴牙以外，看不出有什麼毛病。他為人豪爽，人家揶揄他的暴牙時，他總是以「到了夏天吃西瓜時，你就知道俺暴牙的好處」作回報。二年級學生約有二十名，日本人全部投軍，剩下來的都是臺灣人。其中有一位下巴很長而沉默寡言、名叫河村桑的人。

當時我才年滿十六歲又五個月，還沒達到當兵的年齡，但由於戰況告急，美軍隨時都有攻打臺灣的可能性，因此我也被迫志願去參加所謂的學徒兵。我和河村桑都被編入一三八六二部隊的第二中隊，我屬於第二小隊，河村桑則在第三小隊。三月二十一日，我們正式入營，進入自己學校權充兵營的部隊，成為二等兵。以後半年間，直到日本戰敗、我們在八月末退役回家為止，我差不多每天都能見到河村桑。我們在板橋叫做三楓竹、即現在國立藝專附近的河床從事挖砂石，將砂石堆積在臨時架設在河床的鐵路旁，趁清晨和黃昏敵機不來空襲時裝載上貨車運往松山機場，以便填補飛機跑道上炸彈所造成的坑洞。工作時，大家都裸體穿短褲，唯有河村桑穿的是丁字褲，瘦弱的身材鏟起一大畚箕的砂石，用雙手掮在肩上，搖搖欲墜地走向砂石堆的姿態，頗具一種風格。多年後我說他的丁字褲從來沒有洗過，他卻始終不肯承認。

戰後我住在太平町一丁目，亦即現在延平北路一段的叔父家。他家是照相器材店，從延平北路一段走路到臺大法學院現址的學校費時約一個小時，所以必須七點鐘出門，才能趕得上八點鐘的上課時間。可是他們家人都在七點鐘以後才起床，所以我沒有早餐可吃，當然也沒有便當可帶。當時的通貨膨脹很厲害，一份十塊錢的麵，第二天漲到二十元，十天後變成一、二百元，有時月初帶來的一個月份的零用錢，才兩天就花光。所以有時候只好餓肚子，挨到晚餐才猛吃補回去，但叔父家的晚飯時間偏偏又很晚，有時會餓得幾乎要昏倒。

快要升二年級時，我跟父母親商量要搬出去住，但父母深信只有在他弟弟家才能「溫飽」，而大為不悅。我以叔父家三個男孩子很頑皮、出入人等吵雜，無法安靜讀書為理由堅持到底，最後他們答應，但附帶條件是要搬到大正町的阿姨家住。母親說那裡已經有幾個學生，其中有阿姨的兒子，聽說也是唸高等商業。於是我就開始猛猜百來個學生當中哪一個最可能是阿姨的兒子，可是每一個傢伙都好像是，又好像不是。最後也是沒有結論。

父親寫信給阿姨，獲得阿姨的允諾後通知我。我按照地址去找，是一棟日本宿舍式的房子，大門進去的地方放著一輛大八車（包鐵皮大木輪的板車），有一個人出來開玄關的門。我們打照面時，兩個人都愣了一下，然後異口同聲地說：「原來是你！」那個人就是河村桑的錦川舅。

第二章　兒童

觀音公學校

一九三五年四月一日，我八歲那年，進入觀音公學校就讀，那一日天候寒冷，父親一大早就帶我去甘泉寺燒香拜佛。我穿母親替我新做有布鈕的灰色臺灣服，褲管雖然是長的，但還是開襠褲。鞋子是哥哥穿過四年之久的皮鞋，但當時的學校規定，除了四大節，亦即元旦、紀元節（開國紀念日，二月十一日）、天長節（日皇誕辰，四月二十九日）和明治節（明治皇冥誕，十一月三日）到學校參加慶祝儀式以外，不一定要穿鞋子上學，所以皮鞋還是蠻新的。這一雙皮鞋後來傳給三弟運淮。我畢業後不久帶著四弟運琤去參加入學式時，他穿的還是那一雙皮鞋。

父親帶我到教室安頓下來，就回去忙他的生意了。我旁邊坐著一個穿黑色臺灣服的小孩子，我討厭他衣服的顏色，加上他看起來好像很好欺負的樣子，所以一拳打到他頭上，他沒有反擊，大哭起來。站在附近的一個較大的學童跑過來推我一把，我就咬他的手指，他在哀哀叫的時候剛好老師進來，那個傢伙馬上越過窗戶逃走。被我打的孩子叫做謝萬協，此後有十年同窗之誼，跳窗落荒而逃的是他哥哥謝萬庚。

當時的校長鈴木彌一先生是一位肥胖大漢，戴眼鏡很少說話，滿臉鬍鬚的大腦袋上面戴著一頂看起來很小的文官帽。曾老師是教頭，等於是副校長。他一開始就用簡單的日語來教書，儘可能不用客語。在此之前我一句日語都不懂，但上學時從來沒有感覺到不自在，好像乾砂吸水一般地把日語吸收進來，甚而使自己產生一種錯覺，一直覺得自己的日語素養是與生俱來似的。這一點我非特別感謝曾老師不可。

一年級的課業對我來講是太輕鬆了。老師講一遍我就懂的事，他偏偏要講很多次。鄉下孩子的素質非常不平均，老師必須顧及全班的學習程度，所以才不厭其煩地再三重覆教導，可是對我來講是十分無聊的事。久而久之，我的學習態度就懶散起來，甚至根本就不聽老師在講什麼。有一天老師叫大家在筆記簿上寫「二十二」的數字，我漫不經心地寫上二〇二。老師看到我的二〇二，手上的竹棒就打了下來，剛好打到我握鉛筆的手指背關節處，其痛難以形容。經過這一次教訓，我的學業大有進步，第一學期的成績是第一名，而這個成績一直維持到六年級畢業。

痛失摯友

一年級同學中，可算得是好友的有三人，他們是張顯榮，溫增榮和徐登景。

張顯榮住在上街，他父親和義叔是庄役場的會計役，也是父親的好友之一，聽說與我們家有親戚關係。入學後不久的某天下午，我在庄役場石堤玩螞蟻，當時庄役場沒有圍牆，故用石頭築堤，堤上種植榕樹作為代替。我把家裡賣的小魚乾帶一點出來，揉碎後餵螞蟻來觀察牠們的動作。稍過片刻，張顯榮和他妹妹走過來，我們兩個人開始用小樹枝奪取螞蟻的獵物。他妹妹也想加入，他就向她說「不行，女孩子玩螞蟻會尿床！」然後小聲對我說一句「打媽斯」。我不懂他說的日語，但不甘示弱而裝作聽懂他的話，後來我才知道那是「騙」的意思。

我和張君從此成為好友。畢業後，他慢我一年考上淡水中學校，光復後他和運淮等從觀音北上唸淡中的朋友一起住在北投，我差不多每隔兩個月就會去看他們。淡水中學校光復後改名淡江中學，同時改制分成初中和高中，他高中畢業後考入師範學院美術科。他的國畫相常不錯，他答應我將來學成後的第一張傑作要送給我，對他我也抱著很大的期待。可惜天不從人願，他患了結核性腦脊髓膜炎，在我大學四年級、他師院二年級時夭折歸西，年僅二十二。

張君之死對我是莫大的打擊，悲痛之情經過好幾年才慢慢地淡忘下來，可是每當看到他的父親，聽他提起「我看到你就會想起阿榮」等話時，總是難免使我悲傷之情油然而起，久久不會消失。

溫增榮和徐登景二人名符其實，稱得上是我的「老」同學，溫君大我十歲而徐君大我九歲。當時我不曾懷疑為什麼有這麼大的同學，很自然地去找他們玩。他們很看得起我這個級長（我掛著學校發給的級長徽章），兩個人輪流揹我在操場跑來跑去。只是好景不常，讀完第三學期要升二年級時，他們兩個都要留在家裡「做大人」而不來上學了。聽說他們都搬走他鄉而不知去向，如果健在，應該是超過一百多歲了。

另外一個同學也必須一提。他姓鍾，忘記其名，其父是乩童，以畫符咒驅邪為業，家住大坡腳。他大概想要巴結我，自告奮勇教我畫一種符咒。據他說，如果有人得罪你，你就把符咒埋在那個人可能走過去的地面底下，這樣就能使那個人的腳腐爛。我雖然半信半疑，但信的成分似乎大於疑，所以很認真向他學習。只是沒有用武之地，而且不久鍾君也退學不讀了。此事的結論是我的成績比他好，但他比我世故好幾倍。

鄉下人進城

一九三五年六月十七日，是日本總督府成立的日子，政府指定這一天為始政紀念日，各機關學校放假一天，但高年級的學生要到學校參加慶祝儀式。這一年剛好是始政四十周年，秋天在臺北舉辦一場盛大、為期五十日（十月十日至十一月二十八日）的臺灣博覽會以示慶祝。父親帶隊到臺北參觀盛會，跟班的有哥哥和我，宣景叔和他的木匠弟子貓興，以及大姑的兒子陳盛明表哥。現在從觀音到臺北根本如同行灶下，開車只要一個小時，有人甚至住在觀音通勤臺北。但九十年前的情況就不一樣，很多人未曾看過火車，大部分的人也沒有坐過汽車。我同學張雲燃家住往中壢公路約一公里處，每當他打架挨揍而哭時，一定用「明天我哥哥會坐自動車來揍你」來威脅對方。他是以

「自動車」來加強他哥哥的權威性的，由此可知他如何地看重自動車，而自動車乃是一天幾班往返觀音中壢間之中型公共汽車之謂。因為如此，三十歲出頭的宣景叔需要父親帶路，住在十公里外新屋鄉苦楝腳的表哥也要特地跑到觀音，來跟著他舅舅上臺北。

除了設置在十字路口大噴水廣告塔和漁女潛水表演以外，我對博覽會沒有什麼特別的印象，只記得晚上找旅館不容易。太平町一丁目（延平北路一段）有一家旅館是臺灣式架子床設備，但宣景叔馬上反對，後來好不容易才找到在新公園附近、日本人開的山梅飯店。不過我生平第一次睡塌塌米的旅館，除了很長的木板走廊以外也沒有什麼印象，只是在飯後吃香蕉時哥哥不知道為什麼打我，被我閃開的結果乘勢把貓興的香蕉掃斷而滾了很遠時，貓興露出的抱怨眼神令我久久難忘。

博覽會場有一家航空公司招攬旅客試飛臺北上空，票價是五圓。當時大家都認為飛機很危險，而五圓又是天價，所以很少人去參加。不久運啟哥說他父親帶他去試飛過，他告訴我，飛機飛進雲層裡面時，他把手伸出去摸，發現那是水。當時我相信他的話，後來知道雲是水蒸氣時，就懷疑他可能根本就沒有坐過飛機。

地震

一九三五年四月二十一日，我首次嚐到地震的可怕。三更半夜被叫醒時，聽到鄰近謝伯母尖叫

「阿協，阿協，地動了」的聲音。謝伯母是謝萬協同學的大娘，他們本來住在茄苳坑老家，不久前才搬到我們右鄰第二家。房子搖晃不停，屋瓦卡擦卡擦響，暗夜裡找不到木屐，大家打赤腳拚命向外跑，頓時滿街都是人。地震平靜下來後也沒有人敢回房睡覺，大家只好在亭仔腳打地鋪。天亮後傳來消息說，新竹一帶的災害最為慘重。我們害怕還有餘震，翌夜改在屋後菜圃睡覺，此事對小孩子是一大樂趣，我們都希望能在屋外多住幾夜。

原來，那一次地震的震源在竹南郡的南庄獅頭山附近，所以距離不遠的北埔、峨眉有相當的災情，北埔廟前街的騎樓都倒塌下來，苗栗一帶的傷亡相當慘重。第二學期開始時，鈴木校長在訓話中說了「國歌少年」的故事。公館公學校五年級學生詹德坤因地震受重傷，在醫院救治無效而臨危時，用最後的力氣來唱「日本國歌」而歌盡人亡。當時我太小，不懂他為什麼那樣做，也沒有什麼特別的感慨，長大以後才體會到日本皇民化教育是相當成功。日本國歌是三十一字的短歌，大意為：「吾皇治世相傳千代萬代，迨至細石成為巨岩，而且長滿青苔為止。」

後來曾老師在教室又用日語摻混客語重新說一遍故事，當時我沒有什麼感觸，但一個兒童臨終的情結確實引發了我對死亡的恐懼感，嗣後兩三天晚上都因為「怕死」而睡不著。有一天作夢夢到父親去世而大哭起來，父親在看書未睡，問我什麼事，我不敢照實說，騙他肚子痛，父親倒一杯冷水，滴下幾滴常備藥水命我喝下去，並說明此藥叫「ホシ・コロダイン」（星牌・哥羅丁，chlorodyne），對腹痛特別有效。日本星製藥會社出品的藥水我不陌生，滴入水中時有短暫白濁反應，喝下去有清涼感，我用過幾次有奇效，那個時代的小孩子最多的毛病是腹痛，而原因是蛔蟲。

那晚的假腹痛「藥到病除」，後來我發覺我不是怕自己死，而是怕父親死。當年父親才三十二歲，還有一甲子的日子，真是杞人憂天。

這一年適逢阿太八十一歲壽誕，那個時代的平均年齡僅五十歲左右，超過八十歲的人少之又少，當時整個武威堂派下只有兩位，另外一位是運潮兄的曾祖父。

阿太做生日那一天，在第三房公廳前拍了一張全家福照，那是我有生以來的第一張照片，至今還保存得相當好。傍晚在塘背老屋前庭搭帳篷宴客，我年輕時看過當時的禮簿，送禮最多的是大姑丈的十二圓，一般都是五角到一圓，但二十錢的也為數不少。當時的豬肉一斤約四十錢，如果以豬肉價換算，二十錢等於現在的四十元左右，由此可知當時臺灣農村的生活情況如何。

一年級第三學期的二月二十六日，日本中央發生「二二六事件」。一群青年軍官企圖武力政變而殺死幾個大臣等政要，計畫雖然沒有成功，但以此事件為契機，日本向軍人獨裁進而武力擴張的道路邁出一大步，最後導致空前的大戰爭。但當時公學校一年級的我卻毫無所聞，一無所知。

文官服

我唸二年級時，老師是廖家的香景叔，他女兒秀貞也在我們班上，我們這一屆兒童只有一個班六十人，其中三分之一是女生。香景叔沒有多久就得了盲腸炎，到臺北住院開刀去了。盲腸炎在當時是很可怕的大病，動不動就要人家的命，所以老師住院一個多月回來後，還得在家休養好幾個月，因此陳氏玉帶小姐便成為我們的代課老師。陳老師教書很認真，但我從開頭便對她缺乏信心，因為她沒有穿文官服。

文官服在當時是權威的象徵，上自臺灣總督下至郡役所小吏，凡是受過「任官」的都要穿同一樣式的文官服，並且戴文官帽上班，夏天白色冬天黑色，看起來相當整齊。遇到四大節和始政紀念日（六月十七日）的慶祝典禮時，官帽前面中央插上羽毛，雙邊肩膀掛金色肩章，左腰還要吊一把鑲有金色裝飾的佩劍，實在是威風得很。

老師的職稱是訓導。師範學校出身的老師一進學校就被任命為訓導（判任官），非科班出身的，例如中學畢業的老師是「教員心得」，教員心得必須經過相當的年資才能升為「准訓導」，做了準訓導就可以穿上文官服。因為如此，我們都把男的「教員心得」叫做「背廣先生（西

一九三五年早春，曾祖母八十一歲誕辰，攝於塘背第三房公廳前。

裝老師）」，而女的就叫「女先生」，語氣裡好像認定「背廣先生」將來會變成正牌老師，而「女先生」永遠是「代用教員」似的。其實到了日本統治末期，由於男老師慢慢缺少，女訓導便應運而生，只是那時是決戰時期，男女穿軍服式的國民服，所以女訓導穿哪一種文官服的問題也就自然消失（註：文官服制度只在殖民地施行）。

女老師上課不夠兇，在當時動不動就挨打的小孩子們來講實在是太輕鬆，所以學習態度也就懶散起來，糊裡糊塗地過日子。

迎媽祖

這一年春天，我跟隨姊姊走到坡寮迎接媽祖婆。觀音每年組團到北港朝天宮進香，回來時一定要接一尊媽祖神像供奉在甘泉寺，翌年進香團再將祂送返北港，重新接另外一尊回來，年年如此，至今不變。進香團利用公共汽車和火車作為交通工具，回程巴士不直接到觀音，而是在離觀音二公里遠的坡寮下車，接受民眾的歡迎。那一天人山人海，有大鼓隊和八音隊，非常熱鬧，我扛了一面迎神牌，由甘泉寺提供，任務是要走迎神隊列前面作為開路先鋒。此類的迎神道具有兩種，一種是木棍上頭刻成手型握著一個鐵環，在隊列中要把它豎立而走，這個形狀比較容易操作，手臂酸軟時還可以扛在肩膀上偷懶，但因為我去時慢了一步，所以只能拿到上面刻有「迴避」大字的笨重厚木板。其報酬兩種都一樣是五錢。

秋天，父親托輕便車運來一輛二十吋的腳踏車，令我驚喜萬分。店裡的松景叔扶著腳踏車讓我繞了街內一圈，鄰居小孩子都跑出來看並大喊「你看，小孩子騎車子」。後來哥哥帶我到學校操場練習騎車，沒有多久我就會騎，只是不能上車和下車。有一天我在操場摔了一跤，雖然沒有大傷，但恐懼之心由衷而起，從此就不敢去碰它，腳踏車就由運錢堂兄牽回塘背去了。

那年母親生了一個弟弟，但不久夭折，所以沒有名字。劉秀春的祖母替嬰兒接生，用普通剪刀塗上花生油來剪斷臍帶，因而引起破傷風。從此以後，母親生產時就請產婆。產婆是日本話，當年的產婆是役場（鄉公所）職員，年紀還不到三十歲。不久，我首次看到溺死的人，她叫做阿菜嬸，住在甘泉寺附近。我之所以認得她是因為她很兇，我曾經在她家附近蹦蹦跳，吵到她在樹下打瞌睡而被她痛罵。她是做完菜圃工作、在廟前河邊洗鋤頭時掉進深淵的。大家把她撈上岸，讓她趴在水牛背上，牽著水牛在附近兜圈子，最後還是回天乏術。一個剽悍老太婆溺死，令我產生對水的恐懼感，後來我對游泳不感興趣，遠因可能由此而起。

風呂桶

冬天，我們家買了一個「風呂桶」。風呂桶乃是裝有燒水爐設備的檜木製大浴桶，當時一般日式宿舍都有此物，但臺灣人家庭卻幾乎沒有看到這個東西。日本氣候寒冷，洗澡時自古就有全身泡在浴槽裡的習慣，大戶人家備有浴室，平民家庭可以利用叫做「風呂屋」或「錢湯」的營業澡堂。臺灣人也和日本人一樣喜歡洗澡，只是因為氣溫很高，所以很少有泡熱水澡的習慣，我們家人都是各用一大桶溫水來洗身。日本人認為他們的方法比較合乎衛生要求，其實全家人輪流使用同一浴桶熱水，除了一直補充冷水添加柴火以外，沒有完全更換桶內水的作法，是否比起我們各用一桶乾淨溫水的方法衛生，實在不無疑問，尤其是像我們人口眾多的家庭，更是如此。

有鑑於此，在使用風呂之前，父親先對每一個人施以特訓，例如進入浴桶之前必須先把身體沖洗乾淨，在浴桶內不可擦汙垢，以免汙染熱水，消耗多少熱水就要補充多少冷水，並且投進適量的柴火等等。我們小孩子大部分都是幾個人一起使用風呂。這是一個新的經驗，簇新而充滿木香的檜木風呂桶，令我們心中感覺到微微的優越感。

提起我們家的風呂桶，我就想到紅竹伯。紅竹是他的正式名字，家住觀音到塘背路上、名叫窩子部落的惡牯叔公家隔壁。當時他大約四十七、八歲，但滿面縱橫的皺紋頗有碁盤之貌。牙齒全掉，半禿的頭纏著黑色頭布，鬍鬚斑白，綁著裝有水仙牌菸絲（註：較好的叫做玉蘭，次好的是白菊，水仙是最廉價品）的菸袋的長菸筒從來不離手。假如用現在的眼光來看，最起碼有二百多歲的模樣。

紅竹伯是我們店裡的常客，每天都會來一兩趟，沒有多久他知道我們家新購風呂桶（我們叫做洗身舫），於是他就要求試一試風呂桶的滋味。父親當然無法拒絕，因為他是比父親大十歲的堂兄，所以也不好意思對他實施「特訓」。

紅竹伯興高采烈地回去後，我們發現整個風呂桶裡面浮著好像破碎豆腐花似的汙垢，他老人家可能很久沒有洗澡，並且不懂風呂桶的遊戲規則，因而在桶中使用肥皂擦垢。事已至此，我們只好把整個桶內的熱水排出，重新擔水燒火。好在當時我還小，擔水的苦役輪不到我，大倒其楣的是他的親房堂弟、惡牯叔公的次男彰景叔。

由於當時沒有自來水，又沒有抽水的電，燒風呂又需要較多的柴火，所以我們家是僅限冬天，每隔二、三天才使用風呂一次。然而遭到那一次紅竹伯的劫數後，我們家個個提高警覺，在紅竹伯面前絕對不提風呂的事，有時遇到他問起「今天有沒有燒風呂時」，都顧左右而言他。

野蠻

一九三七年四月我升三年級，老師又是女老師，名叫鈴木初枝的日本人。她是剛剛從女學校畢業的教員心得，寄宿在宋祥伯家樓上，就在學校附近。宋祥伯禿頭長鬍鬚，一尺多長的竹菸筒好像黏在他手上似的，從來不離開。

鈴木老師初出茅蘆，沒有教書經驗而脾氣很壞。她特別找來一根長竹竿做教鞭，她要打學生時，只要站在教室中央就能打到任何一個人的頭。我和她可能是命裡相沖，她不顧我的級長之尊，幾乎每天都會被她敲一、兩次頭，而最令人不服氣的是，她竟然不必下教壇就能達到目的。

這一年我們班上來了一個「野蠻」。野蠻，是觀音公學校叫別的學校學生時所用之蔑稱。在沒有電燈、沒有自來水、雞鴨鵝在街道上亂跑亂叫的觀音，學校學童不分男女都打赤腳上學的我們，竟敢以野蠻來稱呼顯然比我們文明的人，想起來有一點好笑。但當時我們都是理直氣壯，大聲無愧地叫「臺北的野蠻」，「新竹的野蠻」。而我們班上來的是「新坡的野蠻」高信坑。以他為始，後來幾年間陸陸續續來了幾個野蠻，甚至有一個女野蠻，名叫廖氏寸妹。宋清青是宋屋的野蠻，彭金貴是新街的野蠻，徐立春是馬武督的野蠻等等，其中唯有來自關西蕃界馬武督的徐立春，才真正有資格稱作野蠻。野蠻的稱呼沒有持續性，大家相處不久後自然消失，擺脫了野蠻的綽號，就表示他已經被大家承認，變成文明人了。

其實野蠻對我們有很多好處，例如傳給我們外地學生的遊玩方法，告訴我們都市的生活等等。不過一般來講，轉學生大部分是離家背井家境不甚好的人，所以其學業成績都不怎麼樣高明，只有彭金貴比較好，儘管他失學兩年多後才加入我們的班上。金貴哥畢業後到我們家幫父親做事，為人老實認真，頗獲老人家欣賞，因而傾其所有中藥知識傳給他，父親七十歲退休時還把藥房和雜貨店的一切贈送給金貴哥。我們家將祖業廣生藥房及榮源商店之不可計價的營業地盤無條件傳給彭金貴，以感謝他多年來輔佐之功，使金貴兄在數年內鞏固自己的生意基礎。

三年級暑假開始前的七月七日，發生了蘆溝橋事件。日軍在北京郊外和中國軍發生衝突，以此為契機，戰火蔓延到整個中國大陸。日軍連戰連勝，每當日軍占領一個大城市，全國就要舉行一次「旗行列」（提小國旗遊行）和提燈遊行。旗行列在白天，而提燈行列則在晚上進行。遊行的路程是學校到燈塔，在燈塔大喊大日本帝國萬歲和天皇陛下萬歲後解散。學校的阪本老師被召集赴戰場，外號光頭的林景叔被徵召當軍夫，兩年後除役凱旋時，胸前吊了一顆勛八等的勛章。父親和光頭叔的年齡接近，所以他也很擔心被徵召，比較年輕的人則紛紛遠走高飛，到東京的軍需工廠求職避風頭。大堂哥運猍，親房呼景叔、濤景叔、鑪景叔等十幾個人都攜眷東渡。他們後來年紀稍大就返鄉，但部分人士一直留在日本，戰後歸化為日本人。

做齋

這年冬天的一個深夜，曾祖母去世，享年八十三歲。她的去世，對我是很大的衝擊，悲傷之情長久難以消失，但當時也覺得害怕。阿太的遺體躺在正廳，全家人排成一列睡在她旁邊。多人擠在一起，雖然是冬夜，還是冒出一點汗。外號「冷聲」、頭上長出一個拳頭大瘤子的「逢聲」伯公整晚抽大菸來陪伴我們，但小孩子們還是個個都把棉被拉到頭上來。

大概是因為張廖簡同宗之誼，我們家請張算伯來為阿太「做齋」，一般都叫他們為和尚，但他們的作法好像是僧侶、道士、唱戲三者混合起來而成的樣子。張算伯年紀很大，牙齒所剩無幾，唸起咒文來相當漏風。他的孫子張瑞榮是我同學，成績不好，但玩起來樣樣稱霸。他和叫做戴霖玉的同學兩個是我最要好的玩伴，後來戴君全家搬到屏東，臨走前給我一株棉花樹，可惜不久就枯死。張君在十九歲的時候被毒蛇咬傷獲救，但翌年再得病不治。

做齋的細節我大概記得。阿太去世的第二天清晨，我跟著二堂哥運豪，戴上破斗笠到附近小河買水，先將兩個已經不能流通的、叫做時錢的銅板投進水中，對河神說「這兩個錢向你買水給阿太洗臉」，然後用木桶提半桶水回家，進門時要把斗笠燒掉。這就是帶破斗笠的理由。

那一天的早餐是站在桌邊，用一支筷子吃素菜。後來我在淡水中學住學寮，在餐廳偶而看到有人用單支筷子吃飯時，總是會聯想到當時的光景。但學寮用單支筷子的人並非家有喪事，而是丟掉一支自備的筷子又懶得到街上去買，才會如此。

做齋如同唱戲，按照故事一齣一齣做下去。例如有唐僧取經，目蓮救母等等，其中之目蓮救母有扮鬼的出現，扮相非常可怕，在沒有電燈照明、四周黑暗的環境裡，令小孩子們個個嚇得「臉只剩下兩個指頭大」（觀音語）。

做齋的兩天期間，親房的人都來幫忙，可是要做的事很少，人手又很多，與其說是幫忙，不如說是來湊熱鬧的成分居多。另外還有一部分是來看齋的人，一般老人家都鼓勵年輕人去看齋，因為他們認為做齋的內容具有勸善懲惡的含意，同時令年輕人目睹失去親人的悲傷，可能有喚起孝心之效果。我則認為在充滿著迷信的農村社會裡，集聚一大群人湊熱鬧以加強喪家的陽氣，才是其潛在目的。

我童年時代也多次去看齋，目的在於看戲以外，還能玩火。做齋時要燒大量的炮竹、金紙、銀紙、庫錢之類，有時小孩子也可以插一腳。道士表演休息時間端出來請大家吃的魷魚粥，也是看齋的額外收穫。

一九三七年運璹出生，琦兄從公學校畢業，參加新竹中學入學考試而名落孫山。不僅是他，從觀音去的幾個考生全軍覆沒，因為他們完全沒有練過單槓的懸垂動作，體育都考零分。從此，父親在樓上的橫樑上裝了一根竹竿讓他練習懸垂動作，以備翌年東山再起，同時也叫他回到公學校六年級補習。第二年又沒有考上，只好讓他去唸中壢第一公學校高等科，每天搭公共汽車上學。

這一年的暑假，曾老師有鑑於觀音公學校升學率不佳，自告奮勇在甘泉寺的南廂開辦暑假惡補班，免費收容落榜畢業生和應屆畢業生有志於升學者給予補習。琦哥當然報名參加，學員裡面兩位是他的好朋友。一位是徐長生兄，他是我哥哥的公學校同學，另外一個叫做高天生，瘦瘦矮矮但下巴特別長，非常調皮，他是曾老師的小舅子，老遠從臺北跑來接受他姊夫特訓。二十幾個學員裡面，只有他一個人穿鞋，而且是長筒皮鞋，顯得十分時髦而威風。

加卡瑪

三年級第三學期，學校舉辦遊藝會，三年級決定要演話劇〈文福茶釜〉，戲劇內容是狐狸報恩的故事，主角是狐狸，配角有老和尚、小和尚、撿破爛老頭子等。當初我自負是當然的主角，可是鈴木老師大概認為我不太尊敬她，所以指定黃阿發扮演狐狸。黃阿發的哥哥黃阿飛，日本發音接近小鴨，所以大家都叫他「小鴨」，黃阿發託他哥哥的福，他哥哥畢業後我們就讓他繼承這個綽號。我分配到老和尚的角色，摸著狐狸變身的茶釜唱一首歌，說幾句台詞便功成身退。可是經過一個多月的排練，要舉行預演的前兩天，鈴木老師突然叫黃阿發當老和尚，而由我來演狐狸。理由無他，就是因為主角的台詞繁重，黃阿發一直無法背好，每一次練習時都難免出一點紕漏，老師怕在預演或上演時漏氣，所以才有敵前換將之舉。老師命我兩天內要把台詞全部背熟，我說我現在就能背，老師看著劇本要我背，結果一字不差，她只好稱讚我一句「頭腦很好！」

在毫無娛樂可言的當時，遊藝會是一件大事，演出當天會場座無虛席。記得一年級時的遊藝會場是把三間教室的隔板拆除來權充的，但這一次已經有新建的講堂，面積寬大，而且有正式舞台，我自詡表演相當成功，但從此「加卡碼」（茶釜的日語發音）便成為我的綽號。

不久我升為四年級，鈴木彌一校長和鈴木初枝老師雙雙調到別的學校，新來的校長叫做久保正一先生。我的級任老師再度是曾建重先生。可是久保校長到任不到半年就因為肺病去世，於是曾老師擔起代理校長之職，由於公事繁忙，一段時期天天讓我們自習。在天高皇帝遠的情況下，我們的所謂自習，自然就變成無政府狀態，吵吵鬧鬧一團糟。這樣的情形繼續一個月後，曾老師又找來一位代課老師接替他。周秀音老師為人客氣溫柔，所以我們就很不客氣，上課時仍是吵得亂七八糟，我想我在第二、三學期沒有學到什麼東西。

久保校長是在臺北的醫院去世的。他的遺體經過火化後，由他家人把骨灰裝在用白布包紮的小木箱捧回觀音，葬禮在講堂舉行，我第一次看到日本和尚誦經，六年級級長廖永騰代表學生讀祭文。鈴木初枝老師也來參加告別式，而這好像是我最後一次見到她。然而之所以說「好像」，是因為六年後我又似乎在宜蘭碰到她之故。一九四四年五月初，我就讀淡中四年級時被徵用一個月，到宜蘭參加軍用機場的建設工作。最後一天收工走回住宿的宜蘭中學途中，竹擔架上的畚箕掉下，我走回去撿畚箕時遇到一位日本歐巴桑揹著娃娃走過來，當時我認為她很可能就是鈴木老師，可是因為沒有十分的把握，而且又是在團隊行動中，所以沒有交談就匆匆離去，事後每次想起來都難免有一點後悔。

久保校長的骨灰埋葬在俗稱鬼媽埤的池塘邊公墓，裡頭的林投界樹邊。起初是用木條做墓標，後來改建石碑，隔鄰還有一基墓石，聽說是很久以前在觀音去世的濱田校長的墓碑。一九四五年臺灣光復後，這兩基觀音僅有的日本人墓不知道被哪一個缺德鬼破壞搬走。我在一九五五年到埔里經營茶廠時，在路邊看到三基完整無缺的日本人墓碑，後來看見每年清明節都有人祭拜，並且按照本島習俗撒佈紙錢。這些人的行為與久保校長墓碑的遭遇相比，實有天壤之別也。

鬼嬤埤

所謂「鬼嬤埤」，其真實名稱是「貴媽埤」，一百多年前叫做徐貴媽的人斥資建設此一貯水池作為灌溉之用，因而得名。傳說徐某人建造那個池塘時，連續好幾年被洪水沖壞堤防而無法成功。有一次他深夜冒著暴風雨到工事現場巡視堤防時，看見一位身穿白袍、留長鬍鬚的老人舉起長枴杖，指著堤防的某一部分說：「此地是龍穴，除非用人柱，再費多少心血也是徒勞無功的。」人柱是古時把人活埋用作求神加護之犧牲祭品的迷信產物。不久後有個女乞丐到徐家要飯，徐某給予慇懃款待，用酒把她灌醉後裝入棺材，活埋在工事現場，在其上面建築堤防，爾後果然相安無事。但後來常常有人看到有一個穿白色衣裳，披著長髮的女人深夜出現在堤防上哭泣，而徐某的處境聽說也是無後乏嗣。

提起「鬼嬤埤」，我想起另外一件故事，這是聽愛狗伯講的。一八九五年馬關條約成立而臺灣決定割讓給日本後不久，臺灣一段時間幾乎陷入無政府狀態（註：馬關條約四月十七日締結，臺灣總督府成立於六月十七日），這個時期有一個外地人到觀音來買牛，晚上借宿於姓戴的人家。戴某貪圖借宿人口袋中的七十大洋，乘客人睡前在尿桶小便時，手拿利斧從後面劈過去，那人感覺到氛圍不對而回過頭來，斧頭剛好削掉他的鼻子，第二擊才把他砍死。戴某把屍首抬到「鬼嬤埤」公墓丟棄。第二天鄰居媳婦來倒尿，稀釋後擔到菜圃澆菜。第一杓潑出去竟然滾出來一隻人的鼻子，使那個村婦嚇得尖叫不停，此事發生在清朝官吏走光、日本官憲還沒來的青黃不接時期，所以沒有人過問，不了了之。

從前，人和家畜的排泄物是最好的免費有機肥料，所以家家除了廁所以外，還備有尿桶來蒐集尿水。我們店裡的布廚後面留有約七十公分寬的小空間，放著一個尿桶給來客方便，同時不讓肥水外流。五弟運專開始學走路時，有一天栽跟頭跌進那個尿桶中，所幸桶中沒有東西，正在掙扎時被人發現，後來賺了很多個紅蛋吃。

童玩

我們的玩具差不多全部都要靠自己動手做。其中最流行的是陀螺、響陀螺、風箏、獅頭等。陀螺用鴨嬤刮木頭刻成，以切斷的釘子做腳。響陀螺是用竹管做軀幹，以瓢簞的破片做天地蓋子，用蠟燭加以固定，軀幹挖一個斜洞，旋轉時會發出嗡嗡聲。風箏都是八角形的，背後裝一個響弓，放在上空能發出很悅耳的聲響。獅頭則大部分是用硬紙盒子代用，裝上以油紙包成的眼睛，貼上紅紙剪成的舌頭便大功告成，一點都不像舞獅的獅子，但大家都不在乎。舊曆過年時，到處都能看到小孩子在玩舞獅，獅頭雖然不像，但舞獅的架勢卻蠻有一套的。

幼年時代，我們都玩過圓牌和彈珠，圓牌是圓型厚紙貼上英雄豪傑人像，每個人出同一數目的圓牌，按照划拳決定的順序，把整疊圓牌的人像向下對地面猛拍，人像翻過來的就歸於他。圓牌的拍法需要技巧，所以我們經常獨自坐下來練習一番。後來因為物資逐漸缺乏，圓牌慢慢消失，我們就把瓶蓋捶扁來代替。但瓶蓋圓牌不適於拍打，所以我們就改用押寶的玩法。一個人做莊家，用手掌把圓牌蓋在地面，其他人把圓牌押下去，押對同一面的照賠，不對的就歸於莊家，要押幾個都可以，帶有一點賭博的氣息。可是不久政府規定瓶蓋一律要收回再利用，所以這個玩具也就自然消聲匿跡了。

彈珠玩法之一是幾個人把彈珠用手指彈出去，然後由彈得最遠的人站在自己彈珠的位置，用自己的彈珠來向別人的彈珠投擲，打到的就歸於自己，並繼續再打別一個彈珠，沒有打到就將其留在落地的地方，挨次遠的彈珠去打。另外一個玩法是在地面挖天、地、中、左、右五個洞，用手指把彈珠滾進洞裡，從「地」洞開始向中，左、中、右、中、天、中、左、中、右、中、地的順序滾動，如果能滾到別人的彈珠就算滾進一個洞，否則要依序滾進十二次洞才能算大功告成，誰最快走完全程便是勝者。我們都在甘泉寺南廂文昌爺的房間玩這個玩意。泥土地面凹凸不平，所以需要高超的技術。為了提高命中率，必須在地面打滾，因此雙手、雙膝都會沾滿黑黑的泥巴。我和清景叔二人是箇中高手，雙雙享有「命中桑」的美譽，意思等於是神槍手。可是他比較賴皮，不知道從哪裡弄來一個鋼珠來參加比賽。鋼珠很重，我們的玻璃彈珠無法把它推著走，以作為升洞的活餌，所以他獲勝的機率比較高。我們當然向他抗議，可是他非常霸道，都以「你們也弄來一個鋼珠吧」來搪塞悠悠之口。在鄉下如觀音的地方，往哪裡去尋找鋼珠。反正我們也沒有賭什麼，所以後來大家也就默認他的撒賴。

摸頭

童年時代最流行的戶外活動是「摸頭」。參與者分成兩組，用手互相攻擊對方的頭部，只要摸到對方的脖子以上的任何部位就算殺死對方，而大叫一聲「死了」，然後繼續向對方的「活」者進攻，直到把對方斬盡殺絕為止。搏鬥的要領是用左手擋住對方的右手攻擊，乘機用右手摸對方的頭部，動作要敏捷才能取勝，有時還可以利用地形地物，居高臨下攻擊甚至爬到樹上戰鬥，偶而也會摔下來，但很少有人受傷。摸頭時，大家都怕摸到葉福來的「雞屎堆」，所以這位「臭頭戇」始終能占一點便宜。

玩球也是大家的最愛，其中躲避球最受歡迎，但學校沒有經費，全校可能只有一、兩個球，所以根本沒有機會玩這個東西。當時也流行用軟式網球的橡皮球來玩叫做「貝斯」的遊戲。貝斯可能就是來自英語之「棒球」的名稱，其玩法類似棒球，只是不用球棒而以拳頭來打球，而對自己打出去的球感到不滿意且球沒有被接住時，可以叫一聲「不要」，然後重新打一次。可惜這個玩意兒也因為皮球得來不易，而慢慢地凋落下去。

捉蟬是很有趣的玩意兒，在觀音能見到的蟬，按照其出現的順序分別有紅頭賊、青蟬、牛牯蟬（北埔叫做馬牯蟬）等。紅頭賊全身朱色，翅膀漆黑，牠們身為蟬十分奸詐，被捉到就馬上六腳朝天躺著不動，以作死亡狀，所以有「紅頭賊，打死埋不住」的說法，這賊字想必是由其奸詐的作風而來。青蟬呈草綠色，翅膀透明，體型和紅頭賊一樣屬於小型，但青蟬稍大。青蟬的叫聲清脆，紅頭賊略帶混濁聲。我們要抓的對象是大型牛牯蟬，叫聲大而且比較耐命。我們家後面菜圃有一棵老苦楝樹，春頭開滿芬芳紫色花，初夏就變成昆蟲集聚的寶藏，有綠色和金色金龜子，星斑天牛（山牛牯）等等，但最重要的是牛牯蟬。牛牯蟬很怕人，所以都棲在高枝上，要抓牠並不容易。我父親能用蓑衣毛做拉圈來捕蟬，而且百發百中。我也曾經試過此法，但一籌莫展，徒然身受獵物免脫時撒下的蟬尿而已。金龜子隨便都可以捉到，其最大的缺點是被抓到就會拉屎，而其臭天下無敵。天牛咬人非常痛，所以必須緊捉其肩部或同時抓住雙角，如果只抓它一隻角，牠就會利用利爪抓住你的皮膚，然後狠狠地咬你一口，令你慘叫不停。

爬樹可以一個人玩，也可以集體來玩，玩法可分為爬高和爬遠。甘泉寺正對面有一棵大榕樹，樹齡大概超過一百年以上，樹幹四通八達，樹皮多年來被頑童爬得光潔平滑。爬到最高的地方可以看海和燈塔，爬遠則是利用樹幹和樹枝，在樹端繞一大圈爬回原處。二堂哥運豪在爬遠時，曾經因為樹枝折斷而摔下地面，把下巴跌破一個洞，因而獲得「阿哥」（下巴的日語）的綽號。這棵大榕樹的粗幹分叉處放了一隻大鳥的木雕，能夠容納四、五個小孩騎在上頭，聽說是海難沉沒的大木船的船頭，可惜已經開始腐朽，臺灣光復後不久就不見蹤影。大榕樹則因為大戰時在樹下亂挖防空洞，把它的浮根和大根挖得亂七八糟，戰後不久也腐朽而倒下來。

童工

小孩子要幫忙做家事，在當時是天經地義，我從二年級就開始揹三妹繡蘭和四弟運琤。第一次揹好三妹站起來時，馬上就倒下去。習慣後就不怎樣辛苦，只是揹小孩時不能蹦蹦跳也不能打架，另外就是被撒尿時實在難受，尤其是冬天。不過小孩子撒尿也表示工作告一段落，換了衣服就可以出去玩。

拾落穗也是我的工作，我們家不種田，所以所拾的落穗並非自己田的東西，只要聽到脫穀機的聲音，那個地方就是我們的工作崗位。刈稻農人遺落的一、兩串稻穗（我們叫做禾串，拾落穗稱為撿禾串）是我們的獵物，集腋成裘，每天都能滿載而歸。

拾落穗並不輕鬆，可以說是一種苦役。上有大太陽煎熬，下有剩餘田水反射熱，蚊蟲滿天飛，有時還有蛇蠍威脅。拾穗時必須眼快、手快腳快，否則就被同行搶走，另外一個最難受的是一些農人或受雇工人口中「你家很有錢為什麼要做這樣的事」、「比你們家窮得多的小孩子都不要出來檢禾串」之類的冷嘲熱諷。據我所知，下街只有三家的小孩子出去撿禾串，錦科叔婆的養女「綢妹」，跟大媽住在一起的謝萬庚、謝萬協兄弟，另外就是我們家。

有一天下午，我們去找尋刈稻田的途中，在林投風圍裡面看到一堆用禾鐮刈下來的稻子。撿到的禾串和刈下來的稻子的差別在於我們撿到落穗就馬上把稻葉去除以減少其體積，所以兩者顯然有所不同。我們不去想為什麼林投下面藏有一堆稻子，大家搶先爭後的把稻葉剝去，當做各自的獵物。可是那一天歸途經過那個林投樹邊時，我們看到謝萬庚坐在那裡猛哭，於是我們恍然大悟，但又不敢說我們把他的東西分贓掉，只好假情假義地各分一點撿來的禾串給他，讓他好向他大媽交差。

母親對拾落穗的想法是教育目的大於經濟效益（三百斤稻穀的收穫，全數供養雞飼鵝之用）。她認為落穗不撿是暴殄天物，暑假在家的學童們騷鬧惹事是浪費時間，所以原本嚴禁我們在大太陽下遊玩以免中暑，卻在一年中最炎熱的「六月天公」（母親的慣用辭）趕我們出去勞動。這種作風對我們兄弟姊妹日後孜孜不倦、刻苦耐勞的性格養成有直接的關係。

比起拾落穗之轟轟烈烈，「撿蕃薯腳」就遜色得多。觀音鄉稻田六千多甲，為全島稻作面積之冠，收成時期遠近脫穀機聲此起彼落，所以隨便都能找到刈稻的田。但栽植蕃薯的田不多，收成時又不動聲色，所以要找下手的對象就難得多了，因此往往要走二、三公里路才能遇到正在收成的田。

其次，拾落穗只要眼快手腳敏捷就可以，撿蕃薯腳則要用手把人家用鋤頭翻過的蕃薯壟重新翻過來，找尋被遺落的蕃薯，所花費的勞力遠超過拾落穗。由於蕃薯是笨重的東西，所以歸程又成了大問題，我們每人帶兩個竹籃一支扁擔，用以揹回撿來的蕃薯。我從小就力氣不小，但肩膀不能載重，走不到幾步腳就疼痛難忍，步行距離又不近，所以必須走走停停，要花很久時間才能走回家。

周妹姊笑我是豆腐肩，此說大概沒有錯，十八歲時我當日本兵，練成能揹一百多斤的砂石，但退役三個月後往海邊揹花生時，發現兩肩又不聽使喚，實不愧是豆腐肩也。

我們家經常飼養二十隻左右的鵝，因為鵝的體積大，逢年過節要滿足家裡眾多的人口，非鵝莫屬。鵝是從孵出來不久的幼鵝開始飼養，幼鵝吃切細的萵苣之類，稍大以後青菜、雜糧、米糠、麥糠、稻穀等什麼都吃。但必須一天一次趕出去吃野草，並讓牠們在河流玩水片刻，這樣才能使肉質變得結實美味，然而這個經常性差事也是落到我頭上來。

觀音往塘背途中六百公尺處，有一條叫做浮圳的灌溉用大水溝，附近長滿嫩草，是放鵝的適當地點。放學後如果沒有別的工作如拾落穗、撿蕃薯腳時，我就手執長竹竿，把鵝群趕到浮圳放牧，等到牠們吃到膀子鼓起來（我們叫做「頸偏偏」）的程度（約需兩小時）就趕牠們到廟前的河流，讓牠們玩水半小時。放鵝時，我經常帶日本武俠小說去看，由於藏書沒有幾本，每一本都看得滾瓜爛熟。

八十多年後的現在，我還能記得書中人物的名字和小說的梗概。有時候鄰居的小孩會跟著來，其目的是要聽故事。我把西遊記亂改編說給他們聽，他們個個都聽得十分「入聞」，三弟運淮、葉秀康、富斗哥的兒子文通是我的常客。有一天我帶運竮去，他當時三歲左右，開始走路沒有多久。捷景叔路過浮圳，他叫運竮的名字，運竮馬上衝過去，一不小心就跌進水溝中，所幸當時是枯水期，水量不多，捷景叔立刻跳進水中把他抱起來，他抱著運竮跟我一起回家，向父母說明經過，可是他走後我還是遭母親痛打一頓。

焢窯

「焢窯」是我童年時最喜歡的玩意，用翻土後晒乾的田土塊築成圓形灶窯，在窯內燃燒稻草樹枝，灶窯的土塊燒成略呈紅色時，把蕃薯丟進窯內，窯頂敲破打碎上面蓋滿砂土，經過悶燒半個小時後挖開取出蕃薯，其味道之美難以形容。

第一次讓我參加焢窯的是運林哥。有一天運林哥家要「牽蕃薯藤」，所謂牽蕃薯藤就是把伸長到壟溝的蕃薯藤拉回放在壟上，以免蕃薯藤蔓到處生根而影響到地下蕃薯之成長的必需作業。運林哥比我大十幾歲，他約我去幫他牽蕃薯藤，我的條件是工作完畢後要焢窯，作為酬勞。我和臭頭戇、無牙敏應邀而去。蕃薯藤牽完後，運林哥和他的佣人開始砌窯，他命我們三人去撿柴火，蕃薯從哪裡來我不知道。窯子砌好，火燒夠後放入蕃薯，將窯打平鋪上砂土。一會兒運林哥突然宣布，現在要「走窯鬼」（逃窯鬼），朝不同方向跑得越遠越好，否則對大家不利，然後帶頭起跑。我們三人也傻傻地猛跑，跑得喘不過氣來才覺得不對勁，待回來原地時，烤得香噴噴的蕃薯已經被他主僕二人吃得連蕃薯根都不剩了。

後來我才知道，父親是控窯箇中好手。有一個冬天，父親心血來潮，想要表現他的「手路」，他帶我們幾個小孩子到「愛狗」伯的田，展顯他高超的砌窯技術。那時我已經是焢窯的老手，但父親砌窯有條不紊，斷非吾輩之所能及也。

旁門左道

當時一般家庭都有養豬，目的是利用生鮮垃圾來謀取副業收入。我們家豬欄平常都養著兩頭豬，豬的成長速度不一定相同，有時候其中一隻特別長得快。在這種情況下，一般是把肥大的豬先賣出，再買一隻小豬來補缺。此時大豬必定會欺負小豬，兩豬相鬥所發出的慘叫聲十分難聽。以前我看過逢情伯公解決此事所採取的合火儀式，因而知道其法有靈效。情伯公告老退休後，我們家又一次遇到同樣的情形。母親不知道從那裡聽到我精通此法，而命我施行合火之術。

我提出任何人都不准偷窺的條件後，按照吾師的程序，把一束稻草點燃，在豬欄外一面揮動火炬，一面嚴肅地唸出咒語曰「大哥細叔，唔好相嫐，唔好相逐」，然後把火炬向兩豬中間一丟，就算功德圓滿。母親不守約，在門背偷看。當我唸完咒語，裝腔作勢地把火炬丟出去的一剎那，母親忍不住笑得「滾滾翻」，使我怪不好意思。經過我的作法後，兩豬言歸於好，不再騷鬧。其實，我相信牠們是懾於火炬，以為那是牠們共同的敵人，因而忘記相互間之敵對意識使然。

這一年，我右大腿長了葡萄狀球菌所引起的癰，大腿紅腫得硬綳綳，疼痛難忍。伯父說要替我去採藥草，他是拜過師父的藥草師，我裝作若無其事跛著腳跟他走，並把他所採的五種藥草牢牢記在心中。伯父的藥草有神效，貼上去第二天排出大量膿血後，不久就痊癒而不再發。幾年後，彭金貴兄患了同樣的毛病，我帶他去採藥順便也教他配方，此藥對他也同樣發生奇效。

二十年後的夏天，我在北埔時，肚臍旁邊又罹患此疾。皮膚科權威羅慶鈞醫師給我金黴素，並告訴我此疾很難醫好，我擦金黴素三天不見效，仍舊腫得硬硼硼，所以回到觀音自己找藥草貼上去。三更半夜我感覺肚子上面很涼，當時觀音還沒有電燈，用手去摸摸看，竟然是滑溜溜的液體。我馬上點起油燈來看，發現內衣沾滿了膿血，癰的部位已經退紅，疼痛也消失，令我重新感嘆此藥之妙用。最近兩年我常在觀音期間（註：一九九三至一九九五年，每月一週回鄉陪伴老母），偶而也會找那一些藥草看看，結果只剩四種，另外一種可能是關鍵性的闊葉水草終於無法發現。伯父不知道我偷他的妙方，即使知道，我想他老人家也不會怪我，因為若不是我，他的神方早就失傳了。

剃頭箱

我童年時，觀音根本沒有理髮店，一般都是採用包庄制度，報酬以實物計算，每人每年二十台斤穀子。剃頭師父每月巡迴三次，剃不剃由客戶決定。他來時你不在或很忙，沒有關係，大約十天後他還會再來。一般人都是一個月剃一次，只有鬍鬚牯和愛漂亮的人才要剃二次或三次。我記得留平頭的父親是每個月理髮一次，但有空時都會請師父替他刮鬍子。當時小孩子的理髮是名副其實的「剃頭」。師父用一支背厚刃短的剃刀，把頭刮得又光又滑。那個時候沒有消毒的觀念，剃刀經常把頭髮刮到底而傷到頭皮，成為傳染白癬的媒介。

包庄師父工作的時間和地點沒有固定，只要雙方同意，隨時隨地都可以進行。我們家都利用中庭叫做坪仔的小院子，那裡光線好，近水井，方便掃除剃下來的頭髮。剃頭師父攜帶的工具包括理髮剪子（註：Bariquant et Merre公司生產，後成為日語バリカン的由來），大小剃刀，剃耳毛刀，掏耳朵用具，剪刀，方形皮砥等通通放在一個木製箱子，我們稱其謂「剃頭箱」。

我們都不喜歡剃頭，所以盡量設法躲避包庄師父的來臨，只是由於其行蹤漂泊不定，因而無法事先預測其何日何時到，有時一進門就被父親叫住，頭髮太長進去剃頭，一聲令下，只好乖乖地在坪仔等候排隊。

塘背老屋前茄苳大樹的水泥圓環是最好的剃頭場所，農閑期有很多莊內人集聚坐在圓環上聊天並輪番上陣理髮，傍邊水圳清流提供理想的洗臉水。

我在石裕師理髮店看過禁止刨耳孔毛和剔沙眼的警察通告。刨耳孔毛我常見，但剃刀師父竟然有剔沙眼的技術，是我前所未聞的事。但既然警察會明令禁止，可知那是行之有年的越俎代庖。其實此事也不足為奇，中世紀歐洲的理髮師也兼任外科醫生，現在一般傳統理髮店通用標誌的紅白圓柱之柱子，是標示昔時手術時病患手抓忍痛的木棒，紅白是繃帶顏色，要除去髒血時先用紅布帶來綁胳膊，開刀後用白布來包紮，圓筒上面的金色圓蓋是手術用銅盆之變形。如此，既然以前歐洲的理髮師能兼任外科醫師，臺灣舊時剃頭師父兼做眼科手術，好像也並非什麼荒唐的事。

恐怖天堂

一九三八年（四年級）暑假開始不久，伯父告訴我，錂牯已經學會騎腳踏車。此事刺激了我，獲得母親允許後，我時常回去塘背，在塘背廣闊的稻埕重新開始練習騎車。也許是因為我長大了許多，這一次已經不再有恐懼感，錂牯扶著腳踏車讓我跨上座墊，推了一下子後放手，我就能順其自然繼續騎下去，三、四天後學會上下車就算大功告成。於是我賴在塘背不走，整個暑假都在老屋度過，雖然我的最大靠山阿太已經不在，但阿伯一家人都很溫和，幾乎不會管束小孩子，對在家平常受到父母嚴格管教的我來講，塘背老屋簡直是小孩子的天堂。

我和錂牯二人每天一大早就騎車到處跑，因為腳踏車只有一輛，所以必須輪流騎乘，一個人騎車，另一個人就要跟著跑步，如果摔倒擦傷，路面的細砂就是止血的特效藥。太陽昇高後就到炮樹林玩，或到埤圳捉魚，傍晚就在稻埕騎車，有時跟大人去撿田螺。田螺怕熱，白天藏在稻田的泥土下面，到了黃昏時節就出來覓食，所以不費多少工夫就能滿載而歸。我有一次偶然在田裡抓到一尾很大的鯽魚，帶回去煮熟孝敬阿太的靈位。大堂嫂還特地向阿太靈位報告我的功勞。

塘背雖然很好，可是也有一個最大而且致命的缺點，那就是廁所很恐怖。廁所在戶外，從正門出去約二十公尺處，位於豬舍的隔壁，面積約四坪，木板門扉沒有窗戶，靠屋頂的小天窗採光。整個面積的下面是糞缸，幾根木樑上面擺著活動木板，木板與木板之間留著約二十公分寬的隙縫，作為方便之用。我每一次進去踏到會搖晃的木板時，都難免有一股「假如掉進糞缸要怎麼辦」的恐懼感。這還不算，黑暗的糞缸裡面經常隱約能見到無數的屎蟲（蛆）在打滾，令人看到就噁心。還有，糞缸裡面也收容豬舍的排泄物和沖洗水，因而通常呈現液體狀態，所以固體物投進去時，隨時都有東西回敬上來的可能性，於是你就被要求有敏捷的反射神經，在固體物離開你的一剎那，就要站立起來，以免衣裳遭到汙染。

這種廁所也有一個好處，由於木板間的隙縫很長，所以能夠同時提供多人使用，不像現代馬桶那麼小氣，只供單人方便。這一點特為古式農家廁所辯護，以示公允。

長孫額份

這一年秋天，父親和伯父辦理分家。阿太多年來是我們家的中心，現在失去了中心，分家應該是很自然的趨勢。家裡的田地三十甲本來就是兩兄弟共有，分家以後還是維持原來的形式。塘背老家另外擁有一塊菜圃，觀音店鋪的土地總面積約一百四十坪，父親任伯父選擇其一，結果伯父要塘背老家。一般的習慣，分家時長孫可以多分一點財產。父親是我曾祖父善安公的長子逢政公之子，所以是我們家的長孫。可是分家時並無特別要求什麼，一切都是平分。這是因為阿太對我父親說過「你比文景能幹，所以將來分家時不要主張長孫的額份」，而父親當面答應過阿太之故（父親最晚年談話）。

可是後來我好幾次聽到鋑牯說「阿伯（他叫他父親阿伯，我們也叫自己父親阿叔）比阿叔大，

為什麼阿叔是長孫」，言外之意頗有父親占他們便宜的味道。一九九二年四月，父母親要回觀音家住，我們兄弟決定輪流一星期回去陪伴老人家，而我自告奮勇輪值頭一個禮拜時，對父親討教有關分家的事，順便言及錢粘的說法。父親那個時候已經感覺腳痛，步行有一點吃力，但他說要出去一下子，我就跟著他出去。父親首先到上街的農會分部存入一張代收支票，之後走到廟後的五金行買一點鐵絲（我們叫亞鉛線），然後走向廟邊的大堂兄運쨩哥家。

父親對運쨩哥所說的內容有以下兩點回應。第一、分家時我沒有多拿絲毫，完全是平分，當時是潭景伯當公證人，所以我們的田地所有人名義一定是兩房均等。第二，常嬤住家旁邊建地約三百坪歸運琦和運潘的名義，而沒有你們兄弟的份，因為那是我們分家以後過了將近十年，我另外買的土地被放領所剩下的宅地，所以與我們固有的財產無關。關於第二點，後來我才知道，運쨩哥的次男立平在地政事務所上班，他發現過去我們家的土地都歸兩家兄弟共同的名義，唯有常嬤旁邊的地例外，而有所懷疑，久而久之傳到我父親耳朵，他認為有必要澄清，故而有此舉動。可悲的是，這次行動竟然成為父親走過觀音街道的最後一次。

公雞夜啼

四年級級任曾老師的太太是臺北的福佬人，第三高女出身，她始終學不會客家話，所以都用福佬腔相當重的日語和家人講話，她從宿舍伸出頭叫「阿昭容啊」的聲音，至今我還記得很清楚。當時曾老師沒空回家吃午飯，因此每天我吃過飯後會到他家拿便當送給老師。他家小院子設有竹子做的雞架子，養有幾十隻我們叫做生卵雞的來亨雞，當時我們只覺得老師的這個玩意兒相當時髦，但後來才想到那是老師想要用新鮮雞蛋來調養師母肺疾的愛心之表現。老師的生卵雞有很大的毛病，公雞常常在晚上八、九點啼叫，當時一般相信公雞在上半夜啼是看到不祥之物使然，所以必須斬頭，把斬下的雞頭向外丟，以驅散鬼魂之類，免得其進來找麻煩。但老師可能不懂這個鄉下人深信不疑的百年大道理，從來沒有看過他家的公雞遭到殺頭之禍。

四年級的學年末，曾建重老師調職到新屋鄉的崁頭厝公學校當教頭，崁頭厝位於觀音南方八公里的海邊，半世紀後的今天還是一個小村。我在最近（一九九四至一九九五年）兩年回鄉陪母親時，偶而也會騎腳踏車到現在改名叫做永安的崁頭厝小漁港買魚回來孝敬母親。這個地方雖然只離曾老師的老屋石牌嶺三公里那麼近，但曾老師一家人依依不捨之情仍令人鼻酸。我們全校師生在街尾排長列歡送曾老師，他們要步行赴任、走過我們前面時，我們看得出他們全家都哭腫了眼睛，尤其是師母身體瘦小，頗有弱不禁風之狀。我們知道曾老師是被左遷，所以覺得很難過。

這一年秋天，父親遇到很大的冤屈。有人密告父親通敵，把黃金走私賣給中國政府，父親因此被臺北警察局北署（當時臺北警察局分為北署和南署，北署位於現在重慶北路二段，南署就是現在中山堂邊的市警局）傳去拘留七天。除了毫無證據以外，探出父親平時為人的警察局也是半信半疑，但由於茲事體大，所以也不敢隨便放人，後來由父親十弟能安叔父的老闆、二宮寫真機店之二宮先生出面擔保，才能出來。據父親的推測，當年廖家四大房管理人中有人企圖出售公田從中牟利，而遭第三房管理人的父親反對，因而挾恨下此卑鄙的毒計。

良師

一九三九年四月，我升五年級，謝清京老師從平鎮草楠坡公學校到觀音來接曾建重先生的教頭職位，同時擔任我們這一班的老師。謝老師是我所見之第一位剃光頭的老師，道貌岸然，不苟言笑，態度嚴謹，教書認真而勤奮，是標準的為人師表。他一開始就對我們的學識程度表示強烈不滿，尤其對算術知識之低劣大吃一驚，常常溯及基礎問題澈底開導，使我們受益不淺。他是名副其實的良師，對我爾後的學習態度有了莫大的啟發作用。他的甘泉寺前兩間六個塌塌米的小宿舍擠滿了兒女。謝老師有氣喘宿疾，冬天寒冷的日子對他是最大的考驗，教室裡使用火籠，還穿厚毛大衣，但他痛苦的表情毫無減輕，可是他始終不肯為氣喘而停課，敬業之熱忱令人感佩。

一九四〇年謝清京老師於新公園。

ㄉㄧㄤ！

這一年，戰爭的陰影也慢慢地擴散到鄉下來。本來要裝設到觀音的電力也到了新坡就停工，街上店裡的商品慢慢減少，尤其是紡織品或金屬製品，幾乎看不到影子。政府宣導不要囤積居奇，但效果不彰。為了籌出戰費，政府強制收購金子，本來鄉下就很貧窮，因此所獲不多。警察為了提高成績，叫村子的婦女到廟前發誓說「如果家裡藏有金子就要如何如何」，目的是要促使鄉內還沒有出售金子的婦女們乘尚未被叫出來發誓前自動出售。那一天剃頭源嫂的發誓辭是「如果我家藏有金子，我敢ㄉㄧㄤ」，監誓的日本問翻譯的人「ㄉㄧㄤ」是什麼意思，翻譯也不懂其意，但不甘示弱答以「ㄉㄧㄤ是死得最慘的意思」，日本人沒有再追問，她逃過一劫。後來有人問她到底什麼情況叫做「ㄉㄧㄤ」，她卻若無其事的說，金子掉在水泥地上不是發出ㄉㄧㄤ的聲音嗎？後來有一陣子，「如果我說謊我敢ㄉㄧㄤ」之類的說法成為觀音大街小巷的流行語。其實純金掉在地上也不會發出ㄉㄧㄤ的聲音，剃頭源嫂也許根本就沒有碰過金子。

老龜

這一年七月一日是海水浴場開幕的日子。

觀音海邊原本沒有什麼設施，但上任不久、外號老龜的宇都宮龜次郎庄長為了觀音的發展，便規劃建設海水浴場，這個時候已經完成涼亭、換衣場、小賣店，另外有一個清水游泳池的石堤部分已經築成，但買不到水泥而無法啟用。當天有尋寶活動，把獎券散布在麻黃樹林讓大家去找，賞品第一獎是鬧鐘、二獎是雨傘等等。這些現在是連小孩子都不要的東西，但在當時可以說是貴重之物，於是大家爭先恐後地衝進樹林去找彩券。我什麼都沒有找到，從湖口來家做客的大舅之女阿綾找到一瓶汽水，讓我喝了一口。

秋天，奉祀農神豐受大神和北白川宮能久親王的中壢神社落成。北白川宮是甲午戰爭後帶兵

昭和十四年七月七日，北埔庄私藏金賣卻獎勵委員會紀念攝影。
一九三九年政府強制收購金子，照片中多半是姜家女眷。姜阿新夫人詹菻妹在前排左三。

來臺灣討伐反日勢力的近衛師團長，後因瘧疾死於臺南。但也有一說，他在新竹遭到北埔姜紹祖狙擊重傷，坐轎南下而在臺南不治。姜紹祖先生後來被日軍所困，飲鴆毒而亡，現受祀於圓山忠烈祠。

祭神座位的儀式叫做鎮座祭，選在北白川宮的忌日十月二十八日晚上九時舉行。觀音特別雇一部大客車派人去參加，我坐在後座暈車，一直吐口水。坐在旁邊的老龜太太罵我不衛生，我只好把手帕塞進口中，讓其吸收不斷湧上的唾液。祭神座位時要把所有的燈光熄滅，以迎接其降臨，樂人吹奏的日本古樂難聽得不堪入耳。

第二天起連續三天舉行慶祝活動，中壢郡管下包括中壢、觀音、新屋、平鎮、楊梅等街庄都派遣隊伍去中壢參加，其中的重頭戲是假裝行列，亦即化裝遊行。老龜想出來的餿主意是「赤穗四十七義士」，他動員鄉公所、學校和青年團湊足四十七個人，穿上武士裝，佩大小二刀，頭上綁布條，臉上厚厚地塗上水粉。老龜年近古稀，滿臉皺紋，扮演主帥大石內藏助。大家都擔心他指揮施令時，臉上的厚粉恐怕不保。鄉公所唯一的女職員扮他的兒子大石主稅，評定結果觀音庄竟然獲得遊行第一名。

這個時期，日本政府提倡臺灣和朝鮮（朝鮮在一九一〇年被日本併吞）的「皇民化運動」，老龜奉命進行廢廟，除了佛教關係的廟宇以外都無法倖免，他還把中元節改在新曆七月十五日舉行，外台戲被禁止，改由西村老師教導的日本中元舞（盆踊）來代替。一般來講，狩獵或遊牧民族的舞蹈都是腳舞而用手不多（例如西洋人、非洲黑人、臺灣原住民等），而農耕民族則以手舞為主，腳的運作好像比較不重要，例如中國舞，泰國舞等都是。日本舞也不例外，頭綁白布條，身穿日本單衣（浴衣），手執團扇，比手不太劃腳，單調無比的舞蹈實在沒有什麼看頭。西村召集青年團成員約三十人，一個月前開始每天早上在廟前練舞，戇嬤叔公的兒子旺添叔也是成員之一。他的頭大而且剃光頭，舞中遇到要點頭的時候，他點得特別深，看起來十分滑稽。教書先生逢照叔公有一天經過廟前，偶然看到他們的排練，並注意到旺添叔的點頭動作，據他說「一股冷氣由體內深處油然而起」，爾後再也不敢取道廟前而過。

大拜拜

童年時代最盼望到來的，莫過於舊曆新年和大拜拜，過年時高興的事是穿新衣和拿壓歲錢。在不豐裕的那個年代，添新衣並非一件平常事，所以新衣服僅限於新年期間或出門做客時穿。孩子成長變成不合身時，就當作新衣傳給弟弟或妹妹。琦兄雖然大我四歲，但我成長較快，所以我的新衣大部分是他穿過的半新衣，至於壓歲錢在我們家是虛應故事的成分居多。當時一般家庭的壓歲錢頂多是十錢，父親每一年給我們五十錢，但到了年初三就統統要繳還給母親，由母親改發每人三錢，所以我們是名副其實的「壓」歲錢，「歲」一過就變成母親的私房錢。但是，壓歲錢金額比我們少得可憐的臭頭戇或無牙敏卻可以把全額用掉，使我們羨慕不已。有一年聽到鄰居運啟哥拿到的壓歲錢竟然高達十圓而且不須繳回的消息時，我們都嚇了一跳，面面相覷，目瞪口呆。運啟哥和明珠的媽媽在一九三六年夏天去世，外號閹豬仔的他們爸爸德景叔大概是憐惜沒有母親陪他們過年，所以給運啟哥一個大紅包。

當時過舊曆新年有一個很大的缺點，就是學校不放假。原來日本自從明治維新不久改用太陽曆以後，所有的節氣都以新曆為準，所以舊曆過年如果不是碰到星期日，大家只好照常上班上學。有一些「屎包」（客語：愛現之意）的日本人老師還故意給他的班改上農業課，叫孩子們挑豬屎尿給蕃薯田施肥。

大拜拜每年有三次：舊曆四月二十二日的觀音娘娘生日、七月半的中元節，和秋季的平安戲是也。大拜拜之所以受歡迎，除了可以吃到豐盛的佳餚之外，最大的樂趣是包括外台演戲的看熱鬧。在當時毫無娛樂可言的農業社會，看外台演戲是不分男女老幼的一大享受，所以演戲未開鑼前，廟前早就人山人海，一般家庭都提早吃晚飯，以便讓女人們也能趕得上去看戲。外台演戲有日場和夜場，通常連續兩天，看日戲晒大太陽，但對平常在野外工作的田庄人來講，只不過是觀音人所說的蚊子叮牛角——不在乎也。

大拜拜對小孩子而言，其最高目標是要看平常看不到的東西——例如變魔術、蛇仙（耍毒蛇）、耍猴子等；要買平常買不到的廉價玩具——例如氣球，玩幾天就會裂開的皮球之類；並且要吃平常吃不到的食物——例如包著泡漲的魷魚的天麩羅（甜不辣），棉花糖，玻璃管注入糖水、插進撒過鹽巴的碎冰內現做現賣的冰棒，兩杯一錢的酸梅湯等。其中酸梅湯捨不得一次喝下兩杯，我一定會找錢粘一起去買，把其中一杯寄在他肚裡，下一次他買酸梅湯時，再向他要回來。

此外，四季的水果也是值得一提的。觀音的人認為吃水果是浪費，所以生意人也懶得進貨水果來賣，除了在糖果店偶而放著一點香蕉、橘子、蕃石榴以外，很少看到水果。可是遇到大拜拜時，大家要用一點水果來拜神，吃了油膩的食物後會想吃一些水果，而且大拜拜時人總是變得比較慷慨，所以季節的水果就會傾巢而出，其中與我最有淵源的是中元節的龍眼。

觀音幾乎不出產水果，只有少數的芭樂供給家裡小孩嘴饞，偶爾也會看到龍眼樹，但生產的龍眼是皮包核、根本沒有肉質可吃的廢物。官斗伯的桃樹是觀音一帶唯一的奇貨，但其出產的桃子卻是聚桃子的所有缺點於一身、又小又瘦又酸又苦又硬的貨色。母親說官斗的桃子「打得狗死」（客語），她的形容好像有一點過分，但我相信用來殺貓是綽綽有餘的。

前面所說那一些雜果都是自家用，不對外營業，唯有「吳憨先生」家的芭樂是例外。吳憨先生又名吳癲，兩個都是綽號，不知其正式名字，大家都叫他吳憨先生。當時被叫先生可以說是莫大的尊敬，他在家辦私塾教漢文，因而得此稱呼。他對此一尊稱好像十分滿意，所以人家叫他吳憨先生時，他必定諾諾答應，不過偶而也會用梅縣話提醒對方說「個隻（那個）憨字莫講猶卡好」，意思是只叫他一聲「吳先生」更好。吳先生並非土生土長，不知道從哪裡搬到觀音來，他在塘頭買地種田，住家周圍種植不少芭樂，果實不大，但是他的紅心芭樂是以甜脆香聞名。吳先生穿長衫，左手提籃、右手拿拐杖，講梅縣話賣芭樂。這番八十多年前的光景我還記得很清楚。聽說他為了防止人家、包括他的家人偷吃他的芭樂，常常把水肥潑在芭樂樹上，他的芭樂之所以甜脆香的祕訣也許因此而來也說不定。總之，我們附近一帶的人都不敢買他的芭樂，他只好拿到上街賣給那些對他認識不深、而且不知道他有那一種絕招的倒霉鬼吃。

椰檔三

我之所以對龍眼特別有興趣，是因為賣龍眼的一位叫做「椰檔三」的人。椰檔三從哪一年開始在觀音中元節賣龍眼我不知道，他有高高的鼻樑，深深的眼窩，家住離開紅毛田（現名新豐鄉）不遠的枋寮，或許是古時漂流到新豐暫居的荷蘭人之末裔也未可知。他人緣好，笑口常開，童叟無欺，賣的龍眼又大又甜，所以生意特別好，四大籮的龍眼到了夜場戲開鑼時刻就賣得一空。他對我特別好，每一次我拿一錢向他買龍眼時，他除了給我應該給的部分以外，總是再添一小枝以示優待。他的攤位一定擺在大榕樹邊面向甘泉寺正門的位子，他攜帶一套小鍋子，在攤子旁邊搭起石子灶就地煮飯，有時候我會撿冰棒的竹子供給他當燒飯的柴火。這個情況繼續到日本廢止舊曆中元節為止，因為新曆七月十五日並非龍眼產季，爾後就沒有見過椰檔三。每當中元節到來或看到龍眼時，我偶而會想起椰檔三這個人，只是事過境遷，慢慢地淡忘了。

本來我以為椰檔三的事只有我一個人認識，沒有想到一九九四年我在觀音陪伴母親、在夜市買一包又大又甜的龍眼回家時，竟然從母親的口中聽到椰檔三的名字。不但如此，她還告訴我有關椰檔三如何認真打拚的故事。據母親說，椰檔三和他弟弟二人會在中元節的頭一天晚上，從枋寮各揹一大擔自家生產的龍眼，走七、八小時的路程，早晨到達觀音。在廟前煮飯吃飽後，他弟弟馬上折回家，在家休息片刻又要揹一大擔龍眼，在午夜以前趕到楊梅。椰檔三則賣完兩大擔的龍眼後立刻起程，走四個多鐘頭路到楊梅，把他弟弟送到的貨接過來，天亮以前回到觀音，煮飯用餐後，若無其事地擺起攤來做生意。由於他們兄弟的行動猶如日本忍者，所以我當時完全不知道。母親是以年青人吃苦奮鬥的榜樣，來記住椰檔三的故事。

平安戲

從前客家農業社會裡，一般民眾生活都相當清苦，所以自然而然地對一年三百六十五天，每日三餐的飲食生活有所節制，除了主食的白米不限制以外，配飯的菜餚是以能夠把飯送進肚子裡為已足。客語「幫飯」想必是由此而來。尤其在農家，除了自家生產的青菜或醬菜之外，在田溝埤圳捕獲的泥鰍、雜魚、小蝦、田螺、蜆子，或街上能買到之來自日本的廉價鹹油鰮、鹹鰱魚、魚脯，都是其賴以生存的主要蛋白質。我少年時代幾次去住在三座屋的外公家，外婆特別為我們加菜，都是以水煎蛋，因為捨不得使用現在沒有人要、而當時被視為貴重的豬油。六、七十年前的客家農村生活差不多都過著這樣的生活。就是比較富裕的人家，也脫不了這種以節儉為治家之本的樸實民風。

這樣的生活條件，自然難免導致普遍性的營養偏差，加上不斷的激烈勞動，當時的鄉下人幾乎個個瘦如幽靈。那時臺灣人的平均壽命不到五十，我認為恆常性營養失調可能就是主要原因之一。

因為這樣，過年過節等行事對一般人來說，實質意義遠比緣起來得重要，大家只知道逢年過節要準備豐盛的三牲祭品來拜神或祭祖，然後全家人分享拜過神佛的雞鴨鵝肉等。我想，享受難得一見的澎湃（客語：盛饌。此一形容詞兼名詞足以令人想像當時客家人對豐富肴饌的憧憬）以補充素日的營養不足，才是下意識裡的需求。絕大部分的農人不會去思考節日之意義何在，實際上，二千二百多年前的屈原和在臺灣僻遠寒村啃雞翅膀呷肉粽的歐吉桑、歐巴桑，根本是風馬牛不相及的。

一般來說，過年過節是家族團圓為常態，少有食客光臨，但客家人一年一度叫做「平安戲」的行事則有所不同。一般節日都有其緣由來歷，故日期都是一致，唯獨「平安戲」例外。顧名思義，平安戲應該是鄉人雇請客家採茶戲團（或歌仔戲或京戲團），在廟前獻演外台戲，來感謝神佛保佑大家平安度過一年生活。故此，獻演的日子都選在收割後的農閒期，而且各村落會互相聯絡，把日期錯開，以便邀請遠近親朋前來「看戲」，吃澎湃喝酒，藉以重溫舊交。此事在終年忙於生計而且交通不便的舊時社會裡是有其必要的習俗，這與日本鄉村的「秋祭」、臺灣原住民的豐年祭，其意義並無兩樣。

觀音鄉北半部住民幾乎全是福佬人，南半部是客家人的居住地域。我們的祖先是來自中國大陸的移民，在當時瘴癘猖獗、危機四伏的環境裡，他們定居後自然而然地找出信仰的對象，建立寺廟來祈求神護以獲平安。這一些寺廟後來變成民眾活動的中心，因而很快就在其周邊形成聚落。觀音鄉南半在觀音村有供奉觀音菩薩的甘泉寺，保生村的守護神是保生大帝，三座屋石橋頭也有一座伽藍，聽說主神是三王公。觀音鄉南半的平安戲是以此三處廟宇為中心，輪流舉辦。北埔、峨眉、寶山之所謂大隘三庄位於丘陵地帶，可耕地面積和人口不多，但對平安戲的熱忱卻無與倫比。想必這是因為山間住民人情味比較濃厚，以及交通不便，平常與親戚朋友見面的機會少，故而欲藉此重溫舊誼，加上其嗜酒如命的習性使然。

平安戲在從前社會確有其存在的意義和價值，客家人都很注重這個節日，大家每年都以興奮的心情期待這一天來臨。有人深怕當天請不到客人而無臉見人，因而事先以電話相邀，或託人帶口信請朋友，甚而當天到演外台戲場所「獵客」者也大有人在。

過中元

大拜拜對我來說，每一次都很新鮮，很有意思，但比較起來還是中元特別好玩。因為時節在暑假期間，不必在教室心不在焉地聽老師的嘮叨，另外就是可以欣賞到糊紙師父塑造大士爺和山神、土地公的整個過程，再來就是壓軸的大豬比賽和無比熱鬧的放水燈。

中元節又名鬼節，說簡單一點，就是要慰撫平常沒有人供祭的遊魂，免得其來找麻煩的儀式。相競殺大豬的目的不外乎是布施餓鬼，大家都為了表達誠意，幾乎每家每戶都要設法養大一隻公豬來作祭典之用。養大豬並不容易，除了供給大量的營養食物之外，最怕牠生病，所以必須天天小心翼翼地給予照顧，萬一養的肥豬有個三長兩短，只能當做蠟燭的原料賣，主人必須花一大把銀子另覓大肥豬。第二房傳火叔公曾在一九六〇年左右養一隻大豬，快到中元節時，我從北埔特地跑到竹東大窩廖家參觀大豬。神豬（要如此稱呼）大如牛，已經肥得不能站起來，躺在屋後草棚下的砂堆上呼呼大睡，旁邊裝一工業用電扇替牠吹涼。竹籮內裝滿西瓜和鳳梨並非招待客人之用，而是為了防止神豬中暑而備的糧食。傳火叔公自詡一定能獲得至少第三獎，我也相信他的話，可惜天不從人願，他的神豬在中元節前兩天突然暴斃，只好重新買一頭三百斤左右的豬來充數。本來我準備在中元節當天到竹東去向他老人家道喜，順便叨擾他幾杯，結果我的美夢也成了泡影。

殺豬祭鬼（稱呼好兄弟以示友好和尊重）在觀音廟轄下是七年輪流一次，叫做「當調」。母親說，父親養的神豬曾經得過第五獎，但豬羊架裝飾很不高明，我也看過父親養神豬，那一次餵牠吃的食物，除了摻有麥糠的飯糰以外，只有蕃薯、西瓜皮和鳳梨皮之類。父親親自進去豬欄內，把飯糰一個接一個地塞進大豬的口中，但可能因為食物不夠奢侈，那一次什麼獎都沒有得到。

大士爺是觀音菩薩變身的鬼王，所以其醜陋無比的頭臉上長出來兩支角的中間，會安置一尊小觀音像，祂是來監督眾鬼魂，免得其禍害眾生的。白臉的土地公和紅面的山神大概是來誘導好兄弟。

由於甘泉寺的經費有限，隔年才出現一次大個子的大士爺，其高一丈多。隨著主神的身價提高，山神、土地公也騎上了老虎和獅子。翌年三尊都變成一樣的小尺寸，並列站在紙做的台上，臉上無光，看起來毫無威風可言。

大型大士爺的張貼要耗費將近一個月的時間。糊紙師父兩人在甘泉寺南廂工作，底座用木板以外，其餘都是以竹子架成，頭部是把軟紙泡濕一層層地貼在模子上面，乾燥後把模子拿走便可。但這個工程我沒有見過，因為糊紙師父都是直接把做好的帶來，在現場塗上藍色塗料後裝上去。完工後的大士爺必須要用白紙包住其頭部，以免驚嚇幼童，到了中元節才搬到廟門，三尊神像以鬼王為中心，左山神而右土地，面向外排成一列，此時才把鬼王的封面紙取走，使其睥睨四方。

中元節當天黃昏時刻，祭典用的神豬陸陸續續到達廟前，十獎以內的大豬公依序擺在廟前，每一部豬羊架都裝飾得華華麗麗而燈光燦爛，迎豬羊架的大鼓隊猛敲猛打，喧譟無比。沒有入獎的豬公也要運到街上來參加普渡，其中較大的都在廟前廣場找一席之地來陳列，不夠大的就不好意思在大眾面前獻醜，只好悄悄地在街上找一個空地或朋友家的亭仔腳安頓下來。

法師在廟前設壇做法超渡遊魂，比手劃腳，唸唸有辭。有人說，把頭伸進法師法衣內，就能看到成千上萬的鬼魂。有一次科學精神旺盛的無牙敏自告奮勇前去探險，結果什麼都沒有看見，只挨了那個法師的一踢加上一發逼出來的臭屁，大喊「夠衰！夠衰！」而退。

水燈排是用長竹子做成長團扇形，掛滿了燈籠，豎立在廟前邊緣的河邊，收壇後送到海邊讓海水漂走，用來送回遊魂的。因為時間太晚，家裡不准我們跟隨到海邊去，所以實際情形我未曾看過。晚上十點多，差不多夜場戲演完的時候，普渡也要收壇了，三尊神像和靈屋之類都被搬到河邊火化，隨著火焰的熄滅，大拜拜也就宣告結束。我記得那個時刻總是難免會感覺到無比的寂寞，年年如此，歲歲如是。

修學旅行

五年級（一九三九年）秋天，學校舉辦了三天二夜的北部修學旅行，目的地包含臺北、基隆、淡水。由於一般家庭都不很富裕，所以參加與否，是由各個家長來決定。我記得每人的費用是四圓八十錢，五年級參加人數約二十名，六年級有兩班而且畢業在即，所以大概有五十人參加。

出發當天早晨五點半集合在校門前，六點鐘分乘兩部巴士到中壢，在中壢改搭火車直接前往基隆，在基隆參觀市區和港灣，並且進入剛巧停泊在碼頭的一萬噸客輪富士丸。七十多個鄉下井底蛙看到船內豪華客艙的設施，莫不目瞪口呆。傍晚回到臺北車站時，擔任六年級甲班的工藤老師在出口等候，從工藤先生和謝老師的談話中，我獲悉原來他未去基隆，而中途在臺北下車尋找旅館，好不容易才找到一家臺灣式旅館，所以到車站來接我們。我們走到太平町一丁目的金華旅社時，有幾個木匠還在忙著釘木板，看起來好像是把房內的臺式眠床搬走而臨時改搭大眠床的樣子。據我後來推想，那個時期是畢業旅行的季節，中南部的學校紛紛成隊北上遊覽，以致旅館缺乏。經費十分貧弱的觀音公學校旅行團要事先覓得理想的住宿是相當不容易，因而只有採取到時候再想辦法的克難式作法。金華旅社臨時改搭床鋪的舉動，想必是工藤老師的苦心之作。當天如果沒有找到旅館，七十個頑童也許不得不在臺北車站過夜也說不定。

金華旅社雖然是古型臺灣式旅館，例如樓梯鑲有花鏡子，床鋪大部分是架子床，但晚飯卻出奇的美味可口。飯是內地米（蓬萊米），菜餚是福佬菜，這兩樣都是觀音人沒有嚐過的，所以開飯不到五分鐘，飯菜都被一搶而空。

晚飯後的時間是自由活動，當時太平町是臺北市最熱鬧的地區之一，可是大家唯恐走失迷路，口袋也沒有幾個錢，所以都不敢走遠，只好三三五五地在旅館附近蹓躂蹓躂而已。

我們規定九點半就寢，但大家興奮得沒有人能夠睡得著，各個房間都大吵大鬧，狂笑喧譁之聲此起彼落，使老師們每隔十幾分鐘就得來一次大吼，但毫無效果，等到十一點多每個人筋疲力盡才安靜下來。

第二天的行程是早上參觀新公園、博物館、動物園和兒童樂園，下午為淡水之行，英姊這一年考進淡水高等女學校而住在校內宿舍，所以我期待能見到她。我們首先參觀淡水中學校，丘陵上用紅磚蓋的校舍相當漂亮，當時我沒想到這裡就是後來我要唸四年書的母校。參觀女學校時，我向一位在掃草坪的女學生打聽廖仸香的消息。仸香是英姊的學校名字。碰巧那個人是姊姊的朋友，她告訴我仸香桑提早請假下課到街上接他弟弟，我非常失望，認為此行無法見到她。但不久前往舊砲台的途中，英姊趕上了我們的隊伍，她跟著我們去參觀高爾夫球場邊的舊砲台，然後再送我們到火車站，並且給我十錢零用錢。

第二天晚上住在北門旁邊的集英館，這一家也是臺灣式客棧，但比金華旅社乾淨一點，晚飯一樣好吃。

第三天早上參觀總督府和植物園，我們在總督府頭一次搭到電梯，很多人差不多要吐出來。下午搭火車回家，傍晚回到家第一件事是要把三天無法排泄出的東西放掉，母親跟在廁所邊問我用剩多少錢，等我出來就把我僅剩的三錢繳庫起來。

日本名

一九四〇年（昭和十五年），日本自稱建國第二千六百年，為此，舉國上下都忙於慶祝活動。那時已經打了兩年半的中日戰爭，日本的國力已經消耗了一大半，所以頗有沒落得差不多的老世家打腫臉充胖子式的辦喜事之概。其實，日本從西元三世紀末才開始有了漢字傳來，其所謂的紀元二千六百年，起初數百年的歷史雖然據云是由叫做「語部」的歷史口傳者代代相傳下來，但其可靠性如何是不難想像的。

此一時期，日本政府已經受軍閥控制，而以東亞的盟主自居，連繫納粹希特勒和義大利法西斯主義者墨索里尼，企圖稱霸東南亞，為了誇示其國力而在東京灣實施大規模的天皇觀艦式，皇宮廣場舉行熱鬧無比的慶祝大典。但這一些我們都只能在報紙上窺其一端，在鄉下的觀音並無特別的舉動。不過為了促進所謂的皇民化運動，勸導臺灣人改姓名的運動則被積極推動。

所謂改姓名，就是把原來的臺灣姓名改成日本式姓名。隔壁代書業阿樑伯第一個響應，將姓名改為星久良，他是退休的「日本」，所以或有必要率先垂範也未可知。德景叔家改姓武光，他本人取名德衛，父親身為保正卻採取拖延戰術，一直拖到三年後才不得不改為武田光正，母親取名惠子，可是我想她至死也不知道她自己的名字在戶籍簿上被動過手腳。至於我們兄弟的名字，老大改為榮一，我是榮次，運淮叫做榮三，榮字是取自我家店號榮源商店。運琤為吉朗，運瑼為吉雄，老么與生俱來就是吉範，光復後才改過來叫做運範。姊妹們的名字是留其一字加上日本式的子字，分別改成英子，蓉子，蘭子，梅子，麗子，繡鳳出生就取名芳子，也是光復後改名過來的，繡玉和繡滿是光復後出生，所以未曾做過日本人。廖氏家祠叫做武威堂，因此廖家的人改姓名時原則上都採用一個武字，藉以略表未忘本之意，香景叔改成武井弘教，廖阿樑的星久良屬於例外。可笑的是林姓的改姓名，日本姓林的不少，所以他們應該不必更改，但日本人卻認為這樣就不像改姓名，硬要他們加一個字變成小林、大林、中林等。

同年，我們廖家決定在祖厝南邊建設骨塔，來容納廖家亡故者的骨灰，以解除各家建造風水

（客語墳墓）之煩。這個想法在當時可算得是非常進步的思想，但是據說其選擇的地點犯忌，翌年落成的同一年，我們廖姓宗親死亡者多達十幾人，其中包括我堂姑媽玉嬌（得年虛歲二十二）。

那一年剛好流行傷寒，而且在塘背特別猖獗，所以才有上面的說法，爾後相安無事。當時所題「皇紀二千六百年建立」的金字於今屹立不變，令人有一點格格不入之感。

補習

一九四〇年四月，我升六年級，擔任老師仍然是謝清京老師，只是姓名改成東山清一而已。東山老師有鑑於上一年的畢業生唯有廖運潮兄一個人考到淡水中學，所以決定讓應考生晚上到自家補習。參加者包括我、廖鏡景、廖文士、張顯榮、謝萬協、周國俊、范文龍。其中國俊兄和文龍兄是上屆畢業生之落第者。

我們吃過晚飯就到老師家，聚集在石油燈下自習。老師穿著日本睡衣，板著臉來監督我們的自習，我們唸的是叫做新式三課的應付入學考試的參考書。所謂三課是國語、算術，和包含歷史、地理的常識課目。據我的回憶，當時要考中學比現在考大學還要難，公立中學大部分是將錄取人數的四分之一到五分之一分配給臺灣人，其餘的四分之三到五分之四名額則留給人口不到全臺灣總人口十分之一的日本人。私立學校雖然沒有什麼差別待遇，但全島私立中學只有四家，錄取人數總共只不過六百人，所以競爭相當激烈。因此，老師小心翼翼地教導我們。不但如此，他不收分文補習費，連點燈的油錢都用他自己的薪水來負擔。

補習是晚上十時下課，廟前一片黑暗，風吹河邊蘆葦的聲音令人膽戰心驚，路上絕無行人。鏡景叔寄宿在德景叔家，我們兩個人一起回家，故意大聲說話，虛張聲勢，天天如是。

鏡景在四年級以前是默默無名的學生，胖胖矮矮，沉默寡言，我根本就沒有注意到他。可是升了五年級以後，他突然展現出他的實力，考試成績與我伯仲甚至超前我，成為我的威脅。他老實木訥，我講的笑話他都聽不懂。畢業時，我的成績是第一名，在畢業典禮上我代表畢業生說校長訓辭的答辭，可是我的心裡在懷疑，鏡景可能才應該是第一名。

鏡景後來唸臺北中學（現泰北中學），晚我兩年考上臺大物理系，但只念到二年級就沒有再唸下去。

六年級的春天和冬天，我代表學校參加國語演習會。名稱雖是演習會，但實際上是演講比賽。春天的演習會在中壢公會堂舉行，中壢郡下約二十校各派一名與賽者，題目各自決定。老師替我選的題目是「我們的決心」，內容也由他老人家包辦，主要是在強調作為一個戰時下的日本少年應該如何才能做到忠君愛國目標之類的美辭麗句之羅列，我只要將其一字不差背出來就可以，所以並沒有什麼困難。但冬季在南勢公學校舉行的卻是「即題」比賽，參賽者聚在一起抽籤決定題目，抽到什麼就要講什麼，而我抽到的題目是「節米」。當時中日戰爭已經進入第四年，進出大陸的日軍多

一九四〇年觀音公學校校景，謝清京老師帶領學生農業實習，用魚藤水除蟲。

達八十萬，軍糧消耗驚人，軍需品工廠日夜趕工，需要人手甚多，因而影響到農業生產力，加上肥料不足，迫使主食的米產量大減，所以不得不採用配給制度來控制糧食的供需。配給的米不能填飽肚子，日本有一句老諺說空著肚子就不能打戰，為此政府鼓勵民眾，以蕃薯、豆子、南瓜等代用食來補充主食之不足。節米在那個時候是一個重大課題，照理說應該很容易大吹特吹地加以發揮，只是我托父親之福，家裡從來沒有糧食不足的問題，每天吃得滿腹，幾乎不知道代用食為何物，我個性又比較老實，不善於吹牛，所以談起節米來，難免欠缺臨場感和說服力。比賽結果沒有入獎，我只能以演辭之流暢和絕對不遜於都市學生的日語發音來自己安慰自己。

六年級第三學期，我跟著大堂哥和另外一個大人到臺北去拍入學考試准考證用的照片。大堂哥是安叔經營的大和寫真機店的股東兼夥計，在那裡負責沖洗照片的工作。我們買臺北站的火車票，但大堂哥卻帶我們在萬華站下車，然後改搭公共汽車到他位於建成町一丁目一九五番地（現天水路）的店。我想不出他的用意何在，也許是想要讓我們兩個田庄人多看一點臺北市區，或許是為了誇示他對臺北的地理如何地熟悉，或兩者都有也未可知，但我卻一直在痛惜萬華到臺北之間的火車票費。

安叔的店就在當時頗負盛名的圓環夜市附近，店員楊啟三兄帶我到也是在圓環周邊的日新町之一新寫真館照相，此時所照的照片是我第一張單人像，經過半世紀以上的現在仍然保存得十分完整。那時穿的是深藍色的小學制服，而不是我們平常穿用的卡其色公學校制服。那是父親兩年前在東京的古著屋（專賣二手貨衣服的店）買的、摻有人造短纖維（Staple fiber）的衣服，但看起來比公學校制服時髦得多。大堂哥向一新寫真館要回原版（玻璃底片）加洗很多張，此舉替考了很多學校都沒有考上的我節省了不少考試照片的費用。

一九四〇年春，廖運潘中學校入學考試照片。

我頭一次參加入學考試的學校是臺北高等學校尋常科，錄取五十名中聽說只有一到二名臺灣人，其餘都是日本人。謝老師只准許我一個人應試，文景伯帶我去考試，借宿安叔家。考試第一天，眼看趕不上時間，安叔親自騎腳車帶路，我跟著後面跑，抵達和平東路國立師大現址的高等學校時，剛好聽到鐘響。第一次考試錄取，第二次考試落第。我本來就不敢奢望考上這一家名門中之名門，所以也沒有很大的失望。後來應考臺北二中（成功）和臺北中學（泰北）都是同一個結局，第一次錄取，第二次落榜。最後才考上淡水中學。

臺北中學的入學考試有兩件新鮮事。第一件是不做一般性的體能檢查，而是由幾個五年級學生帶領全體應考生跑步四公里來代替，路程是經過芝山巖到現在的文林路，再從現在的文林路、中山北路交叉口折回學校。當時未料四十年後我會在那一天跑過的陌生道路傍邊買一棟房子，並且住到現在。

第二件事是在考場遇見相澤佛典先生。相澤先生是和尚，個子矮小，帶厚眼鏡。他從我五年級那一年開始，每逢星期日就到甘泉寺來主持他所謂的「日曜學校」，並召集附近一帶的孩子來宣導佛教。他講故事，分送粗糖果來吸引小聽眾，我也是其中之一。他平常都穿黑色法衣，但在臺北中學看到的相澤先生卻穿著西裝。他坐在口試老師的位置，我才知道他是這個學校的老師。他向我招手，我有一點期待由他來擔任我的口試，但事與願違，沒有占到便宜。我們參加臺北二中考試的同學五人全軍覆沒，臺北中學唯有廖鏡景被錄取，淡中則除了我之外，還有廖文士和謝萬協考上，張顯榮落榜，慢了一年才進入淡中。

淡水中學是我曾遊之地，因此略有親密感。加之我姊姊在淡水高女就讀，兩家學校比鄰而立，屬於同一財團法人，校長是同一個人，對我來說又是背水之戰，所以我決心要考上這個學校。可是一見到指導考生的少尉教官的兇猛面貌和叱咤聲，就心冷了一大截。所幸後來知道，這一位梅谷郁夫先生是徒有其表、面惡心善的好教官。

總共十二天的入學考試，我吃了十二次海苔卷便當，到了最後看到海苔卷就悶肚（客語：噁心）。淡中的考生休息室是劍道場，在那裡看到很多考生吃吐司麵包，覺得十分羨慕，因為過去從來未曾嚐過此物，所以還不知道其味如何。

落榜多次失盡面子，但也有一個收穫。本來我從小就會暈車，坐車必吐，但經過這一次的千錘百鍊，終於把暈車的毛病破除，從此以後不再飽受嘔吐之苦。一九五五年我首次赴日搭乘螺旋槳飛機，而長時間遇到亂流時，機上旅客無論老中老外都嘔吐得很厲害，使得空中小姐根本來不及傳遞油紙袋，唯有我一個人能夠悠然暢寄，頗有不可一世之概。

淡中考完翌日下午，我們考生去淡中看放榜，我和廖文士、謝萬協被錄取，而從觀音來應考的張顯榮、黃圳昌、徐逢石落榜。張君的實力與我伯仲，所以我對他的落第感到相當意外，又看到他無奈的苦笑，使我難過了一陣子。

至於黃徐二君本來就成績不佳，所以好像起初就沒有抱著多大期望的樣子。黃徐二君後來赴日進入京都兩洋中學，黃君在第三學期放假返臺途中，其坐船高千穗丸遭美軍潛艇攻擊沉沒而遇難，這是日美開戰以來的第一件船難。徐君本來可以安然無事，因為盟軍捨不得破壞京都和奈良的文化遺產，所以對此兩處未加以空襲，但徐君卻跑到東京去，遭到空襲身亡。聽說他是特地跑去東京看空襲的慘狀而遭此不測，但是真是假不得而知。

左起張顯榮、廖文士、廖運潘、廖鏡景，攝於臺北北門口跨越橋上。

一九四一年三月底參加士林臺北中學校入學考。前排左起張顯榮、廖運潘、廖文士，後排廖鏡景、張顯宗、徐回光。

第三章　生徒

註：日治時代中學校、高等學校在校生之正式稱呼是「生徒」。

淡中新生

一九四〇（昭和十六）年四月十二日星期六，我正式成為淡水中學學生。學校規定從自家通學者以外，一律要住校。父親頭一天帶我北上住在安叔家，並帶我到京町（博愛路）菊元百貨公司買了一件西式睡衣，這個也是規定住校生必備之物。我們家從小都習慣和衣而眠（上衣除外），所以在此之前只知其存在，未曾見過實物。

入學典禮從下午一點開始在雨天操場舉行，所謂雨天操場是只有水泥柱子和用鋼骨蓋石棉瓦之沒有牆壁的建築物，淡中沒有大禮堂，一般大小集會都在此進行。由於沒有牆壁擋風，冬天時常風雨瀟瀟，其冷實在難當，每次遇到大小颱風都要損失大片的石棉瓦。

校長有坂一世先生是個禿頭的巨漢，講話時聲音宏亮，而且上排略微暴牙的門牙會動。他是美國教會在東京創辦的青山學院畢業生，是為了讓原為宗教學校的淡水中學改頭換面，成為教育皇民化臺灣人子弟的淡水中學校，而從州立臺南二中的教頭轉任過來的。

教頭高橋先生也很高大，酒糟鼻，麻子臉，口齒不清但歌聲出奇得好聽。聽說他是校長的學長，但為人老實，不善言辭，因而屈就副座。校長的綽號是他魯（酒桶），而教頭是巴芬（馬糞）。教頭一年後退休，我不知道他的名字，只記得學長們背後叫他「高橋馬糞」，藉以和另一位高橋省吾老師有所區別。

新生約一百五十名，依照年齡分成忠孝仁三班，六年級畢業的我等觀音來的三人都編入仁班，高等科畢業的成為忠班，從高等科一年級進來的或六年級畢業而出生稍早的屬於孝班。忠班的導師是外貌兇猛、聲如巨雷的梅谷少尉，孝班級任是綽號臭丸的前田老師，我們的班導師則是白面書生模樣的二十七歲青年川村良明先生。我私底下慶幸沒有被分配到梅谷教官的忠班，而是成為看起來文謅謅的川村老師的門生。但不久我們發現梅谷老師是非常軟心腸的好好先生，從來沒有看過他打罵學生，而外號「青二歲」（黃口孺子）的川村老師雖然非常愛護學生，但教導方針卻十分嚴格，絕不含糊，令我大作人不可貌相之嘆。

淡水中學校一年生廖運潘。

淡水中學是加拿大安大略州牛津郡出身的傳教師馬偕博士（George Leslie Mackay）在

一八八二年建立的學校。這是全島最古老的校園。一九二五年落成的新校舍是以四層樓高的八角塔為中心，包含向左右擁抱以及後方延伸的二層磚造建築，仁班教室位於左翼的最前端。

寮

校門到八角塔的距離是三百八十公尺的紅磚路，沿路左側排列著忠寮、義寮、仁寮、聖寮、知寮，沿路右側有和寮，另外在八角塔左背的外國人墓地旁孤立著天寮。這些宿舍位在校門內，所以稱其謂「校內寮」。二年級以上的學生都住在校內寮，和校門外左側曾經是第一任臺灣總督樺山資紀別墅的行寮。校內寮和行寮的寮生要在八角塔後方樓下的餐廳用餐，晚上的自習也利用學校的教室。

校門向著淡水河，前方有條馬路，隔著馬路是一排相當具有規模的洋房，左邊兩棟是白色的單層房，右邊兩棟是紅磚造的兩層房。最左邊的是玄武寮（曾經是馬偕博士邸宅），第二棟是住家、後來變成白虎寮，第三棟剛好背向淡水高女校門的是朱雀寮，其次是青龍寮，這些宿舍都叫做「校外寮」。校外寮除了寮長、副寮長為五年級學生以外，其餘全是一年級新生。校外寮學生在青龍寮一樓的餐廳用餐，晚上自習在自己的房間內讀書，我們這些觀音來的三個鄉下佬，都被擠進朱雀寮第五室。

淡水中學校校景。

我揹著棉被，父親提著強化瓦楞製的皮箱，偕同謝萬協、廖文士以及他穿著拖鞋的祖父殿景伯一起去找宿舍。房子非常大，上了石階進入大門後左右邊都是房間，二樓有三個房間，每個房間約六坪面積，木製地板鋪上簇新的日式薄草蓆。第五室在二樓後面，室外有寬闊的走廊圍繞著整個房子。

朱雀寮第五室的十二名成員來自全島各地，除了三個觀音人以外都是福佬人，有來自宜蘭的蔡添泉、謝松林、黃炳麟、大山松久（許茂振），豐原大雅的廖繼彬，廖清泉，新竹的高山長明（許春得），李梅邨，臺中市的賴慶堂。

父親和殿景伯把我們安頓下來後就要回去了，英姊送到火車站，我在校門口向他們告別。父親對殿景伯說男孩子心腸比較硬，其實我是怕在火車站離別時露出依依不捨的表情讓父親難過，所以硬著頭皮，裝出若無其事的模樣，毫無目的地跑步進入校門，正好遇到要下班的川村先生，我不好意思行舉手禮，就裝作沒有看到，繼續跑過去。川村先生喝令我止步，告訴我下學時遇到老師必須行停止間的舉手禮，並要我補行敬禮才讓我走。此事讓我覺悟到自己已經成為中學生，與昨日鄉下小孩子的身分截然不同，一種不可思議的榮譽感油然而生。

宿舍的生活完全模仿日本軍隊的方式。早上六點半起床，七點集合在雨天操場點名，七點半早餐，飯後打掃房間或庭園廁所，八點二十分自習，八點五十分整裝打綁腿上學。下午五點半點名，六點晚餐，七點自習，十點點名，十點半就寢。每一節動作都要按照軍號吹奏的指揮來進行。

朱雀寮的寮長姓黃名培華，沙鹿人，劍道二段。副寮長是吳新欽，羅東人，善於弓道。寮長住在位於樓上中間的第四室，而副寮長的房間在樓下右側的第二室。

住校的第一頓晚餐是稀飯配煮魚。每一張長桌坐二十個人，兩端各放一個裝滿稀飯的木製飯桶。菜餚是每個人分好一盤，飯碗和筷子要自備，並且必須自己清洗、收存在各人的碗櫥格子裡面。煮魚的味道還算不錯，但稀飯卻帶有一種怪味，令人難以入口。我判斷那是新的檜木飯桶的味道，這個怪味要延續好幾個星期以後才慢慢地消失。

舍監先生五位負責管理住校生，舍監長是教國文的野見老師，看起來溫柔，其實非常固執，沒有充分理由絕對不讓學生在週末返鄉（稱歸省）或到別處住宿（叫外泊），因而頗得學生們的惡評。太平好一先生是劍道五段練士，這位劍道老師為人溫厚，沉默寡言，是名副其實的好好先生。有村教官的官階不過是曹長（上士），但其來頭卻不小，聽說他是早於明治維新前（一八六〇年）、使德川幕府提前瓦解的十八義士中唯一的薩摩藩士有村治左衛門的孫子，雖然是職業軍人，但為人風趣，時而逗大家哈哈大笑。高橋省吾先生是教生物的老師，一年後他轉到別校，訓話時一再強調

淡中一年級仁組全體合照，前列中央是川村良明老師，背景是馬偕博士紀念館。

朱雀寮寮生全體合照，中央左為寮長黃培華，右為副寮長吳新欽。

做人務必要表裡一致。當時我並沒有什麼特別的感覺，但四十年後，我讀到鍾肇政學長的小說《八角塔下》，裡面描寫高橋認為當時四年級的鍾先生不誠實而把他痛打一頓，造成他耳聾、痛苦一輩子的經過，頓時領悟可能是那次事件逼得高橋非走路不可，那個訓辭就是他替自己辯護的下台之詞也未可知。

學校規定，中學校寮生在星期日，和星期一、三、五的下課後到晚飯點名時間之前，可以自由外出到淡水街上逛街。淡女則規定星期日、星期二、四、六外出，藉以盡量減少與淡中學生碰面的機會，以策安全。

用過住校第一頓早餐後，大家開始三三五五結隊成群，前往淡水街遊蕩，並採購日常所需物品。淡中和淡女校址位於一座名叫砲台埔的山崗上，山崗隔著淡水河與觀音山相對，該山容南邊看起來很像美麗女人的側臉，因而美其名稱謂觀音山。淡水街因地形所迫，形成背山面水的一條細長街道，當時人口約為五千。街上最大、最整齊的店鋪是日本人開的多田商會，裡面賣的是比較高級的文具和雜貨。販賣專賣品菸、酒兼營食鹽賣捌所（專賣局批發代理店）的鬼頭商店也代銷郵票，後來我開始集郵，好幾次到這裡找鬼頭老先生，請他找出從前發行而尚未賣出的稀有郵票。鬼頭的姓名雖然可怕，但人卻很好，每一次都不嫌其煩地翻箱倒櫃，偶有收穫而皆大歡喜。

朝日屋號稱淡水唯一的書店，但只賣雜誌，報紙及少許文具。我的同學盧光耀一家租其二樓居住，他的父親是淡水公學校老師。盧君後來改名為蘆原要次，當時日本有一位叫做蘆原的瘋子深信自己是陸軍大將，其言行完全是一副資深陸軍元老的模樣，因而頗獲盛名，並獲得蘆原將軍的封號，因此盧君也很自然地得到蘆原將軍的稱呼。至於興隆商店是商品最齊全的文具店，老板許學漢是上一代從新埔搬過來的鎮上唯一客家人，其父許老先生當時已屆古稀之年，身體尚稱健朗，我想要聽客家話時，就跑去找這位老人家聊天。

二十幾年後的一九六六年夏天，我用機車載惠慶和慧美到淡水重遊舊地，順路也到許興隆商店看一看。商店還在，可是面目全非，以前非常整齊的文具店變成了漫畫書堆積如山的雜誌店。看店的中年女人我認得出是許學漢的女兒，淡女晚我兩屆的少女如今是徐娘半老，令人難免有滄海桑田之嘆。我向她提起往事，她說父母退休隱居在淡水近郊興化店，她母親是福佬人，所以全家人都講福佬話，如今已經忘記自己原來是客家人了。臨走時她送給我女兒各一本漫畫書，再過幾年我去淡水時，連雜誌店也不復存在了。

成為淡中一年級學生後，第一天上學要學習的是軍隊式舉手禮。舉手禮分為停止間和步行間兩種，上下課或在校外遇到老師都要停下來立正行禮，至於遇到學長時可以邊走邊行舉手禮，上課時間在校內則一概免禮。

我們在入學式後立即領到制帽，在毫無有關敬禮的規矩知識、只知非向學長行禮不可時，走上街遇到學長便一一停下來行禮，使得尤其是剛剛成為學長的二年級學生尷尬不已。如今我們已懂得如何施禮，並感到自己已非鄉下學童，彷彿對自己的將來開始滿懷希望。

疥癬

那一天中午時間，野見舍監長叫我到辦公室。他說我有疥癬，學校本來規定不錄取患有皮膚病的考生，以免傳染給住校寮生，所以我必須在下個禮拜日到臺北市兒玉町（現南昌街）的於保醫院接受治療。至此我恍然大悟，張顯榮君為什麼沒有考上，因為他是疥癬的元祖，我的疥癬就是被他傳染的，而我也把沒有考上北中、二中甚至高等學校尋常科的原因通通歸罪於疥癬。至於為什麼學校沒有按照規定把我淘汰掉，野見老師沒有說明。當時我自詡一定是成績特別好，也對父親如此自誇一番，但很久以後聽人家說，凡是有哥哥或姊姊在淡中或淡女就讀而且品學兼優者，其弟弟或妹妹可獲得優先錄取的待遇。此說如果屬實，我當時考上淡中，是托姊姊之福。

我下課後馬上寫信給父親，請他在下星期六來臺北會合，第二天早上帶我去於保醫院。星期六午後我到達叔父店時，父親已在那裡等我。不久張顯榮君和他父親張和義先生出現，我向他們行舉手禮，張君不知所措，臉上表露出來的苦笑，再度令我難過得一塌糊塗。我沒問他為什麼來臺北，只是想像他父親可能是聽到我得疥癬一事，而帶他來做澈底治療。

翌晨，父親帶我搭巴士前往兒玉町找於保醫師。於保是個日本老頭子，他帶我到隔壁小房間，叫我把衣服全部脫光，然後由一個年輕護士在我全身塗上綠色的臭藥液，使我羞得面紅耳赤。不過經過這次治療，我的皮膚病完全治癒，爾後就相安無事了。

兩年後的夏天我在玄武寮當第三室室長，學寮皮膚病猖獗一時，我再度被感染，那一次的疥癬更加惡質，膚癢難熬，手指縫和下腹部很容易搔破而潰瘍。舍監下令患者前去鎮上皮膚科治療。可是看一次醫生要花五圓，對於理髮一次才十錢的當時來講，這是一筆大數目，所以大家都裹足不前，只得多虧我這個疥癬權威想出一個濟世妙方，來施惠眾愚。

經驗告訴我，要根治疥癬必須把藥液塗抹全身，所以我到藥局花一圓二十錢買了一大瓶藥水回來，命兩個一年級室友各執一把團扇在旁伺候待命。我用舊畫筆一面擦藥，一面命兩個助手拚命搧風，如此一來既能快速乾燥，又能避免破皮部位的疼痛。看過我的示範治療後，其他罹患室友也紛紛效法，有的交替扇風，有的則以裸奔方式來減輕局部的痛苦。經過這一番猛烈治療法後，學寮的皮膚病完全絕跡，所花費用又不多，可以說是皆大歡喜的結局。

歸省

學寮生活開始的頭二、三天，由於忙碌加上新鮮事太多，所以馬馬虎虎就過去了。但稍微安定下來後就開始想家，尤其是晚上熄燈後聽到淡水火車站五分火車頭（淡水線的火車頭特別小，因而有此名稱）近乎哀鳴的汽笛尖叫聲時，一股難以形容的寂寞感和不安感忽然間湧上心來，非常難過，令人無法入眠。我決定入學後第二個星期六回家一趟，但又怕野見舍監長不准，所以在於保醫院治療完畢後，我要求父親寫封信來叫我回去，讓我能夠順利獲得歸省許可。我很快就接到父親寄來的明信片，裡面說家裡有要事，希望我利用四月二十九日的休假回家一趟。但四月二十九日是天長節（昭和天皇生日，三月六日的皇后生日叫做地久節），我們必須參加慶祝典禮，所以不能歸省，於是我把二十九日改成二十六日。

同一日我在淡女校門口遇到姊姊，她也接到父親寄來的明信片，我建議她應該把二十九日改成二十六日，可是她認為沒有必要，我們便約好二十六日下午一時半在淡水火車站見面後一起返鄉。可是當天我十二點下課後要回宿舍準備歸省，經過淡女校門時看見哭腫了雙眼的姊姊在那裡等我。她說神保舍監長不高興父親把天長節寫成休假日，所以不准她歸省，她後悔當時不聽我的勸告把九字改成六字，可是已經無可奈何，只好含著眼淚目送我走向火車站。但是我到車站沒有多久，就看到姊姊笑嘻嘻地走過來。她說你們學校的有村教官打電話給舍監，說廖英子的弟弟身體不好，應該叫她陪她弟弟歸省比較安全，所以舍監特別准她歸省。此事令我莫名其妙，我的身體健康如龍（北埔話，龍都無恁健），也沒有請病假，又沒有向有村舍監說過什麼，他為什麼知道我姊姊不能歸省。一大堆疑問把我的頭都搞昏了，後來我推想，不是有村教官說錯當事人的真正名字，就是淡女舍監聽錯了電話。真相如何永遠無法知道，反正姊姊能夠順利返鄉，高興都來不及，所以也就不再去想那麼多了。

淡水線長二十六公里，大約每小時開一班，行車時間約五十分鐘，車資三十三錢。臺北到中壢約卅七公里，每一小時到一個半小時有一班普通列車，車費六十錢。中壢到觀音十七公里，中型巴士每小時一班，車票五十錢。所以歸省一次的往復車費就要花上二圓八十六錢。以當時勞工一天工資只有八十錢到一圓的貨幣價值來講，這是相當大的數字，可是本來非常節省、平時教我們不可以浪費金錢的父親，卻從來沒有要求過我們不要常常歸省。

我們在傍晚時分回到家，雖然離家只不過半個月，但對故鄉之一切都感覺非常溫暖親切，尤其是對父母及弟妹們體會出無限的骨肉愛，這是從來未曾有過的情感。在宿舍吃了二個星期的稀飯後，回家吃飯的美味令我一驚，沒想到原來飯這麼好吃，這也是一大發現。

飯後，我帶了在淡水火車站購買的羊羹去拜訪謝清京老師。老師問起學校的情形，我就把有坂校長自畫自讚式的宣傳材料現買現賣地加以吹噓一番，例如淡中是第一個獲得總督府認定的私立中學，唯有淡中才擁有專任的繪畫、書道、音樂老師，教學設備齊全，校址建立在俯瞰臺灣八景之一的淡水落暉的位置等等。兩年後，謝老師長子新則君也考上了淡中。

就讀淡女三年級的廖繡英，淡中一年級的廖運潘，以及就讀東京錦城中學校返鄉的廖運琦。

第二天午飯後不久，我們離家返校。與兩個星期前為了入學而走出家門時之興奮相比，這一次猶如屠所之羊，十分地依依不捨。母親做肉脯和蕃薯餅給我們帶去，晚上九點左右回到學校，向舍監報到，結束了第一次的歸省行程。

後來父親寫一張「歸省願」給我和姊姊，受文者是有坂校長，所以第二次的端午節歸省時，野見舍監長和淡女的神保舍監長都無法刁難。幾個同學得悉我家的妙方後紛紛效法，而一一得逞。不過第二學期上任的米村舍監長的作風卻完全不一樣，只要向他報告說想要回家，一律照准，不必任何其他理由，因此我們家的歸省妙方就沒有用武之地了。

入學後第三天的晚自習時間，寮長突然召集全員集合在二樓走廊，並且下令正座，正座者日本式下跪也。寮長開始說教，說教者叱責也。說教的內容除了謾罵寮生的起居邋遢沒有規矩、不用功不努力以外，就是貫注軍隊式的行為規範，並特別強調對學長的絕對服從。正副寮長輪流進行說教，呶呶不休地持續一個小時，我們生平第一次嚐到長跪在地板上的膝蓋變成痲痺狀態的滋味。好不容易聽到起立的號令時，每一個人都東倒西歪，沒有辦法一下子就直立起來。爾後說教變成每一個月一次的例行公事，而且每一家校外寮都不例外。其主要的真正目的，不外乎是五年級學生想要展示其特權和尊嚴而已。但大體上寮長副寮長與寮生們之間的感情並不是很壞，只是在公學校剛剛畢業的小孩子看來，他們已經是大人，所以難免有敬而遠之的反應。

漢文和英文

中學的課業和公學校截然不同，前者並非後者之延長，而是另外一種體系。公學校是要把臺灣人教育成日本人的基本教育，特別注重德育，教室前面一定掛著寫上「好的日本人，清白、堅強、剛正」的木牌，日語課叫做「讀方」，其內容比起中學頗為遜色，似乎是以教學生能夠讀和寫日語為目標。但中學的國語課叫「國文」，那是一般日本人中學生要學習的水準，對日文素養自恃甚高的我來講，這是一大驚喜。但「漢文」課對原本為漢人的我們，反而成為一大挑戰。

漢文老師日高宇光先生外號仁丹，因為他的鬍子像仁丹的商標畫像。他教書非常認真嚴格，隨時都會指名學生在黑板上做習題，因為用日語讀漢文要按日文文法倒過來讀，會附上「反倒符號」和「送假名」並且唸出來，有時候則要求把日文寫成漢文。日高先生不責罵學生，但對功課不佳的人往往給予猛烈的揶揄，因此許多同學視他的課堂為畏忌，唯有本山人對此學科樂此不疲，有問必答，從來沒有漏氣過。好幾次他提出的特別難題，除了我以外沒有人能作答，因此，素以分數嚴酷著稱的他老人家竟然誇獎我說：「如果繼續努力下去，你一定和李登輝一樣，唸完四年級就能考上高等學校。」這是我第一次聽到李登輝學長的名字，也是頭一次知道不必等到五年級畢業就可以報考高等學校。

第一學年結束時，日高先生轉任位於臺北大龍峒啟聰學校現址的私立國民中學校，擔任教頭。臨走前他特別交代川村先生要好好指導我，這是後來川村老師告訴我的。不久他又從臺北寫一封信來，叫我到臺北看他的仁丹鬍子。國民中學校在光復後被臺北市接收，改為市立大同中學。聽說日高先生後來轉任官立的南方語學專科學校副校長，光復後被遣回日本不久去世，至今我還是有一點後悔當時未曾設法尋找他老人家替他送行。

英語課對我來說也是一種喜悅，因為這個課目就是中學生的象徵，公學校望塵莫及的境界。英文老師青野先生聽說是美國留學生，山形縣佐渡島出身。

我們入學時，學校替我們統購一本漢和辭典，但英和辭典卻任學生各自選購。當時各項物資缺乏，辭典也不例外，街上已經買不到英和辭典，所幸姊姊給我一本叫做初級英語辭典的小辭典，字彙雖然少一點，應付中學英文卻綽綽有餘，只是這一本辭典已經經過幾個人手，除了封面磨損不堪之外，「B」的部分完全缺落，所以日後我遇到B開頭的陌生字時，必須請教學長或借其他同學的辭典。這個情形要等到四年級夏天，琦兄從日本帶回一本三省堂簡明英和辭典給我時才獲得解決。

武德

「立正之姿勢乃軍人基本之姿勢也，故精神應充溢於體內，外表非嚴肅端正不可。」這是教練（軍訓）教科書第一條的語句，至今我仍能一字不差的背誦出來，由此可知我當時是一個標準的好學生，也能想像出當時學校對軍訓的重視。軍訓教官是有村曹長，每週兩節，訓練雖然辛苦，但綽號阿椪的有村先生為人有趣，所以大家都不討厭上軍訓課。

劍道也是新鮮的課目，一般中學武術課有柔道和劍道，父親原先交代我必須選擇柔道，理由是柔道衣比較便宜而劍道防具非常昂貴，可是入學後才知道淡中不設柔道課，所以沒有選擇的餘地。劍道防具包括面具、胸鎧、垂腰、護手，此外還要劍道衣、袴及竹刀，一共花費三十六圓，這個價碼差不多等於國小老師一個月的薪水。劍道老師是叫做矢口先生的五段練士，年事已高，彎了腰，

淡中三年級運動會的劍道野試合（戶外比武）。

走起路來搖搖晃晃，但拿起竹刀就虎虎生風。我們蹦蹦跳，想要劈他一刀，但根本無法靠近他。

開始學劍道時，我們每一個人都興致勃勃，認為全身有保護，既好玩又不會痛。想不到初學者的打擊部位不準確，要打有護手的手肘經常打到胳膊，想打胸鎧偏偏又打到腋部，其痛無比，令人難以忍受，所以我就開始討厭上劍道課。後來慢慢熟習，打擊逐漸變得正確，痛苦減輕，我就加入課外活動的劍道部。

地理老師神保先生是淡女的舍監長，剃光頭，後來也教我們代數。他從前在滿洲做過事，所以他的得意話題是滿洲的食物，當他講到他喜歡的中國佳餚時，雙邊口角常溢出白色泡沫。我想他是一個老饕，當時處於長期半飢餓狀態的我們，當然也就難免有垂涎萬丈之狀。

書道也就是毛筆字，老師叫做野村美貞。他是總務室長兼任，沒有「教諭」的資格，或許因此而略有自卑感，愛吹牛，甚至說某電影公司要他去當演員之類的話，來暗示他是一個美男子。可惜沒有人相信他的鬼話，大家都認為他的相貌倒有一點像酒桶校長家的老狗約翰。

音樂老師是佐藤鼎先生，上野音樂學校畢業，我們校歌的作曲者。他專攻小提琴，二年級夏天我參加課外的口琴部，有一天口琴指導老師常盤正彥先生帶我們到淡女音樂教室欣賞佐藤先生的小提琴獨奏，當時我雖然還不懂古典音樂，但對他演奏的「G線上的詠嘆調」印象深刻，同時也第一次聽到小提琴聲音是最接近人聲的樂器之說法。

繪畫老師中村敬輝先生是校友，是臺陽展免評鑑的名畫家，而且是馬偕博士的外孫，他是淡水街對岸的八里庄人，但名字並非改姓名。原名陳敬輝的中村老師唸日本京都美專時認識他的夫人，進而談到婚嫁，中村小姐是獨生女，所以陳敬輝只好入贅變成中村敬輝。光復後，中村先生險些遭遣回日本，只好辦理假離婚再行假結婚，來取回臺灣人的國籍。中村夫婦沒有子女，二人現在永眠在淡江中學馬偕博士墓園內。

上課的第一天，級任川村老師任命大山俊二（張勝鑑）為一年仁班級長，佐倉茂雄（蔡茂雄）和黃丕儒當副級長。一個月後佐倉君患盲腸炎而休學，因此老師叫我遞補他的副級長之缺，不久黃君也因素行不佳而改由林五嶽君代替。正副級長的任務是輪流指揮全班的團體行動和寫每天的日誌，日誌要請校長親自過目，所以不能馬虎。在教室的座位也有規定，最右列最前面是我的位置，級長坐在同一列最後排，林五嶽的座位是最左列最後排。迨至畢業為止，我們三人的職務始終不變。

校內名

「校內名」是臺灣全島學校中唯有淡中和淡女所採用的奇怪制度。在淡中，每一個新生名字中的一字加上「五郎」，使其變成日本式的稱呼，並規定在學校內必須使用這個不冠姓的怪名。我是潘五郎，廖文士是文五郎，謝萬協是萬五郎，其中我的潘五郎最不像日本名。早我一年入學的運潮兄被取名運五郎，運五的日文發音（u-n-go）和人屎（u-n-ko）相近，叫起來實在不雅，所以川村先生才勉強採用在日本不可能存在的「潘五郎」的名字。這是我的推測，但相信猜得八九不離十。

校內名隨著升級而變化，二年級變成四郎，三年級是三郎，四年級為次郎，五年級當然是太郎。我入學時，運五郎已經變成運四郎，而擺脫了屎郎之災。我們寮長是華太郎，副寮長是新太郎，而李登輝桑最高只升到登次郎為止。

早就使用日本名的人就不必更改，日本人和改姓名的人將其本名當做校內名使用。淡中沒有幾個日本人學生，五年級有坂一博和三年級有坂一隆是校長的兒子，四年級三浦和二年級田中兩位都是弓道好手，我們仁班的勝又千安是不良少年，升二年級時留級退學，以上五人是全校五百五十名學生中僅有的日本人（當時叫做內地人，臺灣人是本島人，朝鮮人則稱半島人）。

我們班上不必改名的除了日本人勝又外，還有改過姓名的大山俊二、大林忠雄、佐倉茂雄、田川和彥等人，畢業以前差不多三分之二以上的同學改了姓名，其餘的人就依序每年更改一次校內名。

戰後日本為了澈底施行民主教育，學習院（貴族學校，有幼稚班到大學班，著名的乃木希典大將也曾擔任過院長，皇太子迪宮昭和天皇是他的學生）特地聘請美國俳寧夫人來擔任明仁皇太子小學班一年級的導師，而她所做的第一件事是給每一個學生取一個美國式名字作為校內名，當然皇太子也不例外（明仁後來成為天皇）。有坂校長是美國教會學校青山學院的畢業生，他的校內名政策想必是起源於美國民主主義教育的精神，但用意卻在臺灣人的皇民化，可以說是背道而馳。

當時中等學校的修學年限是五年，但太平洋戰爭發生後不久，日本文部省（教育部）突然宣布從我們這一年次以降改為四年制，也就是說四年級唸完就可以畢業。我想這是要解決因為戰爭擴大所引起的經費不足、師資不足及兵源不足的措施。我們在一九四五年三月畢業，同年八月十五日戰爭結束，我們下一屆的中學校四年級改為高中一年級。黃炳麟君自願屈就從高一重新唸起，因為沒有高二，因而成為在淡中讀書最久的畢業生。雖然他是很厲害的音痴，但也成為我們這一屆同學中唯一能唱老校歌（英文歌，聽說是小馬偕博士夫人作的詞，曲調是借用牛津大學校歌的）的校友。

牛津學院

一九四一年五月十七日是淡中和淡女開校三週年紀念日。其實馬偕博士早在一八八二年三月就創立了臺灣最古老的洋式學校，當時命名牛津學院（OXFORD COLLEGE）的紅磚單層建築物已經改建成淡女的宿舍，但牛津學院的英文字仍舊可見。馬偕博士是加拿大安大略省牛津郡出身，聽說他的辦學經費是來自故鄉的教友捐獻。因此，淡中真正的創校紀念日應該是三月才對。一九九六年三月十五日，我突然接到一位同學的電話說，明日是母校的校慶，希望各位校友踴躍參加，李登輝校友也會來等語。那是總統選舉一星期前，我因事未克去母校，但聽說李登輝先生當天對選舉隻字未提，我認為這是他的聰明之處。

臺灣總督府對宗教色彩濃厚的學校採取不予承認的政策，也禁止使用中學校的名稱，所以淡中創校後五十幾年間都叫做淡水中學，畢業生沒有資格報考上級學校，因此必須在畢業前一年赴日本插班私立或公立中學校，唸完五年級的課程後，才用該校的畢業證書來報考高等學校或專門學校（如醫專、高商、高農、高工等）。臺南的長老教中學（長榮中學）和佛教財團的臺北中學（泰北中學）都不例外。

中日戰爭發生後，日本為加強促進臺灣人的皇民化，認為有必要排除由西洋人所推行的自由民主教育，而以日本精神教育來加以取代，所以由臺北州廳斥資一百萬圓組織一個財團法人，強行把淡中和淡女買下來，聘任受過基督教學校薰陶卻變成堅忍不拔的日本精神主義者之臺南二中教頭有坂一世來當校長。經過有坂校長把學校的風氣和生態澈底改造後，於一九三八年五月十七日獲得正式甲種中等學校的認可，爾後畢業生或四年級修完的學生都有資格報考上級學校。李登輝先生托該認可之福，唸完四年級的一九四一年三月考進臺北高等學校。

三週年校慶當天，有不少家長應邀來校參加慶典。校長致辭報告獲得「認定」的艱巨過程，他以本校是全島第一個爭取到認定的私立中學校而揚揚得意，但後來我們知道，其他私立中學如臺北、國民、長榮等都是在差不多同一時期相繼獲准，只是時間上慢了一點而已。

五目飯

校慶日除了慶祝儀式以外並無特別的節目，來賓參觀學校後離去，然而為了給來賓看，餐廳午餐特別給學生準備每人一大碗公的「五目飯」。五目飯乃是日本什錦飯，由於那是我們入學以來第一次吃到硬飯，吃完飯後覺得體力馬上充沛起來，這是非經驗過每天三餐吃稀飯、而且又半飢不飽的人無法體會到的感覺。記得我在當天的日記寫了：「中午吃了一大碗公的五目飯，覺得體力頓時增加不少，走路的腳步也踏實多了。晚餐每人又配給一小碗的五目飯。如果真的有天堂，今天的這裡就是天堂。」

設在青龍寮一樓的校外寮食堂規定每一張長條桌坐二十個人，桌上兩端各放一個裝滿稀飯或代用食（麵條、冬粉、粉條等）的木桶，裡面的食物足於供給每人兩碗的量。可是每個人的吃工不同，有人快有人慢，有人不怕熱而有人是貓舌（日語：怕吃熱的人），因而有人難免吃虧，吃完第一碗想要盛第二碗時，桶內已經空無一物，只好自嘆吃工不如人，而到賣店（福利社）去補充其不足。

眾多英雄好漢中，老虎謝松林君的吃工最為出色。他一點都不怕熱，名副其實的狼吞虎嚥之狀無以類比，經常能輕易地吃到四碗之多。

我的吃工並無驚人之處，但大概可吃到兩碗的平均量。不過由於配稀飯的菜餚缺乏營養，所以難免處於長期的半飢餓狀態。這個處境之難過，沒有經驗就很難想像。體內感到無力，經常想要吃東西。當時零用錢有限，賣店能買得到的食物也不多，於是我就在吃法方面下了一點工夫，很快就發明了一種加餐之道，其要領如下。

第一碗採靜以待動之法，用普通的速度吃，以免打草驚蛇，洩露企圖。第二碗是發明之關鍵，這一次只盛半碗，然後採取迅雷不及掩耳之法，不管死活地嚥下去。第三碗就把已經變成相當稠密的稀飯盛到「搗鼻孔」的高度，然後就以「採菊東籬下，悠然見南山」般的從容不迫之姿，來享受那一大碗稀飯。孫子兵法九地篇有「是故始如處女，敵人開戶，後如脫兔，敵不及拒」之記載。我的發明從第二階段以後能以「始如脫兔，後如處女」來睥睨群雄，不外乎是出於我兵法運用之妙，不可不知也。

可是我發明的兵法也有致命的缺點。由於沒有專利的保障，不久很多同學紛紛按照我的要領來依法炮製，因此略不小心就有吃不到第三碗的危機出現，於是我又不得不改採穩健的作法，估計自己的實力只能享受到兩碗之量而不強求。

第四章　寮生暑假

暑假變味

學校考試每一學期都要舉行兩次，期中考叫做臨時考查，而期末考則謂學期考查。五月下旬的期中考，由於課程進度有限，所以對我來說易如反掌，七月初的期末考雖然吃力一點，但還算差強人意，只是不知道為什麼，我對神保先生的日本地理不感興趣。本來地理課是要靠記憶力的課目，在記憶力較強的我來說，應該不難獲得高分數，但唸起來總提不起勁，所以考試結果只獲五十分的及格邊緣成績，結果大大地把總平均數拉下來。第一學期成績是班上第八名，第二學期跌至第十一名，第三學期成績第五名，而其原因都是地理課惹的禍。

七月十一日，暑假終於開始。結業式完畢，領取成績簿後，寮生個個欣喜雀躍地踏上返鄉渡假的旅程，尤其家住遠離縱貫鐵路沿線如埔里、花蓮等，平常不能利用例假日歸省的寮生們，更是特別高興。

我右手提硬紙製皮箱，左肩揹掛著劍道防具的網袋，向著火車站勇往邁進，想到今後五十天的自由日子，高興得嘴巴都合不瀧（客語）。

我和姊姊在車站碰面，但分開搭火車，因為學校規定男學生必須乘前半列車廂，而女學生要坐在後半列車廂。這個規定在平素通學、外出、外泊、歸省都非遵守不可。

到達臺北，我和姊姊把行李寄在火車站後前往天水路叔父家，僧兵謝萬協也跟我們一起行動。琦兄早在月初回鄉，兩天前上臺北遊玩，借宿在叔父家。我們四人前往新公園一遊，叔父店員啟三替我們拍了不少照片，至今保存良好。

我們傍晚回到觀音，從此開始漫長的暑假生活。在暑假未到之前，我腦中總是懷著憧憬童年暑假期間的快樂日子，可是做了中學生以後，我的處境顯然起了變化。

觀音庄農家居多，公學校畢業的少年已經是不可或缺的勞動力，加之唸中學的學費昂貴到非一般家庭能夠負擔的程度（一個月的全部費用幾乎等於公學校老師的月薪），所以一九四一年，在觀音的中學生沒有幾個。據我所知，觀音公學校出身的甲種中學在學生（不包含在日本求學者），當時只有北中周國雄、廖鏡景，民中張顯宗，淡中廖運潮、謝萬協、廖文士和我，桃農謝順景，淡女廖繡英，總共九人而已。

回鄉不久，我發現我從前的玩伴幾乎全部從我的眼前消失。農家的同學們分散在很廣闊的區域，且各自忙於自己的工作，好友張顯榮君等名落孫山者為雪落榜之恥而拚命用功補習，公學校在學中的舊玩伴如無牙敏、臭頭戇等輩則好像對中學生有所忌憚，而採取敬而遠之的態度，而我們下意識好像也跟他們有所隔閡了，現在想起來很可惜。

一九四一年七月十一日，淡中淡女暑假第一天歸省，途中與日本內地返台的運琦在臺北新公園相會。

在新公園的廖運琦、廖繡英、廖運潘、謝萬協。

廖運潘（左）和廖運琦於新公園。

於新公園博物館合影，左起廖運潘、謝萬協、廖運琦、廖繡英。

在此同時，上了中學後，似乎脫離了童稚階段，忽然間對以前酷愛投入的事物感到興趣索然。如今，我愕然發現我的故鄉原來是這麼一個無聊的地方，並開始懷念在淡中天天跟同學一起上學遊玩的生活，而把餓著肚子苦讀、時常挨揍挨罵受罰的辛苦通通拋在腦後。我在學校時每時每刻都在思念故鄉，回到家不久又憧憬於淡水，看來，人總是不甘於現實處境。

觀音有的是海，海水浴場應該是最好的去處，可是不久前有一位崙坪無線電台的日本技師在觀音溺死，被螃蟹吃掉耳朵，因此父母絕對不准我們去游泳。電燈、電話、電扇、電影、電視、收音機一概全無的生活，現在的年輕人是難以想像的。有一天下午我約僧兵在母校運動場角落打劍道，在炎熱的天氣穿上厚厚的防具又帶了面具，好像進入烤箱一樣，還沒有開打就滿身大汗，打了幾下就汗如雨下。圍觀的小鬼越來越多，我們的手路又不大高明，在悶熱和見笑的雙重壓力下，我們只好很快就結束那一次大決鬥。

我雖然也有意去找文士君聊天，可是他的小莊子卻以惡犬聞名，因而裹足不前，每天在家找一點舊書重覆翻閱以外就無所事事。

火燒屋

回鄉後不久的一個晚上約八點多，突然聽到外面大喊「火燒屋啦，棉被狗火燒屋啦」的尖叫聲。父親說那是合姐的聲音。接著又聽到叫大家趕快來救火的呼聲。棉被狗正名林苟，以彈棉花為業。由於苟字和狗字同音，因而得此外號。棉被狗租劉坤宅打棉被，阿狗哥只有一隻眼睛，所以視力不好，可能因為如此，那一晚他的彈弓線把照明用的電石瓦斯燈絆倒在彈打鬆開了的棉花上，棉花立刻燒起來，一發不可收拾。棉被店北鄰是外號貓帝的逢帝伯公家，再隔壁就是合姐的打鐵店。合姐家的屋頂是觀音街上唯一蓋稻草的，所以合姐不得不那麼使勁地大聲呼叫。他的喊叫聲無比尖銳，可是合姐卻非女人，而是個糟老頭。

棉被店對面釣蛙的菜圃邊有一條灌溉用大水溝，母親稱其謂塘背溝。學校規定必須穿鞋上學的四大節慶典日，來自塘背、塘頭、塘尾一帶的學童大部分提著鞋子，打赤腳走到這條大水溝，把腳洗乾淨後才穿上鞋子。式典完畢，帶著二個紅白日本糕回家時，大家也都在大水溝旁脫下鞋來提著走路。其實，回程和這條大水溝根本扯不上關係，只是自古傳來的習慣而已。或許當時那一些塘字號草地孩子們覺得過了大水溝就屬於關外，故而才產生這個習慣也未可知。

由於塘背溝的水量豐富又近在咫尺，所以棉被店的火災很快就被撲滅，除了把不很多的棉花燒光以外，沒有波及到房子；合姐家的隔壁依序為葉標叔、富斗哥，我們對面的葉桶伯家，所以距離我們家最多不超過六十公尺，然而那一些房子都是土磚木架屋，如果延燒起來，後果將不堪設想。

塘頭和塘尾位置在塘背的西邊，塘頭近觀音，塘尾靠南，三莊成鼎立之勢。想必昔日有一大池塘位在三個村莊的中間，可是我小時候就未曾看到什麼埤塘，只剩有一條彎曲無狀、叫做新塘壢的小河而已。

塘頭是葉桶伯，葉標叔等葉家的地盤，塘尾是和北埔彭家同一系統的彭家勢力範圍，不幸近一、二十年來遭高銀化學公司的汞汙染，故而不得不紛紛賣地他遷。

棉被店隔壁逢帝伯公在那時已經去世，由綽號跛田的白沙堆人承租賣「油枝」，油枝者觀音話之「天麩羅」也。他賣的油枝只有鱿魚和蕃薯兩種，我喜歡他的鱿魚天麩羅，偶而會去他家坐在矮板凳吃沾大蒜醬油的鱿魚油枝。有一次跛田哥問我，你家人有沒有吃過蕃薯？我告訴他我家煮飯都摻很多蕃薯，所以我對你的蕃薯油枝不感興趣，但他半信半疑。

逢帝伯公也許是因為名字太過於堂皇，晚年生活反而相當淒涼。按照廖家族譜記載，他有七個兒子，但古稀之年仍然獨居陋屋，靠賣甘蔗和幾瓶便宜糖果維生。小時候我常到他的店抽糖。一錢銅板抽一個用蠟紙包裝的牛奶糖，打開蠟紙裡面附有一塊小紙片，紙片上印一個小圓圈，表示沒有中獎，如果是「再來一個」的字樣，就得以再抽一個。有一次我把再來一個的小紙牌帶回去，下一次沒有抽中時偷偷地換上來給他看，他毫不懷疑地讓我再抽一個，結果連中了好幾個。那個時候，面對那滿臉白鬍子、牙齒掉光，因而經常把舌頭尖部伸出嘴唇外的帝伯公之可憐相，使我的良心久久難安，以後就改邪歸正了。

帝伯公的家很小，沒有隔牆，前半當店鋪，後半放一張舊架仔床和一隻尿桶以外什麼都沒有。他的廚具只有一個小風爐和兩個陶鍋，一個煮飯，另一個用來煮菜。他燒飯煮菜的地方隨時移動，有時在店面，有時搬到停子腳，以便照顧店務或在外涼快涼快。

帝伯公的生活雖然如此孤苦伶仃、無依無靠，但興致一來，他就會拿一把用麻竹筒做的「冇觔弦」（冇字，客語唸成ㄆㄤˇ，內空之意，冇觔弦可以說是胡琴中之大提琴也）自拉自唱起來。他唱的是老山歌，歌喉不好又漏風，所以聽起來有一點難受，但看到他雙目微開、十分自我陶醉的模樣，不免讓我想像，他過去可能有一段光輝燦爛的人生經歷也說不定。

人生存在的意義

合姐正名是謝阿合，職業鐵匠，至今我還記得他家門邊掛著一張中間寫「鍛冶營業」四個大字、左下側寫謝阿合三個小字的舊木牌。據我所知，合姐是庄中最窮的人，他除了賴以討食的　鞴（風箱）等打鐵所需的器具以外，可以說是一無所有。可是他不知道從哪裡學到窮則變、變則通的道理來加以拳拳服膺，並在其日常生活中表現無遺。

他家的地屬於甘泉寺，建屋的土磚挖自後院，也是屬於甘泉寺的地，所以他的後院和屋子地面之間有一尺高的落差。橫梁是粗竹子，屋頂是稻草，這一些都是由他茄苳坑老家親戚免費供應，連工錢都一概不要。他的大眠床是用土磚做腳，鋪上可能是撿來的破木板。他們家沒有棉被，冬天用裝米的麻袋來禦寒，由於打鐵鋪的火爐二十四小時留有焦炭的火種，聽說冬天還是相當溫暖。如果要用現在的說法來形容，合姐確實堪稱是個第一流的克難英雄。

合姐的克難生活本來是無可厚非的，但他屋前的水井卻長期釀成物議。一般人家水井都設有適當高度的井欄，一來防止家禽或髒物掉進井內，二來保護小孩子的安全。可是合姐的水井挖在馬路邊卻不設護欄，只用幾個直徑二十公分左右的石頭圍起來，意思意思而已。合姐克難到這個地步，可能危及鄰近的小玩童，於是常常有人對他提出抗議，但他始終相應不理。我父親建議由他出錢來解決此事，可是他不領情，最後奈他不何，只好搬出「日本」大人來強勸他接受。

合姐的家境雖然那麼不好，可是這並不意味著他不會賺錢。觀音地區之廣大農業地帶，每年消耗的農具不少，而觀音只有合姐和邱坤發兩家「鍛冶屋」（日語：打鐵鋪）。合姐和他獨生子、外號貓毛珍的謝萬珍，父子二人一天到晚鎚鎚打打，打得貓毛珍右肩膀上長出一個富士蘋果一般大的瘤子，所以他家的收入應該是不會太差。

然而大家都知道，合姐的毛病出在他的嘴饞，而上等的豬肉是他最愛。在當時農業社會裡，豬肉是奢侈品，除了過年過節以外，一般人平常很少能吃到此物，唯一的例外是病人或老人家的私房菜。所以觀音街並非每天都能買得到豬肉，要屠宰的豬肉店必須在頭一天傍晚猛吹法螺來做廣告。我聽過我岳父晚年回顧從前的生活情況，據他說，姜家在一九二〇年（年份有待考證）分家以前的生活非常節儉，男女穿的都是粗棉布，吃飯的菜餚不過是鹹魚、青菜、醬菜，加上佣人在河流或埤圳撈回來的雜魚之類，除了每月初二及十六的打牙祭以外，根本看不到豬肉。然而所謂的豬肉，也不過是浮在菜湯上的幾塊肥肉而已。客家首富之北埔姜家尚且如此，一般的家庭就不言而喻了。

姜家當時的財富聽說高達三萬石，換算貨幣年收至少有十萬圓以上，折算目前的幣值大約一億元左右。姜家素來人丁不旺，所以生活應該是非常富裕才對，他們之所以那麼節省斷非是吝嗇，其理由想必不外乎是來自傳統的客家人刻苦耐勞、勤儉治家的精神。此事能從姜家當時到處捐款鋪橋施路（客語）、助窮濟貧的事蹟得證。

可是，觀音首窮的合姐卻不管你客家不客家，只要他有錢而且街上買得到，他就要去買豬肉，而且是一大塊上等肉。儘管他和貓毛珍除了嚴冬酷寒時以外都打赤膊，合嫂和他的童養媳A嬤整年都穿麵粉袋染成的藍色衣裳，但合姐非堅守原則不可，吃上等豬肉是他人生存在的意義。

豬肉和油鰮

塘尾有一位富家名叫黃朮，人稱「嗇朮」，以吝嗇聞名。阿朮伯偶而會來觀音買菜，而他唯一捨得買的是「油鰮」。油鰮者醃得比鹽巴還要鹹的沙丁魚也，此物來自日本，具有群游性，豐收時堆積如山，罐頭廠無法收容，一般人只要繳出五錢就任憑你帶走，要多少就給多少，其餘的就做成鹽醃油鰮。此魚含有豐富脂肪，用鹽醃過後，油分浮出表皮發亮，想必是「油鰮」名稱之由來。油鰮價錢奇廉，運到觀音僻地來，一斤只賣三到五錢。

由此可知，油鰮是價廉物不美的賤物。在合姐看來，貧窮如他合姐者尚能享受大塊上等豬肉，而腰纏萬貫的黃朮竟專吃油鰮。不唯如此，啬朮在回家路上，按例一定沿途撿起掉落在路上的樹枝、竹桿之類，拿回去做為柴火之用。長此以往，富者更富，兩者之貧富差距越來越大。

合姐的心態是否如此，我不敢斷言，我之所以會作如此推測，是因為有一天目睹合姐遇到手提藺草綁著油鰮之啬朮、當街加以羞辱之場面的緣故。合姐以不屑的眼光瞄一瞄啬朮手中的油鰮和撿了不很多的樹枝，然後把右手提著的大塊瘦豬肉舉起，在啬朮的眼前晃來晃去，揶揄說「阿朮哥，你看我這一塊肉漂不漂亮？你為什麼不會買回去享受一番，你那麼多錢要留下來帶進棺材裡是不是？」

日本諺語說，有錢人不打架，阿朮伯可能也知道這個道理。他不理會合姐的挑釁，默默地走開，繼續撿他的路上柴火。

捆豬

登景伯在我們家幫忙的期間，大概是阿公去世以後到中日戰爭開始那年的十年時段。在我小時候的記憶裡，始終都有登伯的影子，印象中他沉默寡言，但卻是一個隨時隨地都在考量店鋪利益的好夥計。他唯一的弱點是我向他要錢時，他總是無法拒絕，我父親不在時會偷偷地從眠櫃裡拿一錢給我。

登伯的頭很大，但沒有人叫他大頭登，他是在我所知範圍內少有的、沒有綽號的觀音人之一。我從小就在二樓大眠床跟情伯公睡覺，登伯則每天回塘背。

登伯有一次和某某人去新坡下「捆豬」。捆豬的用辭很特別，意思是把訂購好的豬抓起來秤一秤，然後將其趕著回來，如果不肯走，就綁住四隻腳，扛著回來。為此稈秤，長扛長約九尺之孟宗竹竿和兩條豬腳縛是捆豬必攜之物，新坡下在燈塔鄰近，一甲（鄰）人全部姓徐，距離觀音只有八百公尺遠，所以要把豬趕回來，應該不成問題。

二人把豬秤好後，解開豬腳縛，打算把豬隻趕回家，以免兩人肩膀遭殃。可是這一天的豬不聽話，賴在地上不走。在此情況下，一般的手段是以鞭打使其就範，登伯當然也頗諳此法，所以他就折下一枝竹枝給予猛打，但萬萬沒有想到此豬非凡豬，牠一怒之下，竟然仿西班牙鬥牛之架勢，向著登伯猛追猛撞。好在登伯手快腳快，他能在千鈞一髮之際跳上就近的臥型炮樹上，把長扛對著豬鼻，認真而嚴肅地說「來吧，來吧！」我想不起來誰是那一次去新坡下捆豬的伙伴，但我可以斷言，此話絕對不是登伯自己告訴我的。我雖然多次跟著他們去捆豬，但沒有機會看到那麼精彩的場面。

登伯自己也有田地，辭去我們家的工作後就專心從事自己家的農務。當時他最大的遺憾是生了十三個女兒，而竟無一子。

劫年

我回鄉第二天，就在店裡聽到細狗伯生病的消息。細狗伯名叫廖雙景，正式外號是側頭狗，可是大家有懾於他是我們廖家的首富，又是塘背保保正，無人敢正面叫他的真正外號。父親叫他細狗哥，運字輩的就叫他細狗伯。

細狗伯的脖子向右彎約六十度，所以他的綽號是受之無愧，我則長久以來對他能夠直直地走路覺得不解。聽說細狗伯的病是不知其名的怪病，每天發一次高燒，發燒時全身發癢，癢得手搔沒有效，非用拇指和食指大力猛掐到擰出青瘀的程度不可。

在中西醫都束手無策的情況下，最後唯一的手段是求神托佛。不久，細狗伯家人決定舉行二十四小時大規模的祈禱法會，在家無聊的我，以看熱鬧的心情騎腳踏車回塘背老家。細狗伯和我們家都屬於第三房，所以他的家也在同一小莊內，離我們的老屋大約二百公尺處。房屋的正面寬度很廣，但進深卻不大，高而長的紅磚圍牆頂部種滿玻瓶碎片，圍牆外是高大茂密的炮樹林，看起來本來就有陰森森的感覺。那是我第三次到細狗伯家，第一次是他父親逢榜叔公在世時，我大概五歲左右；第二次是差不多六、七歲時，有一天晚上我和哥哥隨母親一起去，榜叔公去世快一百日，我們去參觀要燒給榜叔公的靈屋。我覺得那一些靈屋實在太漂亮，因而羨慕起來，偷偷地告訴哥哥，我也很想要一個，哥哥將此事向母親告狀，母親馬上狠狠地賞給我一支「五斤規」（把五支手指向內彎，然後用手指背關節敲小孩子的頭，打下去的聲音很清脆而且相當痛。惟此法只能對付「頭殼」，如果打到柔軟的部位就沒有效果，既不響又不痛。我不知道五斤規為何物，只能想像其為一種具有五指狀、而且五斤重的武器）。

我到細狗伯家時是下午三點多，天氣非常悶熱，四個道士揮銅鈴，唸咒語，一個道士手執木劍，比手劃腳在作法，看清楚一點，原來是阜景叔。每個道士頭上都戴著好像牛屎堆頂部形狀的頭罩，身穿繡滿金絲的厚袍，我擔心在病人還沒有醫好之前，他們自己很可能就因中暑而倒下。

道士法會沒什麼看頭，沒有多久就覺得太無聊了。如果是在半年以前，湊熱鬧的成分遠比看法會的目的大，你可以去玩火，也可以跟幾個小鬼到處亂闖來惹大人的麻煩，但如今，身為中學生就不能那麼輕舉妄動。此外，唸了一個學期的中學，不知道什麼時候開始，我的科學精神好像也慢慢地被培養出來，突然想到如果能斷定世上沒有神鬼的存在，那麼那一些以憨阜景為首的幾個道士的一切動作，豈不是滑稽透頂？因為如此，我對法會頓時失去興趣，所以就回到老屋找祖母和小姑聊天。小姑芳齡二十二，名叫玉嬌，是塘背廖家第一美人。

一星期後，細狗伯藥石罔效，法術不靈而壽終正寢，行年不到五十。爾後只有婆媳二人在那個長而高的圍牆裡面，過著寂寞而漫長的日子。

劫月

如果有劫年，照理應該也有劫月，而這一年的八月份對塘背廖家來講，正是劫月。在這個月內很多人生病，而且有十幾個人命赴黃泉。當時議論紛紛，大家都歸咎於去年蓋在祠堂南邊的骨塔破壞地理，但真正的原因是傷寒流行在作祟。

首當其衝的是小姑玉嬌。我們家人大部分都回去老屋送她還山。小姑身穿深藍色女子青年團制服，楚楚可憐，我從她的遺品中取回一個小小的香水空瓶，帶到淡中學寮當作紀念品。伯父特別疼他這一位么妹，扶著門扇放聲大哭，兄妹情深令人鼻酸。祖母也因過度驚慌和悲傷，而茫然不知所措。喪事辦完後父親回觀音，我不忍心馬上離開，所以就留下來，幾個弟妹也不肯走。親房登景伯幫忙料理善後。第二天下午，我們跟隨登伯去墓地舉行巡盆，巡盆是一種墳墓落成的儀式，目的好像是要檢查墳墓的完整性。燒香後把炒熟的米冇（米香之意）撒在墳墓周圍就算禮成。當時登伯大約四十五歲，身體結實，精神飽滿，走起路來健步如飛。

然而沒有想到，一星期後，我們竟然要回塘背去參加登伯的喪禮，這一次換別人來替登伯舉行巡盆了。聽說細狗伯臨終時，一直說登景怎麼還不來之類的囈語，所以大家相信，登伯是被細狗伯叫去做伴的。其實登伯的死因還是傷寒。

登伯的女兒雖多，但其中好幾個過養給人家，也有幾個不育，所以我認得的除了老大和老三以外，只有緞妹和么女「阿科」（Ako，阿香的日本讀法），她的正式名字是瑞香。她們個個長得漂亮可愛，而且勤勞，但命運卻似乎都有一點坎坷，其中阿科最可憐。

一九五六年夏天，我被召集當國民兵，在後龍外埔海邊擔任海防勤務一個月。有一天下午，我到村中唯一的麵店吃麵，桌上放著一份三天前的舊報紙。由於民防隊沒有訂報紙，我順手把舊報紙拿來看，看到頭條新聞有關新竹客運公司中壢站慘案的報導，慘劇的犧牲者竟然是在該公司當觀音線車掌的廖瑞香。我一面看報紙一面流淚，旁邊的湖口鄉下戰友問我是不是肚子痛，我向他大吼一聲，這麼大的人還會因為肚子痛而哭嗎？

有一個從大陸隨國民黨逃到臺灣來的長山兵要搭新竹客運巴士回軍營，因車子容納不下而被拒於車外。當時的交通狀態還十分惡劣，車班少，車輛老舊而容積不大，所以幾乎班班都客滿，尤其在尖峰時段，每一班的車上都擠得動彈不得。在此情況下，車掌的第一職責是如何設法把更多的乘客迅速推進車內。不過，在有限的空間下，經常難免有一些乘客被要求改搭下一班車。因此在沒有替代交通的情形下，必須趕時間的客人和車掌間發生小糾紛是常有的事。不幸的是，那個長山兵的精神不尋常，他把這個小爭執看做對其人格的侮辱，而企圖報復客運公司。他回營後馬上偷出卡賓槍和子彈，折回新竹客運中壢總站，進入辦公室後不分青紅皂白地向在場的人掃射。阿科當場死於非命。另一位受重傷的車掌也是我們廖家人、外號「貓濤」的濤景叔之女（幸好獲救），其餘人拚命奔離而逃過一劫，兇手後來也自殺身亡。

那個長山兵要搭的是龍潭線，發生糾紛的對手又不是阿科，但他卻把一個無辜的十八歲少女活活打死，其心肝之狠毒，客語說連狗都不要吃，害得她老母得度過悲涼的餘生。此乃真正的天無目，地無靈也。聽說阿科死後，她家人找仙婆問仙，阿科借仙婆口中說出，她的抽屜鋪底的厚紙下面留有私房錢，請交給母親，另外某處藏有一雙新的白皮鞋，如今她已經用不著，也請轉送給某某人。家人半信半疑地回家查看，結果一一獲得印證無訛。

阿科遭無妄之災後不久，家住她家隔壁的堂伯華景伯（我訂婚照裡面留兩撇髭之彪形大漢是也）告訴我以下的故事。

華景伯本人不久前因高血壓往臺北住院，當時他的長男阿炎牯與一名護士小姐交情甚篤，出院回家時邀請她另日前往觀音一遊。過了一段日子的星期六，護士小姐下班後搭車南下，抵達觀音時已經是日頭落海（北埔人說日頭落山）時分。由於未曾事先聯絡，所以阿炎牯沒有來接她，當時觀音還沒有電話，也沒有電燈，她原先也不知道塘背還要走二公里路，幸好那一天有半月懸空，她把路程問清楚後，一個人就勇敢地走向塘背。

從觀音街尾分叉路走進塘背路開始就沒有人家，做護士的人可能比較膽大，但一個人在鄉下走夜路一定不是滋味，所以當她在不遠處看到一個女孩子在田邊水溝洗腳時，就鬆了一口氣，開始期待那個人說不定也要走到同一個目的地。護士走近時，那個女孩子已經洗完腳，穿上鞋子站在路旁看著她。她身穿白衣黑裙，年約十八、九歲，頭部用雪白的繃帶包紮著，月光下看起來臉色特別蒼白。護士向她打招呼並問她要去哪裡，她說要回塘背的家。護士很高興地告訴她也正要去那裡，女孩子問她要去那一家。護士說出阿炎牯的名字，女孩子說很巧，他是我堂哥，正好住在我隔壁，我們可以一起，於是二人在坑窪不平的石頭路上邊談邊走。

護士首先表明她的身分和來意，然後問她頭部負傷是因何而來。女孩子長嘆一聲，問護士有沒有每天看報紙，護士說工作非常繁忙，對社會新聞又不感興趣，所以幾乎一個多月沒有看。女孩子說：我是客運公司的車掌，前一陣子有個狂徒因細故埋怨公司，拿了一支卡賓搶到我們辦公室來亂射，我逃避不及而遭此橫禍。我和那個兇徒素昧生平，無怨無仇，他竟下此毒手。幸虧我沒有被打到要害，可憐我一位同事也是堂妹，卻沒有那麼幸運，當場含冤而死，留下老母，不知道以後怎麼過日子。話說完後，女孩子潸然淚下。

在將近半個小時的行程中，護士小姐對那個女孩子的舉止並未感到異常，只是覺得她好像不太喜歡光亮的地方，儘量要靠路樹旁邊走。塘背路的植樹沒有一定規則，有一段在左側，遇到田地主反對就改植在右邊。然而那個女孩子走到路樹盡頭時，馬上就移步到另一邊的路樹下行走，護士以為她怕被月亮晒黑而認為可笑。

抵達我們老屋的大稻埕時，那個女孩子指著華景伯的家說，妳去敲那個門，我家的大門不好叫，所以我要從後門進去。之後就不知去向。

據華景伯說，阿科很靈，大家都害怕，一到黃昏就把門關起來，不敢出去。那個晚上護士小姐來叫門，他們嚇了一跳。阿炎牯問她怎麼敢一個人跑來，她說有你堂妹在一起，我怕什麼。阿炎牯問她是怎樣的人，她說是頭部受傷的車掌小姐。華景伯覺得事有蹊蹺，所以馬上叫人去附近貓濤叔家看看，是不是他的女兒傷好回來了，結果貓濤叔說，他女兒至少一個月都無法出院。這個答覆使華景伯全家毛骨悚然，久久不敢呼吸，說話都小聲起來。以我八十幾年的經驗，道地的田庄人都是這樣的。

關於華景伯講的故事，我曾經向父親討教過兩件事：第一，華景伯是不是講膨風；第二，阿炎牯是不是已經結婚多年，家有妻小。父親對第一件質問的答覆是寧可信其有，不可信其無，對第二件則笑而不答。

勇士嚇破膽

細狗伯死、小姑死、登伯死，我們第三房不到一個月內死了三個人。在此同時，伯父伯母也染上傷寒，住進臺北赤十字醫院。因此，塘背可以說處在人心惶惶的狀態。

在這樣的情況下回老家，需要相當的毅力。我們的老家矮而寬，平常就有點陰森森的感覺。如今小姑死、伯父伯母住院，晚上點著小小的石油燈盞的家裡，只剩祖母和鳳英兩個大人。我本來是想來陪祖母過夜，但到了老家就覺得氣氛不對，所以趕緊叫錢牯聯絡小時候炮樹下的玩伴運光、南蛇通運通，和叫包（客語愛哭鬼）松運松，把門扇折下來擺在稻埕中央，在月光下過了一夜。

暑假快要結束的前一個禮拜，哥哥先回內地（日本）去，這是因為日本全國的中學校都是九月一日開學。母親照例哭得很傷心，但這是最後一次，因為三年後他回來，就不再離開她了。

暑假在家的最後一個晚上，我因為害怕，整夜無法入眠。我想到翌日開始的學校生活之討厭事，一直無法睡著，後來我聽到隔壁石磨間好像有人在敲木頭「塔塔」的聲音，這個聲音一直間歇地持續下去。在百思不解下，我的科學精神也開始動搖，越想越害怕，甚至想像是不是小姑來給我搗蛋。我的理性雖然立即否定那種荒謬的思考，但對不可思議的事物之恐懼感，應該是很自然的反應，何況那時我的年紀才十二歲半。我也想要點起燈盞來探個究竟，但火柴必須到廚房大灶孔旁邊凹入半個磚的地方才有，所以只好作罷。

當時，彭金貴君已經在我們店做事，他和我們兄弟都一起睡在廚房隔壁大眠床。我好幾次想把金貴兄叫醒，去查看聲音的來源，可是我已經告訴過他，我在淡中闇夜試膽會的突出表現。我一個人進入外國人墓地，在最裡面大墓碑前面的樹枝掛上寫好自己名字的布條時，突然從墓碑後面冒出一個全身白色、沒有頭沒有腳的高大東西，搖搖晃晃地走近。我雖然有點害怕，但還是鼓起勇氣，拾起兩個石頭對那個怪物大聲叱咤：我知道你是學長裝扮的，如果再靠近一步，我就毫不客氣地把這兩塊石頭向你投擲過去。這招確實有效，怪物知難而退，要退入墓碑後面前還打了兩三個大噴嚏。我已經向他說了諸如這類自己編造的武勇事蹟，像我這樣膽識過人的勇士，怎能因為害怕那個微不足道的「塔塔」聲，而向他求援？

後來，我終於想到一條有關魔界的法則，那就是魑魅魍魎最怕太陽，只要聽到雞啼，就知道晨曦即將來臨，並立刻煙消雲散。於今，我唯一生機全繫於公雞之初啼，而雞啼果真把我的恐懼完全消除掉。那是因為，雞啼聲來自隔壁的石磨房。

原來，那一段時期「很難得」鬧小偷，母親在那天傍晚把放在菜園的閹雞木籠搬到石磨房暫置。那個「塔塔」聲是閹雞們不習慣新環境，不安於室之餘，踢蚊子或啄餌箱所發出的聲音，害得本少爺一夜不眠，實在是窩囊之至。

第五章　無頭公案

米村中尉

一九四一年九月一日，第二學期始業式上，校長介紹新上任的軍訓教官米村早苗中尉。他是由二等兵升到軍官的退役軍人，在我見過的所有日本軍人中，他是最標準的一位。

在當時的日本陸軍，想要做職業軍人有兩個管道。一個就是唸完中學校後報考陸軍軍官學校（日語為士官學校），畢業後從少尉開始，到滿四十五歲退伍為止，大致能升到大佐（上校）或少將（一九二〇年左右，少將的退役俸是每年三千五百圓，差不多等於當時公學校老師一百個月薪水），部分再經過陸軍大學畢業者可能做到中將或大將。另一個途徑是服過兩年義務兵役後志願留營，從上等兵經過伍長、軍曹、曹長慢慢爬上去。一般而言，此路只通到曹長為止，比較幸運的可能昇為特務曹長（後來改為准尉）。曹長與特務曹長之間有顯著的差別，曹長是士官（日語為下士官），特務曹長為準軍官（日語為准士官），兩者雖然都可以佩長劍，但前者的劍必須掛在肚臍上面的「腹帶」，後者則吊在腰邊的吊劍帶。最近多次看到臺灣電影裡出現把一條皮帶從肩膀斜著連結繫在腹帶的日本軍官，日軍稱這一種皮帶為「蔣介石バンド（belt）」，舊日軍絕對沒有如此裝備。以寫實為原則的電影竟然敵我不辨，實在可笑之至。

此外，為儲備指揮官人材，日軍也採用預備軍官制度。早期叫做「一年志願制度」，凡是大專畢業生之志願考上預官者，經過一年訓練，授與陸軍少尉官階後令其除役。由於退役時必須繳納一百圓現金，一般都稱其謂「百圓少尉」加以鄙視。日本陸軍七十年的歷史中，最後十五年是最多事的期間。從滿洲事變（九一八事件）起，經過二二六事件以及大東亞戰爭（太平洋戰爭），日本軍隊的規模不斷擴張，從而對指揮官的需求也十分迫切。然而，其因應之道不外乎就是粗製濫造，把陸軍士官學校和海軍兵學校擴大招生，後來甚至縮短其修學年限。

另一種最可行而有效的下級軍官養成之道，就是幹部候補生制度。新兵基本訓練完成後，中等學校以上的畢業生可以志願當幹部候補生，通過考試合格而訓練完畢後，被任命為少尉軍官。這一種軍官原則上屬於預備役，國家無須用兵時可令其回歸社會，然後視必要加以召集。

有村「阿椪」和米村中尉是從基層做起的職業軍人，梅谷少尉是東京體專畢業的預備役軍官。兩年後到淡中來擔任教頭的服部老師，則是「百圓少尉」。服部少尉雖然動不動就穿軍服、吊長劍來唬人，但他真正佩劍行走的經驗不多，所以走起路來搖搖晃晃，我們都很擔心他的腳被自己的佩劍絆倒摔跤。

明治天皇於一八八二年頒布的《軍人敕諭》中，將其對軍人的要求歸納成「盡忠節、重禮義、尚武勇、守信義、生活儉樸」五點。我也認為，如果能實踐以上五點，絕對能成為一個最標準的軍人，而據我所知，米村老師是最接近這個理想的人。

米村先生之所以能升到中尉，想必是和他的軍功有關。後來學校慶典時，我多次看到他胸前佩著好幾個勛章，可是他從來沒有提過打仗的事。他的姿勢始終保持得像僵屍一般筆直，走起路來抬頭挺胸，左腰劍而右腰圖囊（軍官用的，應該是專放兵略地誌之類的皮包，而他可能是用來裝便當盒），目光炯炯，勇往直前，實在值得以威風凜凜來給予形容。

可是，他的軍服卻非常不威風，上衣兩肘和軍褲兩膝都看得出多次縫補的痕跡，原來的卡其色也褪色成暗綠色。本來我以為是教官的薪水微薄，迫使他不得不那麼節省，但有一天我斜眼偷看他薪水袋的數字，赫然發現那是一筆大數目，一般公學校老師薪水六倍的二百四十圓。由此可見，他是以身作則來實踐軍人敕諭第五條「軍人應以質素為旨」的。

米村先生上任後，也代替野見先生當起舍監長，此事起初招來寮生們短暫的恐慌。這是因為，前任的野見先生是一位文弱書生，說起話來還帶了點娘娘腔，而像他那一種慈祥慇懃的人，尚且會以「痛心疾首」的心態，對每一個向他申請歸省的寮生追問到底，並想盡辦法予以駁斥，除非有無懈可擊的理由，不然幾乎無法通過他那一關。於今竟換了一個道貌岸然、頑冥不化、看起來毫無妥協性的職業老兵來當舍監長，豈不是「尿床的換來一個屎床的？」於是大家議論紛紛，擔心米村先生可能按照軍隊的作法，寒暑假以外不准回家，尤其家住縱貫鐵道沿線、方便歸省的寮生更是如此。

第二學期開學後的第一個星期六，有一個並不是很想回家的寮生，以不獲准也無所謂的心態跑到辦公室向米村老師說：「某寮某室某某郎想要歸省，請您准許。」沒有想到，米村老師馬上大聲給予「行」的回答，使那個某某郎受寵若驚，聽到老師「還不趕快填寫歸省許可簿拿來給我蓋章」的叱責，還呆呆地楞著站在他面前。

處事嚴格，舉手投足都一板一眼的米村老師，竟對寮生歸省許可如此寬鬆，實在令人不解。但很久以後，我從一位書記口中獲知內幕，才知道神經中尉的綽號是外剛內柔、頗富彈性的「神經」。原來，盡可能不讓寮生歸省是酒桶校長的主意，他認為此法能使學生早日脫離對父母的依賴心，有助於鍛練出剛強的意志。野見舍監長是迎合校長的想法，才用他獨特之黏黏叨叨的說話技巧來駁回學生之歸省申請。

然而米村中尉不贊成校長的想法，他認為這樣對寮生和通學生雙方都不公平，一方面阻止寮生和家族相聚，一方面又不能給通學生磨練剛性的機會。更重要的是寮生伙食太差，日常功課繁重，尤其是劍道、軍訓、體操、農作業加上課外活動，都要消耗很多體力，長此以往可能造成營養失調，而影響到青少年的發育。所以米村老師允許寮生自由返鄉，令其回家補充元氣，同時將其留下來的伙食供給其他寮生分享，以收一石二鳥之效。

神社祭

十月二十八日是「臺灣神社祭」。臺灣神社建在圓山飯店現址，以攻臺時之近衛師團長北白川宮能久親王為主神，十月二十八日是北白川宮病逝在臺南的日子。

學校決定當天早晨五時參拜神社。校長以下包括淡中淡女的全體師生，在二十七日晚上十時從學校出發，以每小時四公里的速度走路前往臺北。

我在唸公學校五、六年級時，每年暑假都要走路到中壢神社做一次大掃除，美其名謂「奉仕作業」，往復行程約三十四公里。當時年紀還小，行動時間在炎熱的白天，走的是不平坦的石子路，而且大家都沒有穿鞋子。如今我們已經長大了許多，季節屬於秋涼時節，淡水到江頭（關渡）則是經常保養的細石子路，江頭以南是柏油路面，而且我們腳上都穿著鞋子。

淡水到圓山的往復距離為四十四公里，雖然比起中壢行程多出十公里，但我認為兩者客觀條件不同，彌補距離之差綽綽有餘，所以出發前的氣氛十分輕鬆，感覺上好像是要去遠足一般。可是，淡水到竹圍的八公里路走完不久，我就發覺有一點不對勁，四肢無力而昏昏欲睡，雙腳好像綁上兩個秤鉈似的那麼重。很多人把單手架在前面同學的肩膀上邊走邊睡，遇到一個人摔倒時，後續的幾個人也跟著倒下去。此景非常可笑，但沒有人笑得出來，因為每個人的處境都差不了多少。

如此情況，起先我是預想不到的，但後來一想，還是事出有因。第一，晚上十二點是平素就寢作息的時間，現在不但不休息，還要大量消耗體力，豈有不困倦之理。第二，長期性的營養不足，使每人積蓄體內的精力幾乎消耗殆盡，斷非在家給養充分時的情況可比。第三，我在唸公學校時，每天光腳上學或玩耍，把腳底練得像鞋底般，所以根本不需要穿鞋子走中壢的三十四公里路，既輕快又涼爽。但現在兩腳套上一雙笨重的鞋子，綁腿更加重了兩腿的負荷。上述之原因相乘，造成我們黑夜行路步履維艱，翌晨四時許好不容易到達圓山時，每個人「雙腿都變成木棍了」。

日本人拜神的禮節是先行一次最敬禮，然後合掌在胸前，再把右掌往下挪一手指關節長，拍兩下手掌，把右掌恢復原位，雙手放下，再來一個最敬禮。但我們是團體行動，所以由米村中尉發令，大家脫帽行最敬禮，軍號隊吹奏「鎮國譜」一曲後抬起頭來就算禮成。

神社參拜完畢後，教官宣布一個小時的「大休止」，大家就在草坪上倒臥下來呼呼大睡。我把鞋子脫下來看，腳底下長了好幾個水泡，有的已經破掉，後來成為我歸程走路時的累贅。

天亮吃過辨當（便當之原字）後，我們踏上歸程。大家都疲勞困憊之極，所以經過士林街以後開始頻頻出現落伍者，其中以低學年者為多。教官准許落伍的人搭火車回去，爾後每到一個火車站所在地就有不少人報備落伍。我在唭哩岸（石牌）就很想離開隊列，但有礙於身為副級長的面子，還是勉強支撐下去，可是腳底水泡破裂處疼痛難以忍受，所以挨到江頭附近，只好請老師准予搭乘火車。

關渡原是凱達格蘭語地名，日本人改稱江頭。從江頭站出發，不到一百公尺就進入九十九點五公尺長的山洞。由於坡度不小，力氣不大的五分車頭有時無法一口氣就爬進山洞，常常讓整列火車滑回來，重整旗鼓，燒足蒸氣，再利用衝力才能衝上去，所以往淡水方向的火車經過山洞後，每個乘客的鼻孔都難免略帶燻煙的汙黑。

下午一時許我回到宿舍。吃過午飯後，馬上倒在床上睡覺。傍晚點呼、晚餐後又回到被窩，好像泥巴似的沉睡到天亮，都沒有翻過身。

虛假的內臺一家

我們加入淡中後，觀音出身的淡中生增為四人，那時來自大崙的人也有四人，大山兄弟、張德能、張勝會都是同宗。

五年生大山綱紀（張勝偉）是弓道部主將，百發百中的名射手。淡中的弓道稱霸全島，我在中學時，每年一次的全島中等學校弓道大會都是由我們學校獲得冠軍。

入學後不久，學校舉行了一次隆重的「壯行會」。那一年日本政府為紀念建國「二千六百年」，決定在東京明治神宮運動場舉辦全國中等學校運動大會。經過嚴格的選拔賽後，大山桑贏得代表臺灣之弓道選手的資格，此外，四年生吳建庚桑是擲鐵球的代表選手。

壯行會上，大山桑上台宣誓說，他一定全力以赴，為淡中和臺灣人爭取光榮的勝利。會後，全體師生唱著剛剛學到不久的青龍寮寮長李賢祿桑作詞、佐藤鼎老師作曲的「淡中應援歌」（啦啦隊歌），浩浩蕩蕩的送二位選手上火車。據說，他們要在臺北會合各項運動的選手，然後由政府派員帶領他們搭船前往東京。可是兩天後的中午，跑步回校外寮餐廳而經過忠寮時，我彷彿看到大山桑在裡面走動。由於時間倉促，我無法確定是他，但我在想，如果是大山桑的話，那一定是因為船期延宕，所以回來學校待命。

約十天後，校長告訴大家，吳建次郎本來的擲鐵球紀錄是全國第二，可是這一次在東京比賽時，由於肚子不舒服，只能擲出第四名的成績。至於大山桑的戰績卻噤若寒蟬，一字不提。

後來我們才知道，大山桑根本就沒有去東京，前一陣子我在忠寮看到的確實是他，大山桑是到了臺北後又折返回來的。「弓道」是日本武藝中之重要項目，臺灣人在此道稱霸，對日本人來說本來就是很不舒服的事。於今，拋開日本人而派遣臺灣人去參加日本固有武術的比賽，顯然有失大和民族的面子。但按照參賽規則，必須由預賽優勝者出賽，所以他們沒有辦法公然排除這一位臺灣人弓道高手。於是，主辦單位就先讓大山桑到臺北報到，然後軟硬兼施地說服大山桑，使其以身體不適的理由「自動讓賢」，改由日本人選手赴日比賽。大山桑心中的憤懣不言而喻，不管校長如何信誓旦旦地宣稱「內臺一家」，「本島人也是天皇的赤子」，「政府對內地人和本島人都是一視同仁」，但究竟我們是被異民族統治的殖民地人民，所謂的一視同仁亦不過是騙人的伎倆而已。

無頭公案

十二月一日星期一晚上，自習時間是七時到九時的兩個小時，我看到賴慶堂君桌上的鬧鐘長針直立著，所以想自習時間結束的軍號快響了。可是喇叭未響，卻聽到來自我們房間樓下廁所附近的慘叫聲。我們跑出走廊往下看，但什麼都看不見，只聽到慘叫後的哭泣聲。我們跑下去看時，發現第一室的仁班同學駱聯桂倒在盥洗室往廁所的台階上，左腳脛部流很多血，邊哭邊說他眼睛看不見。

劍道二段的黃華太郎提著木刀衝出去查看，但一個「鬼影子」都沒有，吳新太郎用新的日本浴巾包紮駱君傷口，叫幾個忠班同學到學校報告舍監並借來擔架，把駱聯五郎帶到淡水街上，校醫昭和醫院翁醫師處療傷。

傷口是刀傷。華太郎後來在附近撿到一把菜刀，警察確定是凶器，而且是偷自校外寮廚房之物。據外號「駱駝」的駱聯桂情緒穩定下來後表示，他想去廁所，經過盥洗室踏出通往廁所的台階一步時，突然有一陣白煙向他襲擊，眼睛感到劇痛的一剎那，脛部好像被砍了一刀。至於為什麼被攻擊，他自己也完全不知道。

第二天早上，我們在駱君受難的地面發現石灰的痕跡，才知道歹徒是先用石灰來遮他的眼，然後砍他的腳。所幸「駱駝」的傷不很深，醫師說將來走路不受影響，第二天他家人來接他回去苑裡，從此不敢再來淡中。至於歹徒是誰，行兇動機和目的是什麼？警察無法破案，永遠成謎。

「砍腿事件」發生後，朱雀寮人心惶惶，一段時間晚上不敢單獨去位在外面的廁所，必須兩三人結伴、每人手提一支木劍或竹刀才敢出去。一星期後太平洋戰爭勃發，每盞電燈開始套上黑布做的垂直燈罩，用以防止光線過於擴散，環境之黑暗更加造成大家的恐懼感。

第六章　戰爭的氣息

太平洋戰爭

十二月八日星期一，早上第二節下課後不久，淡水郡役所警察署的警報器突然長鳴達十分鐘之久。我們不知道發生什麼事，但感覺到絕非尋常。果然，幾位值星學長傳令全校師生集合在雨天操場，俟淡女師生也全部到齊後，校長站在講台，以十分嚴肅的表情宣佈日本對美英荷三國開戰的消息，並宣讀由大本營發布的「大戰果」。日本聯合艦隊的機動艦隊在這天清早動員了三五三架飛機，偷襲夏威夷的珍珠港，對停舶在港內的美國太平洋艦隊給予潰滅性的打擊（美方損失：戰艦八、巡洋艦三、驅逐艦三、其他艦艇八、飛機一八八架，但最重要目標的兩艘航空母艦卻不在港內，成為漏網之大魚），而日軍僅僅付出飛機二十九架、特殊潛艇（搭載二人和魚雷一枚的至近距離小潛艇）五艘的代價。校長說，這是要把白色人種勢力從東亞逐出，以建設大東亞共榮圈的聖戰，全國上下必須竭盡全力，協助政府達成此一神聖任務，最後勝利必定操在我手云云。

在過去四年多的中日戰爭期間，日軍完全掌握制空和制海權，所以日本境內包括朝鮮、臺灣幾乎沒有遭到中國方面的攻擊，唯一的例外是一九三八年夏天的苗栗空襲。兩架中國轟炸機飛到苗栗出礦坑上空，對帝國石油會社的油井投擲兩枚炸彈後逃逸，炸彈雖然沒有擊中目標，卻造成了很大的震撼。

政府下令全國實施防空演習，但由於事出突然，在毫無預備的情形下，手忙腳亂不知所措。當時，觀音庄連警報器都沒有，在庄役場民政課任職的同學卓氏春鶯之父卓齊倫先生敲打石油空罐，一面跑步一面喊訓練空襲警報，很多人搞不清楚他在幹什麼，綽號「矮仔倫」的卓先生叫人家要「燈火管制」，但大家都莫名其妙。他焦急之餘，編出「禁火，禁火」（用客家話發音）的新語，這樣才能使街坊紛紛吹熄油燈。在此情況下，最高興的莫過於街上的小孩子們，他們十幾個跟著矮仔倫跑，也幫他喊訓練空襲警報和禁火、禁火，使卓先生怪不好意思，偶而也停下來驅散那一群跟屁蟲。約半個小時後，卓先生又跑一次大街小巷來通知訓練空襲警報解除，但已經聲嘶力竭，氣喘如牛。

從此以後，觀音庄役場開始整頓設備，在派出所前建立一座警鐘塔，塔頂上面掛著一個銅鐘，塔台扶手裝上一部手搖式警報器。但由於中國空軍飛機未曾再來，所以也就沒有用武之地。事過境遷，大家對防空問題就變成麻木不仁了。

對美英荷宣戰後，儘管日本政府和軍方都在逞暴飾弱，可是美國和英國絕非裝備貧乏、國力脆弱的中國軍隊可比。所以開戰的同時，日本就對敵方的空襲有所警戒。舍監長下令學寮各室電燈的燈傘要套上黑布做的燈罩，窗戶必須垂吊黑色牛皮紙的窗簾，以免燈光外洩。各寮從開戰當天開始設置「不寢番」（守夜）。朱雀寮人多，每組三人，各組輪番守夜一個小時。按照不寢番守則，守夜應該站在玄關的樓梯前，但由於那個位置鄰近砍腿事件現場，所以大家都抱著竹刀畏縮在樓梯傍的角落，盼望交替時間趕快到來。

物資配給

然而，緒戰的大勝利，把美英荷在東南亞的勢力打得落花流水，使其暫時無力反攻，而日本方面則陷入極端的過度自信，一般對於防空問題也慢慢地懶散下來，不寢番和燈火管制變成虎頭蛇尾的狀態。戰爭雖然獲得初期勝利，可是一般民眾的生活物資卻很快地從市面消失，大部分的必需品採取配給制度，配給量也逐漸走向遞減的趨勢，最可惡的是一部分東西的配給量，內地人和本島人竟有差別待遇。

賣店本來可以買得到包餡的日本粄（粿）和羊羹等，吃得到米粉湯、湯麵等。但從此以後，這一些「貴重物資」就消聲匿跡，逐漸被玉蜀黍餅和蕃薯湯以及魚丸湯所取代，這一些東西都不好吃而且不耐餓，在福利社吃的東西，回到學寮之前已經消化殆盡。

這個時期，我在同發商行店面遇到徐長生先生。徐兄是琦哥公學校同窗好友，他說他在同發商行上班。同發商行位於淡水街中心地帶，媽祖宮對面，魚市場隔鄰的位置，是淡水街最大的南北貨批發商。這個時候，一般零售店都空無一物，門可羅雀，唯獨同發商行堆滿罐頭、乾菜等，令人垂涎萬丈。據徐兄云，這一些貨都要交給各地軍隊，不對民間出售，但看在同鄉的份上，徐兄還是偷偷地賣給我半打魚罐頭。爾後我多次去找他偷買罐頭，雖然那一些罐頭裡面只有一半是魚，另外加上黃豆青菜之類來充數，但對當時的我來說，真正是「久旱逢甘霖，他鄉遇故知」。

餐廳多次配給到石油罐裝的牛肉，其實那是以鯨魚肉加牛脂肪和薑絲煮成的冒牌貨，但外觀味道都酷似牛肉，所以連非廖氏牛肉世家出身的「僧兵」謝萬協都讚不絕口。但所有的福佬人都退避三舍，而紛紛走向賣店去搶購那一些不好吃又沒有營養的東西，留下我們每桌兩三個「戇客仔」來分享二十人份的假牛肉而大快朵頤。正如日諺說法，好像中元和新年雙雙光臨那麼「澎湃」。

十二月三十一日是第二學期的最後一天，終業式後大家紛紛歸省，可是我卻坐在朱雀寮的台階發呆。這是我入學以來首次感覺到不想回家，因為學期成績由第八名降到第十一名，我處於有何面目見江東父老之楚霸王的心境，如今又已是老淡水，所以沒有約英姊一起回鄉。我正在想怎樣向父親交代而束手無策時，文士君來告訴我，他的成績是第二十六名。

文士君在公學校是我的勁敵，於今離我有一段距離，這樣才使我安心了一點，心想如果父親責備時，可以拿他當擋箭牌。

告別式

寒假十天很快就過去。一九四二年元月十一日，第三學期始業式的同時，學校舉行河野德亮老師的告別式和新島清忠老師的新任式。告別式一詞，按照字義就是「說再見」，所以用在離職老師的告別儀式並無不妥，但日本人把葬禮也叫做告別式，意義上並沒有錯。於今，臺灣很多用詞沿用日本話，「告別式」也是被普遍使用的外來語。

河野先生有一副標準的日本農夫臉，他是佛教大學畢業的和尚，卻教我們英語文法。他平常的言行很多奇特之處，但看他的表情又是很認真，好像並無故意要標新立異的樣子。

在當時，老師體罰學生是司空見慣的事，一般都是賞幾個巴掌，只有河野先生是用「擰胳膊」的方法。此法效果良好，被擰的人很痛，他自己的手不會痛，第三者又幾乎看不出他在體罰學生，可以說是一石三鳥的高明手法。

他離開淡中，是要到日軍占領下的廈門市教育局當督學的。後來我熱中於集郵，寫信到廈門請他老人家幫忙，他撥冗給我回信，並兩次寄給我大陸的郵票。戰後河野老師從廈門回日本老家，繼承他父親的寺廟，恢復他的和尚本業，這是川村老師告訴我的。

新島英語

新任的新島先生原名陳清忠，他是校友，橄欖球隊主將，唸京都基督教同志社大學時當該校的副將，在比賽中跌斷了兩支肋骨。他的日本姓得自於他很尊敬的同志社大學校長新島襄。高個子和結實的身材，加上晒黑的臉，讓人一眼就看得出他是個運動健將。新島先生大學畢業後，一直在紅毛城現址的英國領事館服務，擔任翻譯工作，所以他的英文一流。可笑的是，當時聽慣青野老師或河野老師之「日本英語」的我們，反而對接任河野老師之新島老師的「the King's Englis」覺得有一點奇怪，甚至有人批評他發音不好。後來我發現，「日本英語」可以用日文字母來標音，但「新島英語」非用萬國音標就不能表現，所以我判斷新島老師的英語才是真正的英語。

新島先生是大學畢業生，英國領事館翻譯官，大名鼎鼎的淡水中學校教諭，但他的兒子卻是一位理髮師。在當時，「剃頭仔」的社會地位十分低賤，可是自由主義者的新島老師獲知他兒子想要當理髮師也未加以反對，反而送他到東京唸理髮學校，學成歸來後在淡水街上的家開了「桃太郎」理髮店。因為如此，新島老師被取名「桃太郎」或「剃頭伯」。可惜，我受教於新島先生的期間只有接替河野老師之短短的第三學期，如若不然，我的英文無疑會像樣一點。

陳清忠老師戰後當過淡中校長，我唸大三時曾經在新公園遇到老師，並提起英語發音的事。老師苦笑著說，他年輕時受馬偕先生（老馬偕的兒子）以及多位加拿大老師的薰陶，又在英國領事館和英國人共事二十幾年之久，所以他的英語發音應該沒有問題，我也當然百分之一百讚揚他的說法。

門前的戰爭

一九四二年二月下旬，內臺航路（內地—臺灣航線）開回基隆的七千噸客輪高千穗丸，在基隆外海被美國潛艇的魚雷擊沉，船客喪生近千人，生還者二四五人，仁班同學黃丕儒之父親、觀音同學黃圳昌（返臺渡假）都是搭同一條船而命赴九泉。

過去，日本雖然和中國打了四年半的戰爭，但戰事都在大陸進行，而對手是裝備貧乏的弱兵，幾乎是有戰必勝，所以一般臺灣民眾並無切膚之痛，可以說是有隔岸觀火之概。於今，大火突然燒到自己的圍牆外邊來，在緒戰大敗的美軍竟能跑到我方制空制海下的臺灣近海來攻擊我們，使大家體會到美國斷非等閒之輩，「無敵皇軍」之神話似乎不可靠，大家開始體認到事態的嚴重性。

下流茄克

這個學期，學校照例實施為期十天之劍道「寒稽古」。寒稽古，也就是在寒冷中的磨練之意。全校學生分成兩班，輪流在早晨五時和六時開始練習劍道一個小時。在平時上課的打鬥對手是同班同學，但寒稽古是不分高低年級的輪番上陣搏鬥。

我們在清早四點半或五點半起床，穿上稽古衣褲和防具，接受點呼後進入武道場。稽古衣是單薄的棉布，冬天吹來山岡的海風特別寒冷，沒有人怕僅僅一個小時的對打，但對步出學寮經過點呼後進入道場途中的酷寒，則個個叫苦連天。學校准許在防具上面披掛制服上衣來禦寒，但很多人逞強而不願領情，本大俠就是其中之一。

我們在三年級那一年的寒稽古時，仁班的林益昭君披上一件茄克來接受點呼，酒桶校長穿著「羽織袴」（和服外掛、和式長裙，是標準日本禮裝）來參加點呼。他看到林益三郎的茄克勃然大怒，走向前就摑他十幾個巴掌。酒桶人高馬大，而益三郎瘦如乾柴，所以他的每一巴掌幾乎都要把林君打倒在地面，可是這位五十三歲高齡（當時是這麼說的）而且肥頭胖耳的校長也喘得上氣不接下氣。

在學四年間，我看到校長多次發怒，但沒有看過他如此肆意狂野，不顧其校長之尊而親自動手揍人。同時，他為什麼突然生那麼大的氣，這也令我們覺得莫名其妙。

校長把益三郎打得過癮，喘氣後開始訓話。他的大意是說，茄克是碼頭工人穿的東西，堂堂淡水中學校學生穿上如此下流之物，有損淡中之校譽。我對校長的說法十分不以為然。既然職業無貴賤之別，那麼穿著何來上流下流之分？何況林瘦子只把它當做禦寒之用，而非穿來上學，所以對益三郎體罰，實在不是以偉大教育家自居的有坂校長該有的表現。有坂校長戰後返回日本，當東洋大學高中部校長。當時被日本人尊為天神一般的麥克阿瑟元帥，就穿著和碼頭工人茄克一般的軍服來占領日本，不知有坂先生作何感想。

第七章　走馬換將

謠曲

三月中旬乃是畢業時節。我們把武道場（又稱劍道場或武德殿）當做畢業典禮的式場。畢業式的程序是：一、國歌；二、讀教育敕語；三、校長訓話；四、在學生代表歡送辭；五、畢業生代表答辭；六、齊唱謠曲〈缽之木〉；七、禮成。

四年忠班級長陳道軒代表在校生致歡送辭，他以文言表達的措辭句句珠璣，令我感嘆不已。我認為軒次郎桑的文才可能全校無以匹敵，欽佩之餘，還將部分美辭麗句牢記在心。可是翌年春天畢業式，換成張建安桑來向陳軒太郎那屆畢業生致辭時，我發覺他的措辭和上一年的完全一樣，因此我領悟到，他們致辭的作者另有其人。雖然不知其高人為誰，但從意氣軒昂的語調聽來，我私底下猜想，很可能是出自日高宇光老師的手筆。

謠曲是抑揚其聲而歌之日本能樂的詞章，我們從二年級開始的音樂課就不唱西洋歌曲，而專攻此樂。我們每週一節課要在馬偕紀念圖書館內的閱覽室兼音樂教室，向一位來自臺北的謠曲師菊池老先生學習謠曲。菊池先生年逾花甲，是參加過日俄戰爭的老兵。年紀雖大，聲音卻粗豪而宏亮，有一點像牛蛙的叫聲，因而獲得「牛蛙」之外號。他胖而矮，掛著粗大黑框的厚眼鏡，滿臉黑斑，外表也酷似牛蛙。

我的謠曲成績不錯，牛蛙先生每一次都給我八十五分。但二年級第三學期考試時，按照點名簿順序坐在我傍邊的老虎謝林四郎唱〈竹生島〉之「滋賀錦地花園，一如往昔山櫻燦爛」一句的「園」字要突然提高兩個音階的地方時，忍不住噴飯笑個不停，我也被牽連而跟著他笑，為此那一學期的音樂分數降到六十分（老虎是五十分），大大地影響到我的名次。這也可說是「交友不慎」惹來之禍。

鎌倉幕府的執權（總管）北條時賴微服出巡天下，歸途時遇到大雪受困，沒落鄉士「佐野源左衛門常世」焚燒其心愛的梅、松、櫻三缽盆栽給予取暖，日後北條以梅、松、櫻為名的三個村莊贈與佐野，作為報答。這是謠曲〈缽之木〉故事之梗概。我們在畢業式唱的是北條和佐野離別的場面，畢業生唱「仕手」（主角，北條），而在學生唱「脇」（配角，佐野）。

我認為我們唱的謠曲不怎麼高明，也無法發出牛蛙聲，但眾多人數的合唱聽起來十分雄壯，能夠令人感覺到莊嚴的氣氛。據我所知，當時全島二十二所中學校，以謠曲當作正式課音樂教育的，唯有淡中。單就這一點即可知道，淡中是「與眾不同」的學校。

離別辭

三月二十一日，這是第三學期、也是我的第一學年結束之日。終業式同時，亦是日高宇光老師、青野英文老師、高橋省吾老師、矢口劍道老師離開淡中之日。日高先生說離別辭時我不禁流淚，好在那一天我排在二列縱隊的最後面，所以沒有被人發覺。日高老師要去臺北國民中學校當教頭，矢口老師年老退休，高橋老師去哪裡我不知道。青野老師轉任臺北二中，校長特別提到，青野先生想要領取恩給（公務員退休俸），但年資不足，必須到公立學校再教幾年才夠資格。當時我認為那種個人理由不必告知學生，校長如此做，想必是他留不住青野老師，不高興之餘所發的牢騷。

春假為期十天，但因為要帶領幾個觀音報名淡中的考生參加入學考試，我提早四天離鄉。考生包括張顯榮、錢牯、廖秀、謝新則等人，文景伯和愛狗伯也跟著來壓陣。

我們一行全部借宿朱雀寮五室。由於當時在外取得糧食不易，所以各自攜帶足夠的乾糧、白米、罐頭等，寢具則擅自借用同學的被褥。結果只有張顯榮一個人上榜。

潘四郎變武田榮次

一九四二年四月一日，我升二年級，成為潘四郎。我期待川村老師繼續當我們二年仁班的導師，但他依舊指導一年仁班新生。我們的級任是新來的數學老師呂清波先生。呂老師是臺南人，臺南二中畢業後以檢定考試取得中等學校教師資格，勤勉努力，當時才二十四歲。日本陸軍自古以來以蘇俄為假想敵，而以露助（ro su ke）來蔑稱露西亞。呂字和露字同一發音，所以「呂助」就成了呂老師的綽號。

升二年級後不久，我們家也被迫改為日本式姓名，廖運潘變成「武田榮次」，所以我的校內名也從潘四郎改為榮次。

三月底以前，全校學生五百五十人中有四百名是學長，也就是說，我必須向四百個人行舉手禮，所以禮拜天在淡水街溜躂時，我的右手可以說一直忙上又忙下，頗有應接不暇之苦。而今，學長減少一百個，新生進來一百五十名，亦即我的敬禮對象減為三百人，但增加對一百五十個人答禮的機會，加減起來，我右手變成更加繁忙，但答禮在氣氛上顯然與敬禮有所不同，因此在街上走動時，我的右手也就變成頗有應接不暇之「樂」了。

一年級新生還是分宿於校外寮，因而二年級的一半移到校內寮。繼續吃做最下級生的虧。由於新生人數比畢業生多，所以把朱雀寮左鄰的白色單層洋房也納入為校外寮，而取名白虎寮。寮長為張賴朝邦（邦太郎），他和小他一年級的弟弟張賴朝訓（朝次郎）都是弓道的好手。

我仍舊留在朱雀寮第五室，李梅四郎和大山松久以及老虎都沒有移動。新來的一年坊主（新生）鄭際唐和吳增儒是新竹市人，鄭君後來成為縣立新竹二中的校長，而吳君綽號鴨頭，是大名鼎鼎的新復珍糖果鋪的少爺。室內的一半是學弟，對剛剛成為學長的我們惟恭惟謹，自然是舒服得一塌糊塗，唯一美中不足的是各室派了一個三年級學生來當室長。

淡中同鄉子弟。前排左二廖運錢，左四謝新則，二排中間張顯榮，後左一廖運潮，左三大山俊二，左六廖運潘，右三廖文士，右二張勝會，右一張德能。

本島人

隨著升二年級，我們要學習的範圍也擴大。物理、化學、代數、幾何、生物都是新的學問。物理老師是中里先生，他是剛從臺南高等工業學校畢業的臺灣人，由於他在就任式的致辭時很興奮地強調日本軍力之強大：「版圖已經擴張到北從阿留申列島而南至南太平洋俾斯麥群島」，因而獲得「阿留申」的綽號。化學的久方先生是京都藥專畢業的鳳山人，日語爛得一塌糊塗，但他的分數「很甜」並且上課時間偶而會講解有關跳舞的事情，故而甚獲學生們的人氣。

一九五一年，我在臺灣銀行左營分行服務時，有一次到省立高雄醫院檢查牙齒，在那裡遇到久方老師。他的臺灣名姓「方」，在高雄醫院擔任藥劑師，那是老師和我畢業後第一次，也是最後一次邂逅。

淡女舍監長神保先生教我們代數，我雖然不喜歡代數，也不欣賞剃光頭的神保老師，但我的代數成績未曾像地理那麼差勁。幾何老師是山城秀二先生，年紀大，講話聲音很小。山城老師常常老王賣瓜地說，幾何是多麼有趣而且甚為簡單的學問，但我對他講解的證明題始終一知半解，有時候不得不靠記憶力來應付考試。這樣還多次獲得滿分，令我自己都不得不捧腹絕倒。

英文由米倉先生擔任。他本來是淡女的老師，高橋馬糞先生退休後到淡中來接任教頭職務。他不是科班出身，檢定考試及格之米倉先生的英文是標準的「日本英語」，我的英語發音不佳，米倉老師應該負一半的責任。

生物學由破座間老師擔任，他不知道為什麼很喜歡臺灣的穿山甲，動不動就提起這個食蟻獸，並以臺灣名的鯪鯉稱呼，不久鯪鯉（ㄌㄚˊ ㄌㄧˇ）就成為他的綽號。

國文改由新任的美坐時正老師來上課。美坐老師是琉球人，很年輕，但不必去當兵，聽說他有輕微的肺結核，故而得以免役。國文是我最得意的科目，老師又無比熱心教導，所以我很喜歡上他的課，成績也都能獲得最高分。但有一個非常寒冷的日子，我把雙手插入口袋裡，翻書時不用手指而讓嘴唇來代勞，結果那個學期的成績變成七十分，那是唯一的例外。

東洋史的內容幾乎都是中國史，由金文藏老師擔任。金先生自稱是內地人，但我懷疑他是朝鮮人，最起碼是朝鮮人的後裔。

漢文課的老師大岡先生原名吳阿泉，宜蘭公學校訓導，是經過檢定考試國漢課及格的教諭。老虎認識他，背後經常直叫他的台語名字阿泉，以示同鄉之親。

一年前，我入學當時的老師清一色是日本內地人，而今，新島、淺岡（呂清波）、中里、久方、大岡各位老師都是本島人。由此可見，太平洋戰爭對兵源需求之大，因而不得不借重於本島人。

紅毛人

戰爭開始不久，我在紅毛城附近遇到一位紅毛人，嚇了一大跳。當時軍方禁止從二十公尺以上高處攝影或繪畫，而淡中校址的丘陵地砲台埔超過一百公尺，自然在禁止之列。那個時期看到洋鬼子在那個位置徘徊，使我懷疑，他會不會是所謂的間諜。可是他面帶笑容、從容不迫的態度，和我想像中間諜應有的鬼鬼祟祟行徑頗有出入。但我還是相當緊張，趕快回去向寮長報告剛才所見到的事。華太郎桑笑著說，免驚，他是臺灣人，我們的大前輩，馬偕博士的外孫柯設偕先生。

據云，充滿使命感的加拿大人馬偕牧師認為，要教化臺灣人成為神的信徒，自己必須先變成臺灣人才能成功。所以他把頭髮留長，按照當時臺灣人的習俗梳辮，並要求其加拿大未婚妻解除他們的婚約，娶臺灣女孩子張聰明為妻，在生要做臺灣人，死後也做臺灣鬼。這位為貫徹信念而奉獻一生的偉人，現在永眠在淡中校園內、由禮拜堂改建的原武道場傍邊的馬偕墓園。

我們升二年級時，柯設偕先生也被有坂校長聘請過來，教導我們世界地理。柯老師日語流利，但福佬腔非常重，他的發音可說是臺灣日語，可是講起英語來又換成日本腔，聽起來和米倉老師的日本英語沒有兩樣。所以把眼睛閉起來聽他講話時，他說日語，你會判斷他是一位來自中南部的鄉下人，聽他講英語，你必定猜他是很純粹的大和民族。有坂校長要求每一位臺灣人老師改姓名，還沒有正式改姓名的老師則按照學生校內名的模式，一律先取一個日本姓來介紹給學生，呂老師的「淺岡」、吳老師的「大岡」就是校長的權宜之作。不只如此，校長急於推行皇民化之餘，對校內的每一位職員甚至工友都強迫其改姓名或使用校內名，掛滿在教員室或事務室的名牌看起來全部都是日本人，唯一的例外是柯設偕先生。

淡中樂隊，後排中間的四位老師，左起依序為柯設偕老師、高橋教頭、有坂一世校長、河野德亮老師。

四分之一的加拿大血統，百分之百的毛唐（ke to，日語：洋鬼子）面孔，滿口臺灣日語加上日本英語，如此一個人冠以日本名字，顯然難免有四不像之譏。冥頑不靈如有坂校長者，尚且不敢奢望把他皇民化。想必這是柯老師在名字上成為淡中幾十位教職員中之唯一臺灣人的理由。

柯老師是雜學權威，他的知識包羅萬象，上課時間三分之一講課本上的事，其餘時間都在「雜談」。例如單軌鐵路的淡水線火車為什麼能夠避免對撞之類的，他說明非常入微，我覺得這等事比與我們風馬牛不相及的外國地理有趣而且有用，所以喜歡上他的課，考試成績也勝過神保老師的日本地理很多。

隨著戰爭熾烈化，師資慢慢缺乏，後來柯老師發揮其萬能博士之才華無遺，哪一課目缺少老師，他就自告奮勇去教哪一課。我想起他用洋鬼子的面孔來唸日本英語、用臺灣日語在讀漢文的場面，就覺得好笑。

一九五〇年初夏，我畢業於臺大法學院經濟學系。在此同時，聽說國民黨政府要實施徵兵，而我們這個年次剛好首當其衝。為了逃避那個劫數，我想到的方法是暫且取得淡水英語補習學校的學籍，再作他圖。

戰後，淡中和淡女歸還給馬偕財團，並且合併為淡江中學。淡水英語補校設置在淡江中學內，由柯設偕老師負責，該校後來變成淡水英專，繼而升格為淡江大學。淡江中學、淡江大學、淡水工商專科（今真理大學）、馬偕醫院都同屬馬偕財團。

我事先用日文寫一封信給柯老師，然後和臺大同學蔡瑞龍一起去母校拜訪老師。我推想他一定不會說中國話，所以才用日文寫信，結果完全猜對，我進去辦公室時，老師正在用日本英語和一位外省人老師對話。

柯老師曾經擔任過淮弟的班導師，所以還記得我們兄弟。他等我們坐定就用日語問「你是客人嗎」，其中之「客人」是以客家話發音。他確定我是客家人後，又說了幾句我聽不懂的話。看到我顯出詫異的神色，老師笑著再說兩遍「拔牙齒毋使錢」。柯老師用臺灣口音說日語，以日語腔調講英文，這一下他好像是把臺日英三種腔調語言混合起來說客家語，所以純粹客家人的我就不容易聽得懂他在說什麼。聽出來後，又不解為什麼老師突然提起「拔牙齒不必付錢」這一句客家話來。

後來老師解釋，不久前他和馬偕先生（Wiliam Mackay，馬偕博士之子，也就是柯老師的舅父，他自一九一四年至一九三五年之間主持校務約二十年之久，戰後馬偕夫妻回淡水傳教及教書一段時期）去湖口方面傳教。有一天，馬偕先生的牙齒忽然痛起來，所以到湖口街找一處牙科診所治療。牙科醫生說非把病牙拔掉不可。處理完畢後，柯老師問牙醫該付多少，那位牙醫師說：「我不能收錢，因為馬偕先生是我的恩師，我是淡中畢業生。」他們湖口地方的信徒聽到此事，莫不咄咄稱奇：馬偕牧師拔牙齒毋使錢。

這就是拔牙齒毋使錢的由來，柯老師的得意話題。

關於補校的事，柯老師要我們參加八月下旬的入學考試，後來我加入就業訓練，補校的事也就不了了之。

一九五六年，我在北埔收到臺大寄來的畢業生名簿。我把名簿掀開來看，竟然發現頭一條名字是柯設偕，地址淡水鎮真理街。至此我才知道，他是一九三一年臺大文學部第一屆畢業生，之前我一直以為他是日本某某神學院出身的。當時以臺灣人身分能進入臺北帝國大學文學部，其困難度不難想像，但我們在學時沒有人知悉此事。有關柯老師之唯一話題是他唸淡中時，和當時也在淡女上學的未婚妻時常在兩校共同的校後門約會接吻的舊傳聞而已。可是，接近柯老師謦欬不到一年的鳴鐸兄，卻能告訴我另外一則關於「何石灰」的事蹟。柯設偕日語發音同何石灰，鳴鐸兄如此稱呼他。

有一天，鳴鐸兄到淡水的補校同學家聊天時提到柯老師，在旁的同學父親說：「柯先生是很有趣的人，我以前在京都求學時，出租房間的老闆問出我是淡水人便告訴我，柯設偕桑從前唸高等學校時也住在這裡。他很怕冷，半夜有時不敢去廁所就小便在火鉢（火盆）內，房間臭得要命，我只好請他搬走。」

想不到，飄然出塵的柯設偕老師也有如此灑脫的一面。現在想像頭帶白線黑帽、身穿高領高等學校制服、洋鬼子面孔的瘦長「何石灰」，被日本房東逐出家門，雙手提著被褥和皮箱，悵然而去的可憐相，我就不由得吃吃地竊笑起來。

柯老師退休後移民加拿大。按照一九五六年當時的歲數計算，差不多是落葉歸根於他外祖父故園之年了。幾年後，我在母校內馬偕墓園發現柯老師的墓碑。

去向不明的老狸

矢口劍道老師退休後，來了一位叫做池田稻太的五段練士，個子矮小，半禿頭，厚唇皮，其貌不揚，就任當天就被取名「老狸」。老狸是退休警察，身上兼備日本警察的所有缺點，傲慢、自大、愛出風頭、猜疑心強、貪吃，沒教養是他的特色。

一九三〇年十月，臺灣發生所謂的霧社事件。在現在的仁愛鄉霧社公學校舉行運動會當天，武裝原住民約二百人襲擊會場，把幾乎全部日本人殺光，奪取庫存的武器彈藥後退入山區。日本平民死亡者一三四名，負傷者二一五名，另有兩名臺灣人穿著和服被誤殺。日本當局出動陸軍、武裝警察隊及壯丁團等合計約三千餘名，使用轟炸機及毒瓦斯，經過五十多日的苦戰後才鎮壓叛亂，這是日本領臺半世紀間的最後一次抗日事件。

老狸參加了討伐。他攜帶一把日本刀，準備找機會試刀。據他說，他還沒機會遇到白刃戰，掃蕩行動就將結束。有一天他看見一個原住民婦人自縊在樹上，老狸把她解下，發現她尚未斷氣，他就拔刀將其「一刀兩斷」。女人並非戰鬥員，何況是老太婆，老狸不但見死不救，反而將其斬死，並且得意揚揚地當作戰功來炫耀。我認為這種人不夠資格為人師表，一開始就討厭他。後來他的許多表現，使我以及大部分的學生都對他痛心疾首。

老狸兼任舍監，這一年新加入的白虎寮後面有一棟小樓房，學校將其改造整理，當作新的舍監室使用，值夜舍監晚上住在那裡，值星寮長在熄燈前必須駐在舍監室整理寮生資料。除了值星寮長以外，舍監室在星期日還設置值日生一名，專門給予值日舍監使喚。奉命當差的倒楣鬼，除了白白犧牲一個禮拜天、忙東又忙西之外，整天接近舍監和值星寮長的臭面孔，感覺上非常拘束難受，所以大家莫不厭惡被選為值日生。然而值日生之任命和日本軍隊一樣，沒有一定的規定，全看值日寮長的意思，他有權命令任何一個一、二年級寮生來受此「骯髒災」（觀音話），被看中的傢伙只好自嘆時運不濟。

二年級初夏的一個星期天，我被點名當舍監室值日生（叫做當番），值日舍監還是老狸，這就是所謂的禍不單行。早餐後我到舍監室報到，老狸第一件要我做的是到校外寮廚房，拜託炊事長炒南瓜種子給他吃。那一段時期是南瓜盛產季，我們天天吃南瓜，老狸不知道什麼時候巴結那個日本婆，叫她把南瓜子晒乾伺候。日本婆叫一個炊事婦用小火炒南瓜子，我就回朱雀寮看書，一小時後把炒好的一大包南瓜子帶回給老狸。他不肯把瓜子分給值星寮長和我吃，一個人一面啃瓜子，一面看起書來。

我坐在角落的小桌子寫功課，值星寮長說要出去巡邏學寮。我偶而抬起頭來觀察老狸的動靜，他看的是叫做講談俱樂部的娛樂雜誌。我發現他看得非常認真而仔細，更奇怪的是好像重複在看同一篇文章。

中午前，老狸回到校內寮餐廳吃飯，我把他的雜誌夾有書籤的地方掀開來看，原來那是總理大臣東條大將鼓舞國民士氣，呼籲全民臥薪嚐膽，以打倒「鬼畜美英」的演講全文。當時我不能理解老狸為什麼對如此無聊的文章那麼熱心，可是到了傍晚點呼時，真相終於大白。值星寮長報告完畢後，老狸開始訓話，從他雜亂無章的饒舌中，我聽得出他是在抄襲東條首相的演講辭。

老狸只有小學畢業的學歷，想必對其他老師懷有自卑感，所以當值星老師時從來不敢在朝會的場面對學生訓話，但在學寮點呼時沒有其他老師在場，他就想在此展現身手來過過癮。可惜他腹笥甚鮮，偷樑換柱的手法不高明，聽起來有許多牛頭不對馬嘴的措辭，令人覺得既可笑又不耐其煩。

從此，不自量力的老狸似乎染上了在幾百個聽眾面前演說的「毒癮」。隨著其來自講談俱樂部的語彙語錄之增加，他的訓話內容逐漸擴大，分量也增多。興趣一來，有時甚至東拉西扯，亂七八糟地講了將近一個小時，使幾百個飢餓不堪的寮生對他恨之入骨。

「時值國家多難之秋」，這是他最得意的用辭之一，有時老狸加以應用，使其變成「時值淡女學生下學之秋，有一些寮生故意溜躂在校門附近」或「時值糧食不足之秋，大家必須多多忍耐」等，令人啼笑皆非，而排在後列的學長們則紛紛小聲唸起三字經來。其中最令人無法忍受的，是聽到他的「最後，我把剛才說的話之要點，扼要地歸納起來……」，而所謂「扼要地歸納起來」的內容，往往超過他「剛才說的話」之分量。所以我們全體寮生莫不把五日輪一次的老狸之值班視為災殃。

老狸還兼任歹命的二年忠班導師，有一天他指揮二忠學生整理武道場附近的雜草。武道場後面是圍牆，不知道什麼人從圍牆外把一隻死雞丟進來，老狸叫一個學生聞一聞看有沒有發臭，學生報告說沒有什麼味道，老狸就命其拿到餐廳廚房，叫炊事長煮給他吃。老狸吃了死雞以後也安然無事，忠班同學佩服導師之牛腸馬肚之餘，另外替他取一個死雞的外號，但由於死雞不如老狸那麼響亮，故而無法流行起來。

一九四四年四月，我們四、五年級學生被動員一個月到宜蘭參加軍用機場的建設，最後一天要清理舊機場大水溝。水溝內積泥盈尺，長滿水草。我們清除泥土及雜草，同時也撈起一大水桶的鱔魚。當時除了一部分南部人以外，幾乎無人敢吃此物。我們在家鄉遇到朋友釣魚時，常常以「釣竿直直，釣不到食，釣竿彎彎，釣到黃鱔」來加以揶揄一番。我們準備將其放回水溝，但老狸不肯，叫一個同學把裝滿鱔魚的水桶提回我們住宿的宜蘭中學。我們的伙食由設在蘭陽女中的廚房統一提供，所以宜中沒廚房。老狸不知道從那裡借來一個小爐子，把鱔魚切成幾段，用竹片串起來邊烤邊吃，頗有餓虎撲食之勢。

當天晚上，老狸頻頻跑廁所。當時，長久以來一般人的食物缺少油分，使胃腸都變成不能適應太油膩的東西，但鱔魚的油分和營養價值非常高，這讓當時每一個學生都幸災樂禍。

此前不久，淡水劇場上演了紅星「原節子」和「高峰秀子」主演的電影《阿片戰爭》（日語：鴉片）。當時全島中等學校都禁止學生看電影，臺北州甚至聯合各校老師組成「教護聯盟」，隨時隨地都在監督所有學校的中學生，所以我們到臺北也沒有勇氣進去戲院，何況在淡水，當然更加不敢冒險。

有幾個淡水街通學生換了便裝去看《阿片戰爭》而大受感動，將情節告訴住校生。幾個寮生忍不住誘惑，在晚上自習時間溜出去看電影，回來後大肆替劇院做宣傳，接著幾個晚上都有不少寮生犯規逃出去看戲，而安然回校未被察覺。可是最後一晚，認為很多人出去都平安無事、終於忍無可忍的幾個衰人，卻在戲完燈亮的一瞬間，發現坐在附近的幾位觀眾都是淡中老師。

那一日值班舍監是老狸，他可能認為如此不祥之事發生在他值班之夜是對他的侮辱，也可能是想要對酒桶校長邀功圖賞，翌日他把從前當特務警察時逼供的手法搬出來，用在被老師撞見的幾個衰人身上。他站在武道場辦公室一言不發，揮起竹刀就先把他的獵物打得半死，然後叫他們指認其他看過電影的同學，只要能指出一個共犯，就令其在武道場內罰跪，否則就繼續拷打，頗有置人於死地亦在所不惜之勢。

老狸用如此下流的方法，一個早上一連串逼出的犯規寮生多達五十幾名，幾天前欣賞過電影又沒有被抓到而竊笑自喜的人，沒有一個得以倖免。老狸叫給仕（小工友）伺候在傍，逼出一個人犯，就命其拿著寫上名字的紙條到教室去要人。此舉使得心裡有鬼的人一聽到小工友的腳步聲就心膽俱裂，就是清白者也擔心自己被經不起老狸的刑求又無法指認別人攀扯而提心吊膽。六、七年後，在蔣政權白色恐怖時代，我不得不再度經驗同樣的心情。

夜間自習時間內擅自外出加上看電影，兩個嚴重犯規的處罰，大概是停學一星期。停學的後果是操行降為丙等，此事對想要考上級學校的人將構成致命的打擊。但在成績較差、本來就不敢奢望升學的學生而言，那是等於一個禮拜的回鄉休假，唯必須勞駕家長前來把子弟領回去，以示事態之嚴重，而這是大家最不敢領教之處。

我們都相信，那一些大部分是高年級學生的五十多名犯規寮生將被學校勒令停學。可是由於事件規模太大，如果把八分之一的寮生都停學了，將大大損傷學校的聲譽，以教育之化身自詡的酒桶校長也無地自容，所以最後只以禁足一個月的處分來潦草搪責過去。以上就是大家以幸災樂禍的心情來看老狸之「死黃鱔走生老狸」的緣起。

戰後，一般日本人都留在原宿舍，等候遣回日本的船隻，淡中的日本老師們都不例外，唯有老狸怕畢業生或在學生找他報復，所以偷偷先走一步離開淡水，到別的地方去避風頭，回去日本後也不敢向學校告知住址，變成淡中職員錄中唯一去向不明的日本人教師。其實，在當時一般尊師觀念深厚的風氣下，學生對老師干戈相向的可能性微乎其微，只是老狸自己起疑、心生暗鬼而已。

怪水果與昭容

我唸觀音公學校一年級時的老師是曾建重先生，宿舍在甘泉寺前。他的長女昭容與我同庚讀二年級，小時候偶而也會一起玩，可是面對穿著時髦、有時還穿華麗和服出來的她，經常穿開檔褲在地面打滾、滿身污泥而最邋遢的我，相形之下難免自慚形穢而產生強烈的自卑感。所以雖然內心十分憧憬於她，但大部分都採取敬而遠之的態度。

一九四一年四月，日本政府把小學校和公學校一律改稱國民學校，藉以顯示「內臺」（或內鮮）平等的假象。觀音鄉北海岸的草漯公學校變成北野國民學校，恩師曾建重先生改姓名為建村重一，擔任該校校長，而他的女兒昭容，名字變成建村容子。

翌年（一九四二年），昭容入學淡女。公學校時代的學姊，到了淡水卻變成我的學妹。本來她立志要考入她母親的母校臺北第三高女，但畢業於比觀音公學校更落伍的崁頭厝公學校的她始終無法如願，連續三年落第後終於斷念，只好到淡女來委屈其鴻鵠之志。

以上是我去淡女「面會」英姊時得到的消息。當時學校當局對學生的管束非常嚴格，除了男生不可踏入淡女校門一步之外，更把外出時間盡量錯開，以減少男女生之接觸機會，並禁止男女生交談，但姊弟間之相會則不在此限。

男生想要去淡女看自己姊妹時，必須說明理由獲得舍監的許可，由舍監開出面會許可書，再以電話連絡淡女的值班舍監，獲得其同意後才可以走進淡女校門。淡女有三座學寮，分別是真寮、善寮、美寮。真寮靠近淡中校內寮之隔牆邊，美寮為臺灣最古老的學舍牛津學院（建於一八八一年），而善寮位於校舍的二樓，面積最大，英姊住在善寮。

「面會」規定在晚上的自習時間。我在一年級初夏第一次進去淡女時，一大片的校園內除了蟲聲以外，什麼聲音都聽不到，反而使我有點緊張起來，頗有闖進敵陣之感。我到辦公室向舍監片山老師報告來意，體操老師片山女士叫我到二樓會客室等候，沒多久英姊出現。我們聊天不到三十分鐘就把所有話題講完，學校雖然沒有限制面會時間，但我認為姊弟見過面就已達到此行目的，況且又是在自習時間內，所以我就準備告辭。

那個時候進來一位女生，她手拿一枝看起來很像龍眼的東西，對英姊說「聽說你弟弟來，我特地來看看他」，然後把手中的東西放在桌上叫我吃。她此舉實在難為我。我看那一小枝長出幾顆像龍眼，但比起龍眼稍大，顏色是紅而非黃，殼上全是小疙瘩，有一點像木麻黃樹種子的東西，不知其為何物，當然也不懂其吃法。不久前我因為不知道什麼叫做保險絲，而在淡中宿舍貽笑大方，所以這一次不敢貿然行動，以免在淡女再鬧出笑話使姊姊難堪。我推說剛剛吃過飯，肚子很飽，我要帶回去吃。那個叫做笑子（英姊介紹給我的，或叫惠美子，發音相同）的女生沒有察覺我的深謀遠慮就揮手而去。我問英姊那是什麼，她告訴我，那是叫做荔枝的水果，和龍眼一樣剝殼來吃。她沒有笑我，因為她兩年前也同樣不知道那是什麼怪物。為了避免室友搶食我的寶貝，我坐在朱雀寮後院的巨榕爬地根上，慢慢地品嚐那一小枝荔枝。甜中帶酸又具有獨特風味的荔枝，從此成為我最喜歡的水果。

英姊在學時，我幾乎每一個學期都去「面會」一次；她畢業後，我就沒有再越過雷池一步的機會了。平常，我們的放學時間是下午三時五十分，如果沒有輪到打掃教室或寫學級日誌，在星期一、三、五的外出日，我偶而會到淡水街上走一走，主要是看看能不能買到一些食物。太平洋戰爭開始以來，淡水街上的所有商店都幾乎變成沒有商品可賣的「開店休業」狀態，除了許興隆文具店，朝日屋書店和幾家藥店以外都是空殼子。偶而能碰到香蕉、芭樂等水果，或排長列才能買到之硬如石頭的彈珠糖。在哪裡能買得到這些貴重物並不一定，必須靠自己的運氣和第六感，加上百折不撓的耐心和腳力。

有一天，我在火車站對面的裁縫店買到一大串香蕉，興高采烈地走回學校，途中遇到了建村容子。三年多不見，鄉下女孩子已經變成一位亭亭玉立的少女了。她與我同庚，但現在是學妹的身分，大概因為如此，她拿下帽子向我行鞠躬禮，我答以舉手禮，沒有交談就各走各路。我雖然很高興見到她，但讀書人出來覓食的可憐相被她撞見，是很難為情的事。真希望那一天沒有買到任何東西，空手而回。

建村桑是寄宿她臺北外婆家的通學生，所以爾後我在淡水街上遇到她的機會不少，但三年間從來沒有講過話。一九四四年十月中旬臺灣首次受到美軍空襲，淡水臺北都有相當的傷亡，警報解除後我們在淡水街上相遇時互相慶幸平安，那是唯一的例外。一九四五年六月，我當日本兵時，獲得三天休假回鄉，我和琦哥正要出門去「坑背」釣魚時，遇到來看英姊的建村桑。其後我唸大三，在謝萬利醫師家看到她時，她頭上插了一朵紅花。據我所知，那是福佬人女性新婚的標誌。

第八章　大改制

配合戰爭的改制

一九四二年四月，為了補充兵源不足，日本政府以「陸軍特別志願兵」的名義開始徵兵。校長說這是政府「內臺一視同仁」的德政，本島人的最高榮譽，並鼓勵達到役齡者勇躍志願，為國捐軀。我們心知肚明，這是日本窮兵黷武之迫不得已的措施，當然不領情這種一視同仁的德政。但爾後日本政府用盡方法迫使本島人志願，最後「阿沙力」（日語：乾脆）施行徵兵制。據日本厚生省援護局於一九七三年發表的資料，當時被動員的臺籍日本兵為八萬零四百三十三名，軍屬及軍伕十二萬六千七百五十名，總共二十萬七千一百八十三名，其中陣亡和病故者多達三萬三百零四名。以當時臺灣人口六百萬人計算，表示二百人中就有一個人被日本政府間接害死。

戰後日本政府不但對本國陣亡者給予優厚的撫卹，連軍隊解散後職業軍人也都可領終身年金（叫做軍人恩給），但面對為國家犧牲的臺灣人卻以「喪失國籍」為理由拒絕補償。後來一直拖到一九八七年，才以「弔慰金」的名目對臺灣人戰歿者遺族意思意思地支付每人二百萬日圓（僅僅等於五十萬臺幣）。其實，當時臺灣人獲得和喪失日本國籍，其原因都是來自日本，所以日本政府以喪失國籍的理由來要賴是毫無道理的。

差不多在同一時期，文部省（教育部）宣布從我們這一屆開始，中等學校的修學年限縮短為四年，暑假改為十天，以彌補縮短部分的學業。可是，後來被搶奪的暑假四十天都被用在奉仕作業（義務勞動）或陣地之建築。學課方面，由於軍方排斥敵性語言，把慣用已久的外來語都強迫改用不倫不類的翻譯日語，例如「巴士」要說「乘合自動車」，「馬達」是「電動機」，「引擎」為「發動機」，「方向盤」叫做「轉把」。這一種風氣使英文老師臉上無光，自然地反映在其教書的心態上，故而上課也就變成十分懶散，這就是日本人所云「戰中派」特徵（在二戰時期度過青春期的年輕一代。一、端出來的食物一定要吃；二、英語程度很差；三、不會跳舞）之第二項的來由。至於第一項特徵，我還沒當起戰中派之前早就具備在身，一般客家人好像都與生俱來似的。

鍋島中佐與羽矢少尉

這一個學期，我們學校終於來了一個校長盼望很久的「配屬將校」。配屬將校乃是軍司令部派遣來學校，協助學校推行軍訓的軍官。這個制度在公立中學校行之有年，但或許因為編制關係，有坂校長申請了好幾年，總是不能如願，而頭一次派遣來淡中的，竟然是官階很高的鍋島老中佐。

鍋島口齒不清。除了「我是鍋島中佐」這句話以外，他的就任致辭我完全聽不懂。三年後，我入學臺北高等商業學校時，我們的配屬將校又是已升為大佐的他。後來我被編入臺灣一三八六二部隊，部隊長還是這位綽號老鍋的鍋島大佐。

鍋島中佐是暫時性的人選，兩個月後，改派羽矢少尉來接任老鍋的配屬將校一職。羽矢少尉身高五尺七寸（一七一公分在當時算是長人），一表人材，風流瀟灑，算得上是當時「軍國少年」的偶像。

羽矢少尉的舉手禮很特別。按照日本步兵操典規定，舉手禮的要領是五指伸直，舉手後把食指和中指之間插在帽遮邊，行禮後把手迅速放下，緊貼右腰邊。羽矢少尉敬禮之特殊處在於放下時，他把右手用很快的速度放下在右腰約二十公分處，然後再慢慢地貼緊右腰。這是明顯的違規，但他是現役軍官，所以好像具有權威，可是我覺得非常難看。淡女有一位美女老師叫做松村，羽矢少尉很快就把她追到手，並結為連理。松村老師是臺灣電力公司董事千金，想必羽矢少尉是托娘家之福，沒多久就升為中尉。

兩年後的一九四四年四月，我們在宜蘭遇到羽矢老師時，他的官階已經是大尉。一位東洋大學畢業之幹部候補生出身的軍人生涯，頂多到中尉為止，但他卻不費吹灰之力，在短短兩三年間升到大尉，我們都認為是她娘家的勢力使然。

然而戰後十年，我的學長兼同學兼學弟張君（淡中早我兩屆，高商早我一年，大學同屆，後來他留級一年）在東京坐計程車時，司機問他「你是不是淡中出身的張某人」，而那位司機竟是羽矢先生。羽矢先生不肯收車資，張君請老師吃飯，還包給他二萬日圓紅包。我對能屈能伸的羽矢先生十分佩服，但想到松村千金小姐的處境時，難免大興美人薄命之嘆。

人參番薯

從這一年開始，教育當局雖然剝削掉我們的暑假，但似乎也沒有什麼確切的教導方針。以淡中來講，將開墾高爾夫球場釋出的山坡麓地改造成蕃薯農場，是我們二年級的工作。那塊地被人踐踏了幾十年，已經變成鐵板一般的硬度，普通鋤頭根本無法挖得動，就是十字鍬也要用尖的一頭才能打入土中。

我們費了九牛二虎之力才把高爾夫農場開墾就緒，並按部就班做出番薯壟，在老工友白木老師（穴瀨老人如此稱呼他）的技術指導下，把蕃薯苗種殖完畢。

我們以堆肥作為基肥，追肥使用稀釋的水肥，牽蕃薯蔓也施行如儀，但三個月後收成的蕃薯，無論形狀或大小都和高麗蔘沒有兩樣，使得具有農學士學位、自稱農林省高等官退休的穴瀨老人丟盡了面子，一大堆的「蕃薯根仔」只能滿足廚房飼養的兩頭嘴筒奇長的豬隻之口福。

提起蕃薯根仔，我就會聯想到吾友周朝榮之岳父、周羅龍先生種蕃薯的故事。周先生當彰化銀行苗栗分行經理時，在通宵海邊買了一塊法院拍賣地。地上有一棟農舍，周先生偶而也去渡假。後來他認為一塊肥沃的地放著不用有點可惜，所以買了兩支鋤頭，夫妻二人挖土打壟，種植了一大片蕃薯。他們不計成本，大量施以金肥（化學肥料），結果造出了蔓粗葉盛的漂亮蕃薯田。他們毫無農業經驗，卻能栽培出如此好成績，令周先生非常得意，甚至「偷歡喜」自己有農耕的天分，多次請朋友來觀賞他的得意作品。參觀過周家農田的人都莫不讚揚，從其粗長的蔓和闊大的葉來判斷作物之肥大量多。

因為如此，周老決定在某個星期天收成蕃薯，除了出動全家族以外，還邀請很多朋友到他的蕃薯田來共襄盛舉。周先生特地雇來一位鄰近的正牌農夫，先把蕃薯蔓割斷除去，然後驅牛犁開壟土，好讓大家去挖取期待已久的大蕃薯。結果沒有大蕃薯，整片蕃薯田出產的都是形狀、尺寸酷似高麗蔘的「蕃薯根仔」。人人目瞪口呆，不知其所以然，稍後換來一場大爆笑。

周先生說，他不知道要把蕃薯蔓橫著種在壟溝裡，只需露出一小部分的蔓頭在外面。他以植樹的要領把蕃薯蔓豎著種植，這就是造成他的傑作「高麗蔘型蕃薯」的原因。

戲曲皇民化

縮水變成十天的暑假從八月一日開始。我回到觀音，看到徐水伯的米穀倉庫兼戲院貼出演戲的廣告，大感意外。

在當時，所謂的演戲就是指採茶戲（等於是福佬人的歌仔戲）。聽說採茶戲的前身是「三腳戲」，以生旦丑三個角色演出簡單的劇本，唱一些當時在各地流行的採茶歌作為點綴，近似於現在的脫口秀表演，故也有三腳採茶之稱。後來受到歌仔戲影響，以歌仔戲為骨幹，同時吸收平劇、北管等曲調，便成為所謂的採茶戲，又名「改良戲」。

採茶戲演出的劇情都是取自中國古代小說故事，如三國演義、白蛇傳、紅鬃烈馬、薛仁貴征西、封神榜、包公傳等，所以劇中不斷地出現皇帝，在日本人看來相當刺眼。加上演戲所穿的衣裳、所用的道具以及扮裝都是「支那」的文物，對於把使用布紐的臺灣服都視為眼中釘的日本人來說，這是對皇民化運動的一大障礙。所以在皇民化推行得如火如荼的一九三八年，就開始全面禁止採茶戲及歌仔戲。

位於上街廟背右側的戲院，原本是徐水伯打算在夏秋季供作收購稻穀的倉庫使用，冬天到春天的空檔期間則當作戲院來賺錢。這棟磚柱土磚建築落成後，卻因為稻穀受「臺灣食糧營團」的統制，採茶戲遭禁演，因而閒置了三、四年，成為蚊蟲的窩。

在此之前，觀音偶而也有採茶劇團來訪。由於當時還沒有戲院，所以只好在露天演出。用木柱和草蓆把廟前廣場的四分之一圍起來，在適當的地方掛上遮眼幕，以防有人由附近民房二樓偷窺，觀眾席則是用兩支杉木排在架上的克難品。不必付租金是露天劇場的好處，日場觀眾要飽受日晒之苦是其短處，但下雨天不能上演才是最大的致命缺點。冬天當然也不適合在露天演戲。

露天劇場和外界只有一蓆之隔，裡面唱戲的台詞和歌曲，在外面可以聽得清清楚楚，尤其閻羅王出場時唱的陰森森而帶有幽憤之情的所謂「陰曲」，往往能使遊蕩在場外的小孩子們心蕩神馳，恨不得馬上衝進去一睹為快。所以，常常有人把草蓆挪開一個小縫來偷看戲，也有比較「鱸鰻」的小孩企圖從草蓆底部爬進去。為此，劇團雇有專人，對偷窺的人以小竹枝拍打草蓆來示警，對爬蓆底的人則用手按住其頭部用力推出去。

吾友無牙敏多次想爬進去看「白戲」，但從來沒有成功過。後來他心生一計，認為萬無一失。當天晚上他找燈光比較暗的地方，拉斷連結草蓆和擺在地面的杉木之繩子，掀開草蓆底部，然後屁股朝前，慢慢地後退進去。他想用此法進去，即使被發現也無大礙，因為監視員一定以為他是要從草蓆下面爬出去，所以會把他拉回去，使他能達到目的。然而事與願違，監視員一腳狠狠把他的屁股猛踢出去，使他大喊「膏秏絕代，夭壽短命」不已。

其實劇團也並非完全冷酷無情。閉幕前二十分鐘，他們會把大門打開，讓小孩子進去撿戲尾，同時期待小孩子回去替劇團做宣傳。小時候父親不讓我們去看戲，所以我成了撿戲尾的常客。

聽父親說過，他曾經和幾個朋友合夥邀請宜人京班來露天劇場表演五天，但事先未曾考慮到那幾天剛好碰到刈稻子的時期，所以觀眾非常稀少。後來只好把戲票免費贈送給親朋好友，請他們來捧場，因而虧了一筆錢。宜人京班號稱是「京班」，因此只唱西皮、二黃、南梆子、昆曲，而不唱採茶歌曲，但台詞是客家鄉親話。觀音人把梅縣客話叫做「鄉親話」，我在北埔時曾說「中壢人在外說福佬話，在家講鄉親話」，結果大家都聽不懂（北埔竹東一帶人講「海陸」，苗栗人講「四縣」）。

戰後，宜人京班還存續一段時期，我在北埔曾看過一段其表演的三國演義桃園結義。一面唱皮黃一面說客家話的京戲，難免有一點格格不入，可能因為如此，隨於正牌京戲班在臺灣慢慢茁壯，這個客家京戲班也就被埋沒在臺灣演戲史之一頁中了。

暑假歸省的第一個傍晚，我去戲台看戲。那座穀倉沒有戲院之名，大家稱其謂「戲台」。沒有鋪地板的泥地上擺滿了無靠背的長椅子，當做觀眾席。觀眾席後面放一張桌子，桌上有一盞小洋燈和一個茶杯，那是警察的座位。

演戲一開始我就發現，除了劇情以外的所有一切都大大地改變，變成不倫不類，亂七八糟，莫名其妙。以下，我把皇民化採茶戲的概況慢慢道來。

樂器：伴奏或效果用的樂器，添加了西洋鼓、小喇叭，伸縮喇叭以外，在傳統的胡琴上頭加裝喇叭，嗩吶被廢止。我不能理解當局敵視嗩吶的理由。

音樂：降低了採茶歌的地位並減少分量，以日本流行歌曲取代。例如女主角上場等大場面，就唱一大堆比較明朗的歌曲如上海賣花女等，浪漫的場面就唱蘇州夜曲、支那之夜，悲傷時唱湯之島悲歌，離別時唱何日君再來等。唱日本歌時，演員的動作、身段、表情自然和傳統的採茶戲有所不同，而這些日本歌的伴奏當然要用西洋樂器。現在電視上所看到的歌仔戲也常有唱類似流行歌曲的場面，相信那是起源於半世紀前皇民化運動的餘毒。小時候看戲，我對演員動不動就唱起無聊的採茶歌覺得不耐煩，但這一次卻對那些唱得沒完沒了的日本流行歌曲恨之入骨。

但對男演員，我看臺灣總督府的皇民奉公會都拿他們沒有辦法。你能叫皇帝、大臣唱流行歌嗎？縣太爺或員外唱起日本歌來像樣嗎？可以讓支那武官唱日本軍歌〈光榮的特別志願兵〉或〈臺灣軍之歌〉嗎？想必因為如此，男演員都按照劇情唱採茶歌、歌仔戲調或外江（又稱正音，平劇之意），而唱採茶歌或歌仔戲調時的伴奏除了胡琴以外，還加上了伸縮喇叭或單簧管，這大概是現在大陸用交響樂或鋼琴來伴奏京戲的先驅。

戲裝：他們用的衣裳也實在不尋常。皇帝（改稱城主）不穿龍袍，而是穿日本傳統禮服「羽織袴」，奸臣、高官以西式大禮服和絲絨禮帽來代替蟒袍和烏紗，一般老生穿的是有點像軍服的卡其色國民服（接近中山服），小生西裝筆挺。青衣、花旦一律是當時無人敢穿著走到外面的漂亮洋裝，視劇情尚有晚禮服、連衣裙、上下身成套裙服等之分，唯有武旦的扮裝和一般戰時婦女同樣，上身是和服（單衣）加上寬闊的裙褲。老旦之屬於上流階級者穿日本傳統女人禮服，平民角色則和武旦差不多，但上衣不那麼鮮艷。小丑的衣服是破襯衫，破短褲還要帶上一頂破乞丐帽。跑龍套的制服是日本古時消防隊員穿的寬大外衣。

化妝：生、旦、淨、末、丑之中，淨、末、丑完全不化妝。生角中唯有小生是濃妝，而且留西裝頭（戰時無人留西裝頭，幾乎都剃光頭或留平頭）。旦角中，老旦不化妝，頭髮是一般束髮。青衣、花旦當然需要打扮漂亮，頭髮則是一般被禁止已久的燙髮。

台詞：對話用客家話本來是天經地義，因為當時「做戲仔」（演員）都是窮苦家庭出身，幾乎沒有唸過書，所以不可能改說日語，即使他們能用日語唸台詞，將近一半的觀眾也聽不懂他們在說什麼，所以在這方面，照理是沒有什麼皇民化可言才對。然而最絕的是，主務當局強迫演員把稱呼改用日語，也就是父親要說歐多桑，母親變成歐卡桑。於是乎，舞台上就出現「俺介（我的）歐卡桑是你歐多桑介表妹」，「歐吉桑（叔叔），你不要怪俺介歐卡桑」之類不三不四的對話，聽起來十分可笑又怪異。現在想起身穿白色晚禮服、打扮得花枝招展的小姐手執武士刀，指著穿著大禮服、帶大禮帽的留八字鬍大漢喝道「奸宰，你害死俺介歐多桑和歐卡桑」這種場面，依舊令人不寒而慄（武打場面則用日本劍術架式）。

如上所述，經過皇民化的採茶戲雖然變成不倫不類，但來自頭份的小美園劇團演出的白蛇傳卻確實不賴，尤其是飾演白素貞的范姜廷之女的表現十分突出。她扮相漂亮，能說能唱，平劇的底子也很紮實，因而特別獲得讚揚。范姜廷先生是觀音人，其女從小就賣給頭份人家當養女，小美園來表演時，常看到他在戲台附近走動。

在戰爭陰影籠罩下，對久無任何娛樂生活的田庄人而言，皇民化採茶戲雖然有點不合胃口，但還是被視如珍寶，無論日場或夜戲，都是天天客滿。本來滑稽無比的台詞也變成見怪不怪，街上玩耍的幼童口中頻頻冒出「俺介歐多桑會打我」，「你的歐卡桑在叫你了」之類的鬼話。由此可知，日本人的皇民化運動，在這方面可算獲得初步的成功。

第九章　戰爭陰影籠罩

赤紙

度過有生以來最短的暑假，八月十一日開始進入第二學期時，川村老師已經不在校園，聽說他是被召集入伍去當二十八歲的老兵，爾後三十二年間，我們沒有他的消息，甚至對其生存與否都一無所悉。

當時，日本軍隊的召集令狀是紅色的明信片，所以俗稱「赤紙」。戰時我多次聽到「士兵的生命最便宜，國家只花一錢五厘，就要多少有多少」的譏諷話，而一錢五厘是指明信片的郵資。川村先生的命運也被一張「赤紙」作弄，在軍中浪費掉他人生中最寶貴的時光。

川村先生在暑假前，請假回山形縣故鄉結婚，新婚第三天接到來自有坂校長的電報，電文說：「召集令狀在此，請即返臺入伍。」這是多麼殘酷的事實，可是當時的「日本男兒」無不假裝將其當作無上的光榮，非踴躍接受命令不可，因此，翌日他就離開他新婚僅僅三天的太太，趕緊返臺向臺北的第三部隊（中正紀念堂現址）報到，連向淡中師生告別的時間都沒有。

川村先生在臺北接受半年訓練後，被派遣駐守當時日軍占領地區最南端的帝汶島，所幸美軍沒有攻擊該島。他在一九四六年安然返回日本，其間未曾經驗戰鬥，也沒有打過一發子彈，所以後來我揶揄老師是日本第一弱兵，他也笑著同意我的說法。

奇人

在這段時期，校園出現一個奇人，大家叫他張廣東，住在行寮隔壁、規模結構都和玄武寮相似的鬼屋裡。鬼屋徒有其名而無其實，只是因為長年失修而牆壁剝落，部分屋頂陷塌，廣闊的院子長滿蘆葦和藤蔓，所以一般人都不敢靠近。鬼屋的名稱，想必是有心人為了阻止好事之輩闖進去惹禍的苦口婆心之作。

張廣東大約四十歲人，常常在學寮附近遊蕩，偶而也會在校內出現，不說話只管傻笑。學生們喜歡逗弄他，只要給他一錢，他就會說「英語」或倒立走上幾步。他的英語講得很快，根本聽不懂在說什麼，我認為他不是在說英語，而只是發出某一種亂七八糟的聲音而已。有人說他是校友，因為用功過度而導致腦部失常，但大家都半信半疑。兩年後他被警察逮捕，鬼屋地板下面搜出大量贓物，原來他是一個偷遍淡水街的小盜，傻笑只是他的假面具而已。

有一個賣炒花生的老盲人，每晚在自習時間結束前半小時出現在淡女校門口。他叫賣聲音宏亮，有點像有坂校長，吆喝的用辭「南京豆，新土豆」是日臺雙語參半，南京豆是花生的日語，「nan kin ma me」是日語發音，「新」的日語應該是a ta ra shi，可是他只說出「a ta ra」三個音，土豆就用福佬話。老人家賣的是帶殼的砂炒花生，我們偶而用抓鬮的方式集資向他買「a ta ra土豆」，而習慣上每一個買花生的學生都要問他現在時刻，他則不假思索地立刻答以幾點幾分，非常準確，未嘗漏氣過。聽說他本來是富家子弟，年青時生活糜爛，揮霍無度，以至傾家蕩產，妻子棄他而去，所以晚年獨自淒涼。有一次他把找的錢放在手掌，我伸手取錢時摸到他的掌心，感覺無比柔軟，二十年後，自稱會看相的北埔友人楊熾浪先生告訴我說「手掌幼如綢乃是富貴之相」，我想起淡水賣花生的盲人，認為楊兄之說不甚可信。

鄉下香水

戰爭的陰影籠罩日本全國，一般生活物資普遍缺乏，本來軍方的如意算盤是從南洋獲取資源運回本國生產軍需品和民生物資，但因為運輸船頻頻遭美國潛艇擊沉而未能如願，糧食生產遞減，軍糧需求激增，故而食物的配給量越來越少。在此情況下，生活在鄉下的人尚有一些變通補救之法，例如種植雜糧或飼養家禽等，但在都市就無法可想。當時，政府雖然鼓勵一般家庭利用自己的院子或周邊空地栽種青菜豆子之類，但都市之可用空間不多，從而所獲有限。

某個星期日，我外出到臺北買書，在叔父家吃過午飯後，叔父叫我送一架照相機到陸軍醫院。陸軍醫院是位在圓山棒球場現址的一群平房木造建築物。我徒步一個小時，經過御成街道抵達目的地。御成街道是現在的中山北路一段到四段，當時日皇勅使參拜位於圓山飯店現址的臺灣神社時必須經過這一段路，而皇族貴人之到來，日語尊其謂御成（o na ri），故而有此名稱。

當時，御成街道的規模和現在一樣，今日安全島上和兩側人行道的楓樹和樟樹都是舊時留下來的路樹。御成街道兩傍是宿舍地帶，店鋪只蓋到現在的中山北路一段。二段以北除了左側的美國領事館、馬偕醫院、大同公司、右側的迎婦產科醫院（國賓飯店現址），和宮前町教會（臺灣水泥大樓現址）以外，大部分是日式平房住宅或空地。

那一日，我所經過的御成街道上，能見到的空地都種植了蕃薯或空心菜，肥料都取自一般家庭的水肥，而水肥乃是糞尿用水稀釋，所以滿街都是鄉下香水（當時有此諧稱）的味道。此事不足為奇，一九八九年七月五日我前往荷蘭阿姆斯特丹，下飛機到我四女慧美家之不短的距離間，一直聞到同樣的味道。後來在加拿大多倫多郊區也遇到同樣情況，他們把家畜的排泄物稀釋撒在牧草地當做肥料，可見洋人也是不肯讓肥水流入外人田的。

玄武寮

一九四三年四月一日，我升為三年級，班名改稱忠班，夾在學長二百名和學弟三百名之間，地位顯然提高很多。三年級有資格說教下級生，答禮多於敬禮，走起路來自然威風凜凜了許多。

我被分發到校門口前、曾經是馬偕博士公館的玄武寮，並當起了第三室室長。寮後有兩棟倉庫，其中一間改造成第七室，另一間是賣店。賣店雖然近在咫尺，可惜除了冰淇淋和蕃薯湯以外，沒有什麼東西可買。

七月初的一個星期日，玄武寮第四室的一年級生徒，新竹人中野和來自苗栗的東山二人在淡水海水浴場淺水灘玩水，雙雙被瘋狗浪捲走。學校派全體三年級學生巡視海岸一帶，星期二下午在淡水河口發現東山的腦袋，已經膨脹得慘不忍睹。指揮老師叫人找來一個木箱，將其裝在箱內，然後召集玄武寮室長輪流把箱子抱回火車站附近荒操天老師的日本寺廟安置。我早就預料會有此一差事，所以不加入圍觀人群，繼續北上尋找另一位失蹤者屍體。

第三天，在遠離淡水沙崙三公里多的海岸藺叢中找到中野的遺體，只剩下一隻腳。由其室友確認無訛後，用擔架將其運回淡水火化，翌日在雨天操場舉行告別式。

告別式上，中野和東山的父母親把愛兒的骨灰帶回家，中野君的父親代表遺族說謝辭，他聲淚俱下的致辭引人落淚。之後，兩對夫妻到玄武寮來收拾遺物。三個月前興高采烈到淡中來唸書的愛兒，於今變成骸骨而歸，為人父母之悲傷是不難體會的。

聽說中野桑是臺北高等商業學校的畢業生。一九五三年夏天，我為提領北埔被徵收土地的實物代金前往糧食局新竹辦事處，由於手續有點不齊，以致無法領到現金。我直接到處長室找處長，發現他很可能就是中野桑。林處長問我和岳父的關係，我把身分證交給他看，他看到我的學歷欄後說「原來你是臺大畢業生」，我說進臺大之前還唸過臺北高商，我是最後一屆的畢業生。他高興地說「那你就是我的後輩，幸會，幸會」，然後叫一個人來替我辦理領款手續。至此我確信他是十年前看過的中野桑，但我怕他傷心而不敢言及中野君的事，等候領款時只談母校的事情而已。

玉碎

中學校的軍訓課從二年級開始進入執銃（操槍）訓練。淡中有二百多支三八式步槍，所謂三八式步槍，是日本陸軍在明治三十八年（一九〇五年）日俄戰爭時使用過的步兵槍，每次使用過就必須分解清掃，所以每一支都擦得閃閃發亮。

有配屬將校的學校，必須接受一年一度的查閱。所謂查閱，乃是由軍司令部派高級軍官來審核學校軍訓成果的檢閱，內容包括夜間行軍、閱兵分列式、徒手和執銃各個訓練、戰鬥訓練等。成績分成優良、大略優良、良好、大略良好、可、大略可之六個階段。校長說獲得優良成績就放假一天，結果兩次都是「良好」的評定。經過將近一個月的事前鍛練，每一個學生都筋疲力盡，爾後就因戰況告急而作罷。

一九四三年，太平洋戰爭已經打了一年多，日本海軍在一九四二年六月的中途島作戰吃了敗戰，一舉被擊沉航空母艦四艘和重巡洋艦一艘，此外重巡洋艦一艘、驅逐艦三艘、戰艦一艘遭受重創，另外失去三百多架飛機以及無數熟練的飛行員，從此一蹶不振。一九四三年四月，當時日本人的精神依託，聯合艦隊司令官山本五十六陣亡在布干維爾島布因基地上空。五月二十九日阿圖島守備隊全被殲滅，七月末放棄吉斯卡島，十一月馬金和塔拉瓦島守備隊全隊犧牲。

一九四四年二月，卡瓦約勤、呂奧特守備隊全軍覆沒，繼而在印普哈、緬甸、關島、塞班島、萊特島、菲律賓等等，各處任憑盟軍蹂躪，至一九四五年八月之無條件投降為止，日本始終沒有任何招架之力。

一九四一年一月八日，日本以陸軍大臣東條英機的名義頒布所謂的《戰陣訓》，以規範戰時全體陸軍官兵之應有的覺悟。其中有一段「生きて虜囚の辱を受けず，死して罪禍の汚名を殘す事勿れ」（日語：生不受虜囚之辱，死勿留罪禍之汙名）的字句。日本陸軍長年以來澈底灌輸忌諱在戰場成為俘虜的觀念，一九三九年五月滿蒙國界上發生日俄紛爭，在這場「諾蒙汗事件」裡日軍大敗，出動兵力約五萬八千人，其中傷亡多達約一萬八千人。事件解決後，由俄蒙軍送回的俘虜約二百名，他們被隔離收容，其中軍官經過非公開的軍法審判後被迫自盡，士兵大部分被送到蘇滿國境從事陣地構築，以便掩蓋此一事實。

戰爭期間，日本人羞辱別人時的最嚴厲用詞是「非國民」。非國民是不忠不義、無資格當日本人的誹謗之詞，被罵者頗有無地自容之感。在戰場不死而被俘者，就是頭號的非國民。因為如此，每當守地失守、守兵沒有退路時，日軍就寧為玉碎不為瓦全。在毫無勝算的情況下，反覆採行自殺式衝鋒直至最後一兵為止，日本大本營稱其謂「玉碎」，在報紙上大肆加以讚揚，藉此振奮國民的敵愾心。

一九四三年五月二十九日，山崎保代大佐以下約二千六百名阿留申列島「阿圖島」守備隊將士，經過十八天激戰後全數陣亡，大本營將阿圖島全滅一事美其名為玉碎，而這是日軍在太平洋戰爭中各地玉碎之嚆矢。塔拉瓦守備隊約五千人，馬金守備隊八百名中半數以上是軍伕，其中除了約一百名朝鮮人投降外全部玉碎。

賽班島守備隊約四萬三千名大部分玉碎，幾百名男女日本住民也成為《戰陣訓》草菅人命的犧牲品，選擇跳崖自殺。不肯投降的橫井庄一兵長在關島的密林滯留二十八年，小野田少尉在菲律賓山中度過三十一年歲月，甚至花蓮原住民中村輝夫（李光輝）之獨居印尼莫洛泰島三十載，都是《戰陣訓》之受害者。

防空壕

由於戰局逐日惡化，美軍的空襲顯然即將來臨，因此政府命各級機關學校等積極建設防空壕，同時指導各家庭建造防空設施。我們家後菜圃地勢高於住家地面，所以工事比較簡單。在苦楝樹下挖出寬二公尺、長五公尺、深一公尺半的壕，周圍砌磚牆再貼上木板，上面架了木麻黃原木，灌上水泥，再鋪上一公尺厚的泥土，上面種植草皮，入口設在家後門附近。另外裝有一條直徑約二十公分的石棉製通氣管，頭上有苦楝樹遮蔽（冬天落葉時不算），結構堅牢。

我認為父親的設計十分高明，但淡中的大防空壕卻可說是笨拙。沿著淡水小學隔牆的長型大防空洞一半浮在地面，能夠容納四、五百人，但如果遇到緊急情況時，雙邊入口不可能在短時間內收容幾百個人員。加之，萬一被炸彈擊中，淡中全部師生很可能遭到玉碎之厄。後來果然不出我所料，美軍轟炸淡水時，大家根本就來不及集中逃入大防空壕裡，各個跳入附近自己挖的、名叫「蛸壺」的地坑避難。在記憶裡，我從來沒有進入過大防空壕。

蛸壺（ta ko tsu bo，蛸是章魚，蛸壺是利用章魚喜歡進入甕中的習性，而擺在海底捕捉章魚之口小肚大的陶甕）的直徑約六十公分，深一公尺半，頭帶鋼盔後蹲下去，其安全性不遜於一般防空壕。蛸壺挖造容易，不用器材，出入方便，偽裝簡單，通風良好，隨時都可以窺探敵情等等，好處甚多。缺點是下雨時容易積水，雨後必須立刻汲乾泥水備用，另外就是怕有蛇蠍之類掉進去，所以務必勤於巡視，以策安全，尤其暗夜更需特別小心。

第十章　物資匱乏

雞嬷春制服

入學時，學校給每個人配給兩套卡其色制服，但經過兩年多粗暴穿用後，已經變得破爛不堪，尤其雙膝和手肘部分，每個人都補了再補，學校只好准許學生各自設法獲取制服，只要是國防色（卡其色），對質料形狀就放寬認定。

母親找出一塊暗黃色窗簾，我在寒假的一個下午騎腳踏車到大道公廟部落，找開裁縫店兼妓女戶的「雞嬷春叔」替我縫製制服。

按照淡中最原始的規定，學生必須穿編上靴（短筒皮鞋），我們入學時放寬規定，容許橡膠底布面的短筒鞋或地下足袋。足袋（ta bi）是一種腳尖開叉的厚布襪子，日本人在室內穿用。十九世紀末，九州人石橋正二郎把橡皮貼在足袋底，取名「地下足袋」出售，因而發了大財。石橋後來開始製造輪胎，把自己的姓倒過來，命名為橋石輪胎（Bridge Stone Tire）而大獲成功。

日本陸軍行軍時穿用地下足袋，當時大陸上許多中國人以為日本人的腳尖和螃蟹一樣分成兩叉。我在北埔造林時都穿此物，有一位外省人問我穿那種東西會不會很難受。其實地下足袋穿起來輕爽又貼腳，姆指部位能用來止滑，所以直到一九五五年仍有部分勞工穿用此一日本治臺時的遺物。

戰爭到後來，無論編上靴或地下足袋都難以入手，學校就乾脆允許穿草鞋。草鞋雖然價廉，可是不耐用，最長壽命不超過十天，所以我們得學習做草鞋。做草鞋從搓草繩開始，現在我還會搓繩子，但做草鞋的技術已經忘記了。草鞋的另一個缺點是不適用於下雨天，尤其是冬季。一旦弄濕，穿起來就非常不舒服，而且很快就爛掉。

我們的圓頂制帽本來就摻有人造短纖維。這一種人造纖維不耐用，經過兩年多的淋雨日晒後彈性全失，破爛不堪。學校允許以陸軍戰鬥帽取代，戰鬥帽所需布料不多，我請母親替我縫製一個，用到畢業為止。

在此順便一提，日本舊陸軍戰鬥帽後面的垂布是遮陽用，這種帽子專供於派遣華南或南洋等熱帶地區的軍隊，但出現在臺灣電影或電視上的日本兵，不管在內地或寒帶，不分晝夜或室內室外，一律把遮陽布放下來，那是有悖常理的。

奇絕怪招

一般民生物資普遍缺乏的情況下，社會上出現不少奇絕怪異的事象。

有一天我看到一個人騎腳踏車，發現他的輪子沒有輪胎，而是以粗草繩來代替。騎士滿頭大汗在踏腳蹬，但無法跑得快，我相信那台車的輪輞馬上就會報銷。後來出現一種沒有內胎的不爆輪胎（No puncture tire），是用再生橡膠做的實心輪胎。我試騎過此物，在柏油路面尚稱管用，但騎在石子路上就很慘。

香菸是不定期配給。大部分都是散裝，要大排長龍才能買到。配售的支數視當天的配給量而定，一般都是每人三到五支，對菸癮很大的所謂「菸蛇」來說，如此數量根本就無濟於事，於是怪招紛紛出籠。有人用鋏刀把菸支剪成小節，插在菸嘴來抽，有人摻入茶葉或松葉來增量，真正沒有辦法時，有人乾脆抽茶葉或松葉來過乾癮。菸葉在臺灣任何地方都能生長，所以在自己院子或偏僻的地方偷栽幾根晒乾來抽，應該比抽茶葉或松葉強得多，但沒有人敢以身試法，可見當時臺灣人守法的程度。

中日戰爭陷入進退維谷的局面以來，日本政府逐漸實施「統制經濟」，把重要物資納入管制支配。例如糧食生產者包括農民、地主，除了政府規定的自用量以外，其餘部分必須全部賣給食糧營團（糧食局的前身），再由食糧營團按所需予以分配，作為軍糧、配給米、製酒、食品加工之用等。此法執行之難處在於掌握生產量，政府按照田地好壞分「等則」，並依等則定下標準生產量，然後在稻子結穗時，由管區警察、保正、甲長、生產者等人觀察實際情形，來調整判定生產量。在此場合，農人和甲長根本沒有發言的餘地，警察又對稻穀生產一竅不通，所以保正就是關鍵人物。

作物收成後，農民必須根據鑑定結果，把核定的稻穀數量運交農會，若是無法如數繳穀，則有日本的牛鞭伺候。當時，日本警察都十分尊重我父親，所以父親能夠放膽去袒護農民。日本戰敗前，觀音保農民沒有半個遭日本人鞭打之災，這是父親得意的話題，但其他保甲的農民就沒有那麼幸運。

家庭飼養的豬隻也在管束之列。庄役場派保甲書記造冊列管各家養豬情況，視其發育狀態來決定家畜市場收購日。在當時，匿報豬數或以小豬調換大豬賣給私宰者之事時有所聞。私宰的豬肉都賣給知交，所以不容易被檢舉，萬一被逮到，一場毒打和重罰金就無可避免。

在如此情況下，「闇取引」應運而興，也就是黑市買賣。當時所謂的黑市買賣只不過是少數的糧食或肉類，其餘工廠生產的重要物資都在政府周密的管理下，所以應該對整個統制經濟沒有多大影響。但執法嚴格是日本警察的天性，除了到處明查暗訪外，每一處火車站都有穿便衣的經濟警察在徘徊。

有一次，我在中壢火車站排列買票要往淡水，不知道什麼時候來了兩個人，亂翻我放在長椅上的背包。我走過去怒吼一聲「你們幹什麼」，其中帶眼鏡的老傢伙問我背包裡面裝什麼，我說你們管不著，老傢伙勃然大怒，說我生意氣（日語：傲慢），並要我隨他去警察局。騎虎難下的我大喊，你能以生意氣的理由來抓人嗎？他可能認為在眾人環視下被一個黃口孺子問住，是嚴重損傷他日本人的尊嚴，所以嚷嚷著要到警察局調查我的背包。我說背包裡面除了一瓶花生鹽（花生打碎，和鹽巴炒在一起，戰爭時期最好的配飯食物）以外都是內衣和書本，你們現在就可以在此地調查，何必小題大作，可是那兩個傢伙不肯放我，堅持要我去警察局一趟。當時才中學三年級的我，面對一日一臺之面目可憎的日本人，心裡有一點害怕起來。

後來我想出一則妙計。我說，我非搭這一班火車回淡水不可，因為我志願了少年飛行兵，明日一大早要參加考試。這是最冠冕堂皇的理由，他們聽到少年航空兵就互相看了一眼，但還是那個老日本比較狡猾，他追問我明日幾點幾分在哪裡舉行考試，我答以那是軍隊機密不能奉告，並且將了他一軍說：「如果不信，你可以打電話找我們配屬將校羽矢中尉殿（對大佐以下的上級官，以「殿」來稱呼，將官的尊稱是閣下）查證。」

這一招確實管用，他們惹不起現役軍官，加上我沒有犯法，所以丟下一句「以後你要給我小心」後，就去物色新的獵物。聽說運潮兄也碰上同樣的遭遇，那個老日本在月台發現運潮兄的包袱裡面有一瓶花生鹽而開始問長問短，眼見火車快要到站，覺得不耐煩的運潮兄突然發飆起來：「這是我家自己種的花生，數量又這麼一點點，難道這也成為取締的對象嗎？如果你懷疑我會拿這個東西去做闇取引，我就將其敲破在鐵軌上。」老傢伙自知理虧，只好說一句「生意氣的傢伙」就讓他上車。的確，當時的中學生自尊心很強，正如那個老日本說的，有一點「生意氣」。

由於無法避免即將到來的美軍空襲，日本政府開始配售鋼盔，並呼籲民眾出外時必須隨身攜帶。學校規定上下學或外出時必須背著鋼盔行動。當局解釋，鋼盔除了抵擋敵機機關槍子彈和炸彈碎片以外，防止友軍高射砲彈碎片所造成的傷害，才是主要目的。此話一點都不假。

當時嚴重缺乏金屬類，所以政府開始半強制地蒐集民間的鋼鐵。我們家店面玻璃門上頭玻璃窗的鐵條換成木條，各地的銅像紛紛被拆下來，馬偕博士的胸像也變成砲彈原料，機關學校或私人住宅的鐵門都難以倖免。

在此情況下，鋼盔的配售量自然有限，所以多數人只好退而求其次，各自用布和棉花來製作防空頭罩，也有人發明用較厚的孟宗竹造成鋼盔形狀當作代用品。這一些代用品對砲彈破片可能有一點用處，但，如是遇到子彈射擊，想必毫無效果可言。

此一時期，在臺北街頭偶而會看到「代用咖啡」的招貼，聽說是把龍眼核打碎炒焦之一文不值的東西。終戰前，我只知咖啡之名不知其味，本來不感興趣，但在當時環境裡，凡是能入手的東西，大家就得買進來以備日後之用，或當作物物交換籌碼。因此我也曾經買過多瓶烏酢回家，家人沒有用過烏酢，但發現加在肉粽上別有一番滋味而大加讚賞。

檜木油是用檜木廢材或木屑煉製的燃料油，當時使用在部分臺北市營巴士。在我的記憶裡，使用檜木油的巴士引擎聲特別清脆，而車子走過後能聞到一股檜木香。檜木油產量不多，所以鮮為人知。後來，日本政府動員全國民眾收集伐採過的松樹舊樹根，來蒸餾所謂的松根油，打算精製後摻在高辛烷值汽油裡面當航空燃料使用，試驗失敗後只好供小型漁船使用。然而臺灣島內松樹不多，所以產量也極為有限。

這個時期的臺北市營巴士一部分為「木炭自動車」，自動車即汽車，木炭自動車就是靠木炭瓦斯行走的汽車。巴士車廂後面裝上巨大的木炭瓦斯發生器，在此燃燒木炭，用其產生的木炭瓦斯來推動引擎。由於木炭燃燒緩慢，發生的瓦斯量不多，因而巴士的速度比腳踏車快不了多少，爬坡力也很差，有時司機不得不要求部分乘客下車走一段路來減輕負荷。但這種汽車的特長在於汙染小，燃料又能再生，因此我想值得進一步加以研究改良，如今的再生能源就是一樣的概念。

木管也是這個時代的奇特產品。選擇組織緻密的木材製成長條，把其中心穿通，就成為鐵管的代用品。木管粗大而笨重、不耐用、怕火、怕衝擊、怕日晒，全無彈性等等，缺點之多無以倫比。但當時確實有人需要水管，在無可奈何的情形下，只好勉強當作暫時性的代用品。

再來是輔幣。隨著國力的衰退，其材質也一落千丈。日本明治維新後，發行的輔助貨幣是銀幣。日本領臺後兩年的一八九七年七月設立臺灣銀行，並發行一圓以上的紙幣臺灣銀行券，專供臺灣島內流通。至於日本內地使用日本銀行券，一九一〇年被日本併吞的朝鮮則是朝鮮銀行券。日本銀行券、臺灣銀行券、朝鮮銀行券三者幣值完全相等，但不能互相流通，惟輔幣則一律由日本銀行發行並流通全國。早期的輔幣是銀幣，因而我們客家人稱其謂「細銀仔」或「銀角仔」。而明治政府初期也曾發行銅幣，有一厘、半錢、一錢、二錢等四種。

一九一七年，日本政府把十錢和五錢銀幣改成白銅幣（銅七五％，鎳二五％），並在其中央留一個圓孔以防止偽造。一九三一年，日本引起滿洲事變（九一八事變），並於翌年樹立所謂的「滿洲國」，進入「十五年戰爭」時代。一九三三年，政府把十錢和五錢的白銅幣改為鎳幣。鎳為砲管、齒輪、軍艦甲板等特殊鋼鐵的重要原料，所以鑄造這種貨幣具有潛在目的，是為了將鎳大量儲存於民間，有事時回收作為軍需之用。

一九三七年七月中日戰爭爆發，翌年廢止五十錢銀幣，而發行五十錢紙幣予以代替。十錢和五錢的鎳幣也改為鋁銅合金，一錢銅幣則變成鋁幣。一九四〇年，鋁銅合金的十錢和五錢也改為鋁幣。

到了一九四四年末，日本政府準備製作陶幣，以取代極端缺乏的金屬材料。但尚未發行前就戰敗了。據說其種類多達十種以上，一部分在終戰的混亂時期被偷出，於今在收藏界成為奇貨可居的搶手貨，價值連城。

至於肥皂的原料，包括動物脂、植物油、苛性鈉、碳酸鉀等，其中之動物脂，戰前多半是仰賴鯨油及牛油，植物油則大部分取自進口乾椰肉的椰子油。戰爭使這些物資的來源中斷，所以肥皂早就消聲匿跡，一般家庭都不得不尋找代用之物。

小時候，我看過母親用「茶箍」來洗臉或洗衣服，我岳母晚年還用其代替洗髮精。茶箍是油茶樹子榨油後留下的褐色固型渣，圓型直徑約二十公分，厚度約二公分。箍是車輪之意，茶箍之名稱想必是由其形狀而來。客家人把肥皂叫做「茶箍」，切成小塊來使用，也是由來於此。童年時，聽到鵓鴣鳥叫，我們就跟著唱：「鵓鴣鴣，去新埔，買茶箍，洗白白，上眠床，打滴噠。」

油茶樹又名山茶樹，山茶油是良質的髮油，母親年輕時都使用此物。它可以當作食物油，聽說能降血壓，木匠等高級工具的防銹也用山茶油，我們保養步槍所用之「椿油」也不外乎是山茶油。

茶箍是最佳代用品，但產量少，產地又是如兒歌所唱的偏遠山間地帶，所以一般人根本無法取得。有人使用無患子，把無患子捶爛，包在衣服裡搓揉就會起泡，但效果值得懷疑，充其量頂多是「打屁安狗心」（客語）的程度。聽說還有人使用白粘土來洗衣裳，我想此法或許有一點科學根據。

淡水街丘陵地帶是古老的住宅地，因為地勢所逼，道路狹窄彎曲並且不規矩的縱橫交錯，其複雜往往使陌生人迷途而找不到路出去。淡水鎮商店街沒落、變成徒有其表的空殼子以後，我們外出的目標改為山腰住宅地帶。我們知道在那裡有幾家民宅客串賣吃的，有兩家賣雞肉焿，有一家賣的是螺肉焿。其烹飪方法，三家都是加澱粉和其他蘿蔔、胡蘿蔔等煮焿，此法能增加顧客的飽足感，但最主要的目的是要隱瞞材料。頭一家的雞肉其實是狗肉，第二家的摻粉炸雞碎肉是青蛙，螺肉則並非海螺，而是陸螺非洲大蝸牛。我們都知道他們的商業機密，但大家心照不宣，反正加上大量的香菜和烏酢，當時覺得味道還算不賴。

終戰後，蘇俄把在滿洲投降的十幾萬日本兵帶到西伯利亞從事強制勞動，只配給少量的麵包和水。在酷寒、勞動和營養失調的三重壓力下，死亡人數不斷增加。後來他們把所有能入手的生物，包括蛇、青蛙、老鼠、蜥蜴及昆蟲類等通通嚥下去，作為貴重的蛋白質來源，來苟延殘喘，最後才僥倖返回日本。

當年，我們吃被一般人認為是異物的東西，不外乎是出於人類求生之不得已的潛在需求。也就是說，所謂的異物如果換了個空間和時間，很可能就身價百倍。

這個時期，日本政府鼓勵民眾學習吃野草，並派人指導鑑別可以食用的種類。到處都有的豬嬤耳（馬齒莧）美其名謂珍珠菜，以及另外一種昭和草比較容易採收，聽說味道也不錯。我沒有嘗試過，但戰後無人繼續食用。如今講究有機飲食，又流行起來。

有一段時期，我們學寮改吃糙米。糙米只把稻殼取掉，未經舂白，未除米糠，日語稱其為玄米。幼年時，觀音地區只有一家碾米廠。上街周鏡明先生的碾米廠以柴油發動機為動力，規模小，碾槽只有一基，生產能力有限。一般農家都是用人力來除殼和舂米，所以周家碾米廠的生意甚差，門可羅雀。

塘背老家「大目宏」宏景伯隔壁有我們第三房共有的礱坊，我們稱其謂礱間或米碓間。礱間設備有碾除稻殼的磨穀礱、石舂臼、舂杵四支、幾隻篩子和一台風車。磨穀礱用來除穀殼，構造及機械原理與磨米漿的石磨差不多，但體積卻大十幾倍，而且製造的材質完全不同。石磨的材質百分之百是整塊石頭鑿成，而磨礱是由竹子、泥土和木質礱齒構成，外邊是竹皮條籤所編成的圍屏，裡面是舂固的粘土，鑲在礱腹上下段用來磨開穀殼的礱齒則是硬木赤柯的薄片。

挨礱時，一個人不斷用插箕把稻穀倒進礱頂的送料口內，兩個壯丁猛推礱鉤，磨過的穀子從腹部溢出四周地面。礱過的稻穀用風車來把糙米和礱糠分開。礱糠除了可用來摻入粉刷土磚牆的底層泥漿（客家話滋泥）以減少龜裂以外，它的唯一用途是燃料。觀音地方不產柴薪，一般人家除了自已生產的稻草或取自海岸防風林之少量麻黃樹落葉以外，幾乎每家都要購買煤炭來補充不足。礱糠可以當煤炭的增量劑助長其燃燒。另外有一種專門使用礱糠的爐叫做「礱糠灶」，把礱糠裝入設在高處的礱糠槽內，以開關調節礱糠的供給速度，成本便宜而使用方便。然而礱糠燃料起火難，耐火性很差，所以礱糠灶較適用在餐廳等經常性用火的地方。

現在一般家庭廚房大部分使用煤氣，連北埔深山都自北埔用機車載煤氣筒進去。俗諺「揹柴入山」本來是諷刺不合情理的事，但於今已經變成司空見慣的情景。

第十一章　動員

奉公

一九四三年夏天，過完十天暑假的八月中旬，政府對我們學校三年級以上學生下達第一次為期兩週的動員令。我們三、四年級的任務是建造北新庄子電波探測器基地營舍的掩蔽土牆。當時日本還沒有雷達，全靠性能不佳的「電探」來探知敵機動向，臺灣北部的防空都仰賴此一基地，所以我們的任務不能視若等閒。

北新庄子位於大屯山中腹，淡水東南方約十二公里處，但我們的宿營地設定在離北新庄子六公里遠的水硯頭國民學校，所以每天必須跑往復三個小時的冤枉路到現場挖土，築成長六十公尺、高三公尺的「掩蔽壕」土牆。

總指揮櫻井老師是軍訓教官，但其官階只不過是軍曹（中士）。自從有村曹長被召集後，軍訓課一直由米村和梅谷兩位教官擔任，但由於學生數增加不少，兩位老教官已經應接不暇。曹長換來一個軍曹，學生之間難免有些輕視櫻井先生。櫻井先生多次自誇，他本來是東京體專的學生，但他父親在他畢業前一個月病逝於臺南任所，迫使他不得不回來臺灣，後來沒有再去學校，因而拿不到畢業證書，不然他可以考「幹候」，現在的官階最起碼是少尉云云。不過我們都知道，中等學校畢業生就有報考「幹候」的資格，所以不相信他的吹牛。此外，我們認為如果他是從士兵幹起的職業軍人，在戰時用人迫切的時期，不可能讓未屆退役年齡的人只升到軍曹就退伍。我們推測，他一定不是很好的「兵隊」。兵隊是日語的兵士之意，照其字義來講應該是複數，但單數也是如此稱呼。太平洋戰爭開始前，一般人幾乎沒有接觸軍人的機會，開戰後臺灣全島駐兵二十幾萬，分布於各地每個角落，不會講日語的鄉下人就用台語叫他們「阿兵哥」，此一稱呼沿用於戰後來臺的中國兵至今。

有一天下大雨，我們無法作業，所以在宿所休息。櫻井軍曹突然進來大喊「大家維持現在的姿勢聽著」，然後下達當晚不寢番（日語：守夜者）的名單。那時大部分同學都坐在教室地面用稻草鋪成的床上玩牌、下棋或聊天，唯有我一個人趴著看書，軍曹便走過來大吼一聲「無禮者」（bu rei mo no）。

按照日本陸軍的規定，直屬長官出現在營內居住所（叫做內務班）時，第一個發現者要大喊一聲「敬禮」，在室者全員必須立正行禮。但如果長官不希望驚嚇大家，一般習慣上先開口叫大家維持現在的姿勢云云。

「無禮者」是古時武士階級怒吼的口頭語，武士在日本滅跡後八十年間仍然延續其俗。櫻井先生看到我趴著不動，可能是他平時的自卑感受到刺激，因而繼續大聲責備我不尊敬他。

嚴格說起來，我是聽從他維持現在姿勢的指示，照理沒有什麼錯，可是秀才遇到兵，有理說不清。同時我也自我反省，注目聽老師說話是應有的態度，所以只好默默聽他的一大堆嘮叨。

古時兩個武士擦身而過，腰間刀鞘相碰的一剎那，雙方異口同聲冒出來的怒聲必定是「無禮者」。武士刀是日本武士道精神的象徵，尊其為武士之靈魂而愛惜如命，因刀鞘相觸而引起交鋒，比比皆是。

隨著封建觀念式微，無禮者一詞很快就變成死語（廢詞），於今找遍辭典都不能發現這句封建時代的遺物。如果現在你向日本年輕人大喝一聲「無禮者」，保證會認為你頭腦有問題。

言歸正傳，掩蔽壕對大小炸彈都起不了作用，可是面對敵機的機槍掃射卻有相當的防護功能，所以軍用機場周邊都造有不少的掩蔽壕，用來保護飛機。當時建造這一類設施的人工全靠奉公。所謂奉公，就是要求民眾把血汗奉獻給國家，以神聖不可侵犯的藉口所採行的強制勞動。奉公除了提供伙食和住宿場所以外，不計任何酬勞，而其伙食之壞眾所皆知。戰後聽臭頭驍說，他去桃園機場現址的大園軍用機場做奉公一個月，其間吃的飯是米薯參半，配的菜是三十天如一日的空心菜湯。有一天無牙敏看見菜湯中浮著一小塊肥豬肉，高興得不得了，但再仔細觀察，發現那塊浮遊物的真正身分竟然是一條白色蛞蝓。當時身為主要徵集對象的未達役齡青少年，個個莫不談奉公色變。

集體抗命

電波探測器基地的作業完畢後，一直到學年末都不再有較大規模的動員，但零碎的支援性奉公作業則斷斷續續地找上門來。包括搬運海岸防線陣地構築用石頭，以及供應修補舊砲台所需砂石，這些是在不妨礙學業之範圍內，時間不超過一星期的奉公。

舊砲台位於淡水高爾夫球場邊，淡水神社後面，建於一八八四年中法戰爭。砲台是環繞著中庭的圓形磚造建築物，外牆厚度約三公尺，高約十公尺，門樓上刻有劉銘傳所題「北門鎖鑰」的褪色紅字。當時砲台雖受法國艦隊砲擊而多處受損，但守兵最後仍殺退登陸來攻的法軍。日本占領臺灣後把砲台廢棄，任憑野草藤蔓跳梁跋扈。太平洋戰爭爆發後，日軍似乎也沒打算啟用這座舊砲台，但後來駐軍規模日益膨脹，接近海岸防線的這座巨大建築自然有其用處，於是我們就遭了池魚之殃。

在此之前，我偶而會一個人跑到砲台上面徘徊，欣賞臺灣八景之一的淡水河口景色，獨自耽溺於弔古幽情。但從此該地變得防備森嚴，再也沒有機會進去。我不知道舊砲台的新任務，聽說改成火藥庫，也有成為軍糧倉庫之說。

河邊的公路旁堆滿奉公的牛車運來的砂石，從公路到砲台約有七百公尺的陡坡，這一段山坡路的搬運工作，得我們全體三年級來負責。兩個人扛一大畚箕的砂石爬坡，雖然不很重，但山路陡峭加上腹中無物，在炎熱的大太陽下作業相當辛苦，上下坡走一趟約費半小時多，一天約走十二、三趟，而指揮者正是老狸。

最後一天，老狸想占學生的便宜，宣布扛完十五趟就收工休息。不料大家突然勇猛精進起來，不到下午三時就把十五趟搬運完畢，並紛紛把工具放下來，準備返校休息。但老狸意圖耍賴，以時間尚早為由，下令再扛五趟。大家集聚一團、愛理不理，老狸突然大聲叱喝作業開始。

我們很快就做了決定。孝班級長楊夏三郎發令「集合，跑步，走」，全體學生把老狸和另外二位監督老師留在現場，跑到校門口就解散回宿舍。我們三年級全部正副級長準備接受校長的指責或處分，但後來什麼事都沒發生。想必是老狸因為理虧而不敢向校長報告，不然就是酒桶認為此事辦起來棘手，因而採取不聞不問的態度，使事情慢慢淡化而不了了之。這是我在淡中四年間唯一近似集體抗命的例子。

武術比賽

這個秋天的武術比賽，淡中出賽的三個項目全獲冠軍。弓道向來無敵，銃劍（刺刀）術是第一次出賽，而劍道在過去幾乎都屈居亞軍，一直無法打敗日本人學校。劍道是日本傳統武術中最重要的項目，所以日本人拚死拚活也要保持其盟主寶座。去年比賽敗給臺北一中回來後，大平好一老師說，在關鍵打擊時裁判的判斷有差，聽他口氣，頗有為臺灣人叫屈的味道。所以這一次出賽選手五人，以四勝一負的成績獲勝，使日本人輸得心服口服。看到自己弟子在國粹武術方面能凌駕日本人，有坂校長之滿足和得意是無以復加的。

刺刀術教練是櫻井軍曹，聽說他在營中服役時是聯隊第一高手。經過他的培育，果然首次參賽就一鳴驚人。雖然我們考入淡中是為了唸書，不是為學習殺戮而來，但贏總比輸好。我入學臺北高商後不久，有位北一中畢業的同學譏諷淡中的刺刀術贏得不漂亮。我也受過刺刀術訓練，所以能夠理解其論點。

刺刀術是一種搏鬥術，以上了刺刀的步槍為武器，訓練或比賽時使用尖端裝有橡皮墊的木槍，唯一的攻擊目標是對手的左胸心臟部位。對打時的裝備是劍道防具，再加上一具厚而牢的「肩擋」來保護左肩及胸部，勝負之判定則在心臟部位的「刺突」。按照教練教科書的指導，刺突必須把渾身力量集中在刺刀尖端，在劍身一致的體勢下正確地衝刺敵人心臟部位。

櫻井軍曹所教的基本動作也沒有脫離這個原則，但實際運用時，他就不再墨守成規。比賽和實戰不一樣，不必決勝在一剎那間，所以有充分的餘裕來伺察敵人的破綻，一旦有可乘之機，即以疾雷不及掩耳之勢「刺突」對手，而此速度便是取勝的關鍵。撞球式的刺突，亦即放鬆左手握力，用右手把木槍推出去，速度確實遠比按規則全身突進的方法快得多，而且使對手防不勝防。此法在實戰也許不太適合，但如果動作得宜，比賽時能勝人一籌。淡中生慣用這個撞球式偷襲術，但並非全靠此一偷吃步獲勝，平常不愛讀書而專練此術才是勝利的真正要訣。

消防訓練

一九二三年九月一日，東京橫濱一帶發生了關東大震災（燒毀四十萬戶，死者十萬傷者五萬餘人）。日本經此慘痛教訓，充分體認到火災的可怕，為了抵抗燒夷彈，遂規定每家每戶必須準備消防用水、消防用砂、厚稻草蓆，並在屋子前面擺設打火棒。

消防用水要裝在二百公升以上容量的木桶或水泥槽內，同時規定水中必須飼養一些小魚，以防止蚊蟲滋生。消防用砂放在大木箱裡，以免變成野狗的小便所。打火棒長約四公尺，則是在竹竿前端繫上七、八條約四十公分長的粗草繩，用途是將其沾濕來打熄零碎飛散的星火。

我參加過燒夷彈的消火訓練。燒夷彈點燃後，粗大火花猛向四周飛散，消防士先用水潑，結果火花反而噴得更高更遠，我們才得知無法直接用水撲滅燒夷彈。接著，消防士把泡濕的草蓆覆蓋在燒夷彈上，再把裝滿在桶子的細砂倒在草蓆上面，然後持續潑水。經過如此處置後，燒夷彈依舊在燃燒，只是其火花都由草蓆和砂來承受而不飛散，潑水的目的是為了保持草蓆濕潤，防止其被火花燒掉。由此可知，我們無法熄滅燒夷彈，只能封鎖其火焰肆虐，迨至其本身燃燒完畢。

消火的供水手段是採取水桶傳遞，十幾個人以兩公尺距離排成長列，把水桶從水源一手接過一手，送到最後一個人處，水桶的水潑在草蓆上面後，又把空桶逆傳回水源。一再反覆的訓練務求迅速熟練，負責傳遞水桶的女人吆喝嬌聲此起彼落，令人有種看熱鬧的氣氛。

在那個時代，到處都能看見消防訓練，也聽得到傳遞水桶的吆喝聲。隨著動作之熟練，人人都彷彿當時政府張貼的標語，充滿了「有備則無患」的自信。可惜後來這種自信不堪一擊，美軍大型轟炸機群投下的燒夷彈，雨滴般地大量散落在廣大範圍，根本就應接不暇，其中部分落在屋頂上，飛散的火花更燒遍了庭園樹木。所謂的「家庭防空群」連自身都難保，紛紛逃命，潰不成軍。

天寮與洋人公墓

三年級春假結束前四天，我照例帶領觀音國校畢業生來淡中參加考試。這一年的考生較多，我們一行人借宿玄武寮三室，以乾糧和街上買到的桶柑度日，雖然這一年的招生人數增加為四班二百名，但被錄取的只有我三弟運淮和老將廖秀二人。

在校外寮住了三年後，我四年級的宿舍被分發到天寮七室。從這一年起，學校不再硬性把一、二年級收容在校外寮，所以我的室友網羅了一年級到五年級的各年級學生，而且清一色是客家人。

天寮位於八角塔左背角，在全校十幾棟學寮中最靠近校舍區，所以上下學十分方便。因為如此，學校乾脆把盥洗間和廁所改成第八室和第九室，使天寮變成全數十二寮中房間最多的宿舍。

天寮是磚造洋式平房，但裡面卻是日式榻榻米床。南向八角塔左側教室，西面八角塔後棟餐廳，北方是外國人墓地和馬偕博士墓園，東邊有學校圍牆，圍牆外隔了條小徑是廣闊的斜坡地菜圃，高度約兩公尺，我們能夠輕易越過去，抄近路往丘陵舊街或興化店散步。興化店是排列在通往小基隆公路邊的小部落，這裡有一家民房，偶而有現做現賣的白糖包綠豆餡、叫石衣的小糖果。

天寮北側，我房間第七室正對面約十公尺處的洋人公墓，當時叫做外國人墓地，裡面豎立三十幾座墓碑，雖然隔著一道圍牆，但牆是欄杆式的結構，所以白天都能看得到裡面的大小石碑。墓園內的老樹密不透光，因而地面雜草不高。我多次帶著缺落B部分的英和辭典爬牆進去，試圖研究墓誌銘的內容，但長滿青苔和石霉之墓碑上的字多半因風化而模糊不清，看得清楚的大部分又不會唸，辭典裡面也找不到那些字。當時我推測那一定是西班牙文或荷蘭文，因為早年淡水有過他們的足跡，可是刻在墓碑上的年代好像不太符合，因為他們來淡水時是明末，而洋人公墓中的墓碑年代最早也不過十九世紀中葉。很久以後我才知道，這些大部分是法國人的墳墓。

一八八四年中法戰爭時，法軍艦隊封鎖淡水，劉銘傳擔心他們溯河直入攻打臺北，所以命幾十艘戎克船滿載巨石至河道口，將其鑿沉，以防止吃水較深的法國軍艦駛入。後來法軍企圖占領砲台控制淡水，登陸攻擊砲台，反而遭我方埋伏而敗退，法軍被俘者十九人（亦有二十五人之說）全部斬首示眾，並葬在丘陵之一角，這就是洋人公墓之緣起。被處死的十九個異國遊魂是洋人公墓的基本成員，其他可能是來臺經商或旅遊的洋人客死臺灣北部者，其中包括一位在英國船上擔任小廝，一八六八年十月十五日不慎失足落水而溺斃在淡水灣的德國少年約翰・柯爾雪。

馬偕墓園

洋人公墓左鄰隔著一道圍牆便是馬偕墓園，淡中創辦人馬偕博士永眠於斯。馬偕先生是我外孫吳祚豪和吳樂駒的老前輩，加拿大多倫多大學的畢業生。一八七一年他從美國舊金山搭船，經日本橫濱、香港進入華南，然後轉往臺灣並在高雄登陸。在南部學習幾個月福佬話後，馬偕先生翌年從安平港坐船到淡水，在淡水創立傳教本部，作為向淡水河流域擴張傳教的基地。

當時的臺灣，古來的宗教文化牢不可破，他的傳教活動多次受到民眾迫害，但他以堅忍的意志和利用東來前學到的簡易醫療法，慢慢擴大布道範圍。後來馬偕診所門庭若市，他就向加拿大基督教長老會要求派遣正式醫師來淡水設立傳道醫院，這就是馬偕醫院的由來。

拉奧飛機場

一九四四年四月一日，我升四年級。與此同時，四年級生徒全體被編入校外防空隊，任務是遇到空襲時協助淡水郡警察署警防團從事消防、救助傷患、維持治安等勤務。我們一聽到警戒警報，就立即整隊跑步到警察署報到，然後在附近待命，以便隨時出動執行任務，警報解除後再回到學校上課。後來進入常時警戒狀態，不再發出警戒警報，所以校外防空隊就改在發令空襲警報時才出動；有時一天發出好幾次警報，我們也就隨著警報疲於奔命，根本無法定下來唸書。

第一學期開學不到幾天，臺北州全部中等學校四、五年級學生接到了為期一個月的動員令。動員令的內容是宜蘭新軍用飛機場暗號名「拉奧公用地」的建設工作。

四月十一日早晨，我們從淡水出發，在臺北轉搭動員列車前往宜蘭。因為火車頭牽引的車廂太長，所以火車的速度很慢，尤其經過猴硐附近臺灣最長的隧道時，由於坡度不小，火車爬得氣息奄奄，本來十分鐘就能通過的山洞卻花了二十幾分鐘，煤煙把車內每一個人都燻成黑人，在大家差不多快要窒息的時候才開出山洞。

那是我首次東臺灣之行，可惜不是為了遊山玩水，而是來做苦力。我們的宿處是新建校剛滿一年的宜蘭中學教室。地板上鋪稻草再加上草蓆，便是我們的睡床。我沒有見過宜中的學生，他們好像是把教室讓出來，移到別處去上課的樣子。

拉奧公用地位在宜蘭市東方約二公里處。蘭陽平原的沃田一百多甲被徵收，作為軍用機場用地。翌晨七點，我們從營地出發抵達現場，看到

就讀淡水中學校四年級時的廖運潘。

農舍已經被拆除，只見一望無際的烏黑沃土。生長在農村的我難免覺得有一點心疼。我們的工作是把高處的泥土削低，運到低窪地填高，以消除場地的傾斜，而這個艱巨的作業完全要靠人力。

我們學校分擔的區域要挖五十公分深，用竹擔架把泥土運往約五百公尺處的凹陷地。濕田的泥土盈尺，雙手扛舉載重六十多公斤的擔架把手，腳踏濕地泥漿，步行非常艱難。俗語說，路是人走出來的，所以起初我們以為經過多數人不斷踐踏後，宛如雨過天晴後的泥濘路一般，泥田也自然會形成一條乾爽的道路出來。但不久發現，我們的想法完全錯了，泥漿被腳踏過後促進水分蒸發，同時又有攪拌作用，泥土因而變成非常濃稠的泥淖，踏進泥淖中的腳踝必須花很大力氣才能拔起來，因而造成寸步難行的窘境。

有鑑於此，我們只好開挖泥淖路基，造出一條溝道來，供作搬運擔架之用。這個溝道起先很管用，但不久周邊泥土的水滲出來，硬而澀的路基變得溜滑不堪。所以第二天起，我們在溝底排設竹筏，再加上稻草和礱糠，用來止滑。此法雖能緩和腳滑，但手提重擔、腳又踏在有縫隙又不平坦的竹筏上，走起路來個個都是搖搖晃晃，苦不堪言。後來不知道哪一個高人突發奇想，把草繩綁在擔架雙邊把手，掛在肩膀上分擔雙手的負荷。如此一來，本來搖晃不堪的擔走姿勢立刻變成穩重而從容不迫起來，如牛如馬的奴役式勞動也覺得稍微輕鬆了一點。

可恨，看準我們擔走姿態平穩下來的服部教頭，立刻要求原來每一擔架四畚箕的泥土增加為五畚箕，另外還選幾個力壯如牛的五年級學生，各拿一支大鐵鏟在我們的去路待命，對通過的每一個擔架搭配一個鏟成四角形的大泥塊，還美其名為「特別配當」（日語：特別分紅）。

由於工作地點在泥田中，所以我們除了打赤腳以外，還打赤膊作業。歷經大太陽和附近田裡殘水反射的上煎下炙，頭一天傍晚收工時，每一個人的脊背都晒成像蘋果那麼紅，而且痛得晚上無法直躺，只好側臥而眠。再經過第二天的煎熬，紅色變成赭色，還長滿了大小不同的水泡。吾乃嫩皮細肉之人，因而晒得特別紅，水泡也格外大顆，水泡內的水慢慢垂積在薄皮袋底部，最後依重量壓破薄皮而迸流如瀧，其量幾乎足夠當晚潔身之用。

淡中動員作業的總指揮是服部教頭，隨行老師有各班導師五人，包括梅谷少尉和老狸在內。我們四年孝班的級任是美坐時正先生，勞動時間內各位老師的任務是在適當地點站崗，監督學生工作，唯有美坐老師不顧其帶恙之軀，親自參加苛苦的扛土作業。美坐先生本來就是矮瘦之人，經過一個月苛酷的勞動後更加瘦削，相形之下，他的頭顯得特別大，左頰骨邊的痕疤好像也變得更大，令人感到十分悽惋。

服部教頭

服部教頭是九州人，東京商科大學畢業生，固執的精神主義者。日高宇光老師轉任國民中學校時，介紹他到該校擔任副手。日高先生離開民中後，一九四三年服部轉任淡中，接任米倉老師的教頭職位。

新任致辭時，服部先生坦誠他的抱負，強調為了達成目標，對任何人都絕對不低頭不妥協，為了貫徹自己信念，任何犧牲都在所不惜，故在臺北很多人批評他像是狂犬一般。因此，我們也尊重多數人的意見，爾後就以狂犬的綽號來稱呼他。

服部先生是一年志願制度下的「百圓少尉」，我想他繳出去的一百圓是整套少尉制服包括佩劍的費用，並非政府向其徵收的不樂之捐。日本的軍官由國家支薪，一切生活費用包括服裝、房租，上班在軍營內的用餐等，幾乎和一般官吏沒有什麼兩樣。百圓少尉被任命軍官的同時就要退役，所以沒有薪水可領，因而必須自掏腰包來整裝，徵收一百圓之用途想必在此。

服部少尉的軍服是一九二〇年代的呢絨質料，軍階徽章是早就被領章所取代的老式粗大肩章，帽子是圓頂的正式軍帽，在戰時幾乎所有軍官都改戴戰鬥帽的環境下，顯得有一點笨拙。

據國民中學校出身的張顯榮之兄張顯宗言，服部先生在民中管束學生分外嚴格，多次察覺高年級生徒可能聚眾反抗，所以第二天就穿軍服來上班，作為威嚇之用。我認為張桑之說不可靠，在當時結合儒教思想之軍國主義教育體制下的學生，群起反抗老師的可能性微乎其微。

在我的記憶裡，服部先生起初差不多一個月有兩、三次穿軍服佩長劍來上班，在軍人最吃香的那個時代，我想服部先生的目的是要向大家誇示他的少尉身分。可是和軍人中之軍人米村中尉相比，他的舊式軍服和不慣於佩劍行走之蹣跚步伐，徒然招來淡中生的白眼。對此想必他有自知之明，加上他的厚呢絨不適於常夏之島，可能是因為如此，後來就很少看到他穿軍服的怪模怪樣。

古時日本武士插在左腰的大小兩刀合計約二、三公斤，差不多等於兩瓶紹興酒的重量。他們長年習慣在左右重量不平衡的狀態下行走，自然養成出右半身的應力。明治政府於一八七六年發布廢刀令，禁止一般民眾佩刀出外走路，結果發現那些舊武士都無法向前直線步行，總不知不覺地偏右斜進，經過相當的時間才能把習性改過來。

相反地，百圓少尉是任官後退役，所以幾乎沒有佩長劍行動的經驗，這就是為什麼服部少尉走起路來搖搖晃晃。我們擔心，有一天他的雙腳很可能被長劍絆住而摔跤。

犬虎之鬥

服部先生是尼采哲學的信奉者，崇拜希特勒，把青少年教育比擬成煉鋼，主張「鐵不打不成鋼」，而其方法是「鐵拳制裁」。他對犯錯學生的體罰是軍隊式掌摑。他先叫受罰者叉開雙腿站穩，囑其咬緊牙關，然後使出渾身之力，賞以左右各一記勾拳。叫人站穩是為了使挨揍者免於摔倒受傷，咬緊牙關是擔心打斷牙齒或防止咬到舌頭。這就是狂犬先生的煉鋼法。

那一次宜蘭動員，服部先生沒有穿他古色古香的軍服，但披的是同一質料的軍官斗篷。那一年的四月，大部分的天候可算陰涼，早晚尚有一點寒意。狂犬先生幾乎整天披著斗篷，站在挖土區目不轉睛地監視學生勞動。

有一天，老虎謝林次郎偷懶被發現，狂犬先生按照程序給予鐵拳制裁。老師的左拳揮出去，老虎往後跳一步，右拳打過去，老虎再退一步，使老師的兩拳都落空。憤怒的九州人重整旗鼓，估算老虎將再後退，所以揮拳的同時前進一步，但老虎卻出乎他意料之外向前移動，造成師生二人相擁。老師懂得柔道，順勢把老虎絆倒在泥淖中。此時老虎好像有點失去理智，跳起來就用沾滿泥巴的雙手抓住老師的斗篷。狂犬先生想再度把老虎摔倒，可是老虎已有警惕，故緊抓不放。此時的老虎集三年搶食的成果鍛鍊成虎背熊腰，老師怎麼摔都摔不倒他。那時附近還有別校師生在工作，老師可能認為有礙觀瞻，或是擔心他已經被泥巴弄髒的陳年風衣被抓破，所以就叫老虎回去工作崗位，結束了這一場犬虎之鬥。可惜當時我在填土區，錯過這個千載難逢的精彩場面，後來才從同學處聽到這個消息。晚上，美坐先生向教頭講人情，聽說服部先生只說年輕人就該有這種氣魄而不再追究。老虎則一躍成為拉奧公用地的英雄好漢，連別校學生都知道他的大名，甚至使他有衣錦還鄉的錯覺。

挖秀

我們第一次宜蘭動員於五月十日結束，但以人海戰術建設的飛機場尚未成形，大批民間奉公隊伍接踵而至。回去上課一個多月，六月下旬激烈勞動的疲憊差不多恢復正常，我們又接到第二次動員令，這次的主要工作是跑道的輾平作業。我們的宿處改在宜蘭第二國校的大禮堂，睡床照樣是打地鋪。

當時，我們已經聽說美軍只要三、四天工夫，就能在攻占的島上建出一座簡便飛機場，方法是先用炸彈炸平建設預定地，然後用推土機加以推土整地，再用壓路機輾平，最後鋪上打滿細洞的厚鐵板，便大功告成。與美軍的機動力、機器力及補給力相比，我們在臺灣的空軍基地建設簡直和古埃及人建金字塔沒什麼兩樣。

第二天早晨，我們抵達建設現場時發現，原來撩亂不堪的農地已經變成一片大平原，而一條未整理的長大跑道橫跨在中間。遼闊的場地上放著幾十個水泥製的大滾輪和一大堆麻繩，以及十幾個飲水桶，這些就是要完成高科技飛機場的全部道具。

在空軍基地建設方面，日本以鋤頭、鐵鏟、畚箕、竹擔架、水泥滾輪，來對抗美國的推土機、壓路機、厚鐵板，其志雖壯，但倒楣的是我們，付了昂貴的學費到臺灣東隅被奴役。滾輪直徑約一米半，寬二米，重量大概七、八噸，輪軸兩邊的鐵環各繫上一條約十五米長的粗大西沙爾（Sisal）麻繩。我們全部人數二百四十名分成四班，每一班負責一個滾輪，各班又分成兩組，每半個小時交替拉動滾輪來輾平跑道。

一組三十人，各十五人拉一條麻繩，浩浩蕩蕩滾起笨重的滾輪來，十幾所學校二千多個學生「挖秀，挖秀」的吆喝聲此起彼落，到處都是黃塵萬丈，看起來場面十分浩大。「挖秀」（wat shoi）

是多數人擔重物時的日本式吆喝聲，例如日本廟會年輕人抬神輿時都要發出「挖秀，挖秀」的叫聲。不久前，我在北埔街上遇到一位老友之子，看他頭戴斗笠腳穿布鞋，我就問他要去哪裡爬山，他說他要去「挖秀」。我不懂其意，經他說明，我才知道原來「挖秀」是扛棺材上墳的意思。北埔的公墓位於名叫蔗園坪的丘陵上，必須走一段相當陡峭的路，經過那一路段時，抬棺者的負荷非常沉重，於是自然有人發出勉勵大家用力之類的聲援，此乃「挖秀」成為北埔特有的外來語之原因。

為了防止塵土飛揚，同時提高輾壓效果，翌日起工程單位上下午兩次派撒水車來撒水在跑道上，免除了我們「食沙」和「沙鼻」之苦（食沙和沙鼻在客語都有愛出風頭之意）。拉滾輪也有學問，拉得快就能藉其滾轉的惰性來減低抗力，拉起來比較輕鬆，但也相對減少對地面的壓力，從而輾壓效果不彰。拉得慢、輾壓效果佳，但必須不斷使出渾身之力，雙手和肩膀吃不消，因此我們只好自動調節適當的滾動速度。滾輪不停下來就表示工作順利進行，所以總指揮服部先生和其他老師們都無所事事，只能站在附近看著我們工作，唯有美坐老師加入我們的行列，手拉肩扛粗麻繩「挖秀，挖秀」滿地跑，喚起我們對他由衷的尊敬和親近感。

仙丹血律不

由於在盛夏烈陽下激烈勞動，我們每時每刻都在流汗，因此口渴不堪，只要給水車一到，大家都為了預先補足充分的水，而爭先恐後地跑過去，喝得大腹便便。尤其，當時每天供應的午餐都是兩個飯糰，配上睽違多年的北海道鹹鱒魚，所以下午每個人喝的水量更加驚人。因此之故，大多數人都在瀉吐，本人也不例外。開始工作不到一個禮拜，每天每組都有二、三人請假在宿所休息，因而加重其他人的工作壓力。

附近駐軍每晚會派一位軍醫來國校，為拉奧公用地動員學生看病下藥，但我的瀉吐依然無法痊癒。軍醫勸我請假休息二、三天，但我不能從命，因為我認為此事攸關我的升學「內申書」至鉅。

當年我們能夠報考的島內上級學校，共計有臺北帝國大學預科，臺北高等學校，臺北高等商業學校（現臺大法學院），臺中高等農林學校（現中興大學），臺南高等工業學校（現成功大學）和臺北醫學專門學校。但想要志願哪一所學校，除了須獲得畢業學校的同意外，報考時還須附上學校開具的「學生內申書」，內容包括學業成績，操行，健康情形、家庭背景、思想等等。倘若內申書的內容不合乎志願學校的要求，報考申請書將被退回，並喪失參加入學考試的資格。

服部先生平時就一再主張，現在的日本不需要臉色蒼白的知識分子，沒有強壯的身體，就沒有剛強的精神力來為國家效忠。在動員作業場的訓話則喋喋不休地強調，部分學員工作不力，表露出愛國心之欠缺云云。綜合服部先生談話，我判斷在動員工作時請假，可能對我內申書的內容不利，所以咬緊牙根，用疲乏無力的四肢拉著滾輪，搖搖晃晃地跟著大家跑。

後來，瀉吐人數不斷增加，嚴重影響工作成效，情況令人憂慮。差不多那個時候，梅谷少尉發表塞班島之玉碎淪陷並作了解說。塞班失陷意味著美軍空襲即將到來，因為美軍大型轟炸機B—29的航程足以從塞班島起飛攻擊日本本土後折回基地，何況臺灣更接近塞班島，所以遭到空襲的可能性更大。為此，大家必須發憤圖強，早日完成機場工程，以利我軍戰鬥機迎擊作戰。

工程主管單位想必是考慮到白天酷熱下的作業有害於學生健康，從而降低工作效率，也可能是顧慮萬一遇到敵機襲擊時，遼闊的機場全無躲避之處，因此下半月的工作就改在夜間進行。從此我們暮出朝歸，剛好那時皓月當空，所以工作上並無不便之處，後來月亮逐漸衰退，但滿天星光已足以讓我們從事單純的滾輪壓土作業。

自從改為夜間作業後，大家的健康都有好轉的跡象，我則利用白天休息時間溜去市內，在一家小藥店找到父親愛用的止瀉劑「血律不」，不久就完全痊癒。

好不容易挨過一個月的苦工，每個同學都瘦得皮包骨，兩頰塌陷，眼窩凹下寸餘。戰後，我每一次在電影上看到古代羅馬帝國或埃及奴役苦工大興土木的場面，就難免憶起當年在「拉奧公用地」受苦的情景而心有餘悸。

第十二章　局勢惡化

更危險的內地

從宜蘭動員回來後，第一學期已經結束，其間除去兩個月的動員和配合警戒警報而多次奔跑淡水警察署，我們真正上課的時間沒有多少。可是比起臺灣的學生，日本內地的情形更慘。日本內地軍需工業嚴重缺乏工人，所以中等學校高年級學生不分男女都被長期徵用，以製造武器彈藥或飛機、汽車、船舶等各種零件。後來美國空軍空襲日本內地時，以軍需品工廠為優先轟炸目標，被炸死者數以萬計。

暑假，我們天寮第七室四個廖家子弟連袂歸省，一回家就聽父親說琦哥要從日本回來。當時臺灣還沒遇過空襲，但美軍潛艇的行動非常活躍，日本的補給船團雖有驅逐艦保護，惟將近一半都遭其毒牙而沉沒。日本艦隊素以艦隊決戰為其最高使命，而不重視攻擊敵方補給船，其結果是美軍的補給在毫無阻力的情況下源源而來。相反地，美軍刻意注重打擊日本運輸船，迫使日軍前線作戰幾乎都在缺乏後繼補給的條件下蠻幹，這個戰略上的差異，對最後日軍一敗塗地有莫大的關係。因此，琦哥在那個時候返臺是非常冒險的事。父母親憂心忡忡，唯有祈求甘泉寺觀音菩薩保佑，尤其是母親，一想到琦哥事就淚如泉湧，使我們不知如何是好。

琦哥之後順利返臺。據他說，他們的船團為了躲開敵軍潛艇而沿著日本本州西下，從九州取道上海，再沿著大陸海岸南下，然後從福州直驅基隆港，其間稍有危險訊息就靠岸待機，俟警戒態勢解除後才開船。因此，本來只要三夜四天就能抵達的航程，他們費了足足一個月才走完。琦哥之所以返回臺灣，除了懼怕東京將受空襲之災外，也是由於將屆徵兵年齡。既然要當兵，寧可回臺灣入營比較妥當，這就是他冒險返臺的理由。

然而，特地跑回來當兵的琦哥卻未被正式召集，翌年僅以警備召集的名義去伯公岡報到，十天後日本投降，很快就解散回家。相反地，比琦哥少四歲、役齡不足三歲多的我卻被迫當了半年的學徒兵。按照塘背人的說法，實在夠衰、夠衰也。

風呂敷

一九四四年九月初的一個週末，我和運淮返鄉補給營養，當時大家都是如此說法，當時琦哥開始在觀音國民學校教書。翌日傍晚回臺北，途中北上列車行駛樹林、板橋間時，上空突然亮起照明彈，火車緊急停車並猛拉警笛，滿車旅客爭先恐後地向附近蕃薯田疏散。我認為有必要遠離火車，以免遭到不測，便和三弟各提一個「風呂敷」包袱，跟著大家疾走。不久，照明彈熄滅，滿地黑暗中只能看到火車頭的煤炭爐火。此時大家冷靜下來，有人說沒有聽到警報，那個照明彈應該是友軍投擲下來尋找機場位置的。於是大家紛紛走回車上，耽誤時間約半小時。回到學寮把「風呂敷」包袱打開來看，父親辛辛苦苦爭取到配給的鸚哥綠色毛線衣已經不翼而飛，想必是在坑窪不平的蕃薯田奔跑時猛烈躍動，將其從包袱內拋出去的。此事令我心痛不已，除了痛惜失去對當時來說是寶貝一般的東西外，把父母恩賜之物未嘗穿用就給予糟蹋一事，才是心如刀割的原因。

美軍轟炸淡水

一九四四年九月初起，調自滿洲關東軍的陸軍船舶兵「曉部隊」陸續進駐砲台埔，山岡上的淡水國民學校和東國民學校住滿了軍隊，學童借用位於街西的西國校部分教室輪流上學，淡中提供一半校舍，並採行二部制上課。講話時口角會起泡沫的聯隊長，就住在馬偕紀念圖書館內的日式房間。這位泡沫中佐很少露面，我想像如果他是喜歡看書的人，那麼他借宿的是求之不得的好地方。

陸軍船舶兵是新編的兵種，任務似乎是擔任沿海的聯絡、運輸、警備、巡邏等雜役，其裝備是船頭裝有一挺機關槍、叫做「大發」的大型動力木舟加上各人配備的步槍。從兵力看來，應該有大量的「大發」木舟才對，但在淡水河上可見的只有二十幾艘。裝備如此貧弱，士兵裡面又摻有不少老兵，充分顯露出日本窮兵黷武之窮途末路。

軍隊雖然禁止士兵接觸民間人，但有一些老兵還是偷偷到宿舍來找我們聊天。如果有彈珠糖之類請他們吃，他們就高興得不得了。石井一等兵是來自東京淺草的小流氓，高木一等兵是名古屋的印刷店老闆，他們二位是天寮七室的常客。高木為了讓家族知道他人在臺灣，用假名寄一張明信片，而把地址寫在淡中天寮。不久，他太太按照地址寄來一封掛號信，裡面裝有三百圓的匯票。舍監先生問知收信人身分後，把掛號信交給部隊值星官。我們擔心高木一等兵可能會受嚴厲的處分，結果卻是安然過關。我想那一位值星官是通權達變的人，不然就是客家人所說的阿婆人（糊裡糊塗，做事沒有準則的人）。

一九四四年十月十一日，清早發出的空襲警報終日沒有解除，情報告知美海軍機動艦隊接近臺灣，呼籲全島嚴加戒備。我們這些四年級的校外防空隊整天在警察署附近待命，傍晚返校休息。翌日黎明出動，八點前後我們交接給其他班、返校吃早餐時，突然聽到警告敵機來襲的敲鐘聲。我立刻跑回近在咫尺的天寮，催促正在準備上學的運淮和鋑牯越牆逃出，跳進事先在菜圃內挖好的「蛸壺」單人用豎坑內躲避。我跳進蛸壺後伸出頭來，看到二十幾架美軍「格拉曼艦載機」正在火車站附近上空投擲炸彈。過去我以為炸彈是指向目標一個一個投下去，可是他們卻把整批四個炸彈一起丟下，離開機翼的炸彈發出擦擦聲降下，接著就是一連串的爆炸聲，和地面噴上天空的一大片飛塵。

淡水一帶並無重要軍事設施或工廠，所以格拉曼機群投完炸彈，在上空旋轉施以多次機關槍射擊後，便取道淡中方向出海，機群飛過我們頭上時，高度僅三百米左右。躲在圍牆背後的曉部隊士兵紛紛向其開槍，好在敵機炸彈已經投完，否則他們可能會回賞幾顆下來。我也擔心敵機知道淡中有駐兵而掉頭回來實施機槍掃射，或向上司報告並重新派機群來轟炸學校。大概有鑑於此，爾後船舶兵指揮官遂禁止部下再以螳臂擋車。

敵機飛走、四周安靜下來後，在蛸壺中縮頭縮腦的寮友們紛紛爬出來，但都坐在蛸壺附近，以待敵機後續行動，火車站附近的飛塵慢慢淡化下來，但中間有一道黑煙不停地冒上去。我們判斷那是水上飛機基地的大油槽起火燃燒，後來證實我們的看法完全正確。

左起梅谷少尉、服部教頭、有坂校長、櫻井軍曹、橫山少尉，一九四四年十一月出征前與四年孝班合影。後面四排站立學生，第二排最左為廖運潘。

水上機場

水上飛機基地位於火車站南方約五百米處的淡水河岸，淡水河就是現成的水上機場。水上飛機有兩種，其中一種小型飛機在機身下朝機腳裝上兩個小舟型浮筒，依賴兩個小浮舟在水上滑行起降。這種飛機只載二人，雙引擎，機身小巧玲瓏，在水上滑行沒多遠就能輕易起飛，據說是海軍偵察機，外號「穿木屐的飛機」（下駄穿き機）。

另一種是叫做「二式大艇」的四引擎大型「飛行艇」，靠機身浮在水上，起降都用機身滑行。二式大艇起飛不易，常常看到其在淡水河上往返好幾次，花費很久時間才能飛上去，四具大型引擎和螺旋槳所造成的噪音籠罩著全淡水街，所以很多人討厭它。

從玄武寮俯瞰淡水河一目瞭然，我多次站在寮前斷崖上，百看不厭地觀察二式大艇的起飛動作。聽說水面很平靜時，機身緊貼水面，離水不容易，所以必須事先在河水上往返多次來「興風作浪」，以利起飛。

我最欣賞的是飛艇離水起飛的一瞬間。巨大重物拉著長大的水花猛衝直撞，然後噴灑著水簾而騰空，每一次都令我想起曾經在《莊子》讀過的一段文字：「北冥有魚，其名為鯤，鯤之大，不知其幾千里也，化而為鳥，其名為鵬，鵬之背，不知其幾千里也。」

二式大艇是名叫川西的私人小公司產品，但性能良好，載重大，航程長。戰後美軍運了一架回美國，從洛杉磯到紐約的試驗飛行中，兩個引擎熄火，但飛機卻若無其事地飛完橫跨大陸的航程。

格拉曼機群當天沒有再來光顧，但我們中午沒有飯吃。因為廚房懼怕煤炭的黑煙會招惹敵機的攻擊而不敢煮飯。我們只好餓著肚子在宿舍休息，準備警鐘一響就跳入菜圃避難。

聽說以十幾艘航空母艦為基幹的敵軍大機動艦隊在臺灣近海徘徊，一千多架敵機隨時都可能出現，然而應該防衛國土的皇軍戰機，卻連一架都看不到。有人表示不滿，有人則自告奮勇地替皇軍辯護，表示大量敵機分散在全島各地上空難予捕捉，所以此刻友軍一定是傾巢而出去攻擊母艦，只要把母艦擊沉，那些小蜻蜓就無家可歸，這就是我方高超戰略運用之妙云云。

這一天，學校當局沒有發出任何指示，好像全校都在避難而群龍無首的樣子，船舶兵部隊也沒有任何動靜，校園籠罩著一種恐懼的氛圍。

水上機場的油槽繼續燃燒，白天所見的沖天煙柱，晚上成了巨大的火炬，其光芒經過中空雲層反射，將整個淡水地區照得猶如白晝。我們判斷若是敵軍採行夜間空襲，淡水將因此成為最明顯的目標，尤其聳立在山岡上的八角塔，很可能被誤認為要塞之類而遭受無妄之災。倘若如此，最靠近八角塔的天寮也將難以倖免。所以，當晚我們四個廖家子弟就把棉被搬到菜圃邊小樹林中的稻草堆下，以稻草為褥而眠。這一天可以說是終日無所事事，但長時間的精神緊張，造成我們肉體上的疲憊，四個人不再去想明日命運如何，拉起棉被就呼呼大睡起來。

躲空襲

翌日十三日清晨我們醒來，發現油槽可能是存油燒光了，已經不再燃燒。我很擔心，敵軍艦隊既然在臺灣近海蠢動，只要天一亮，就難免再遭受艦載機攻擊，尤其是昨天歸航時在淡中上空遭到船舶兵步槍射擊的敵機，今天很可能會帶著幾顆炸彈回來。所以我主張，應該三十六計走為上策。

我們也考慮到應該接受學校當局的命令，但鑑於昨日整天未曾接到任何指示，加之過去我們對空襲的概念認為是短暫攻擊，來襲的敵人將炸彈投擲完畢就迅速離去。但這個首次的航空作戰，敵軍卻把基地駛進我島東方海面，在制海制空的條件下來去自如，所以空襲警報一直沒有解除。為此，我們就不敢期待學校能做出什麼好的安排。我們懼怕敵機隨時都可能蜂擁而至，雨點似地把炸彈砸在八角塔附近，讓我們幾百名寮生和曉部隊的士兵們同歸於盡。

於是我們四人提前吃過早飯後，便抄小路向著東邊水梘頭方面（今淡水天元宮一帶）跑去。水梘頭路程只有六公里，但我們不走公路而故意選擇山路，以策安全，所需時間也加倍。

十一時許，我們一行人抵達某座山頭時，赫然看到迎面而來十幾架敵機，四周是光禿禿的一片荒地，上面沒有遮蓋，下面亦無適當藏身之地，我們只好就地趴下來，把雨衣蓋在上面，略表掩飾之意。剎那間，猛烈的機關槍聲此起彼落，隨著敵機的呼呼聲，槍聲也一陣一陣地掠過。在毫無防禦的情況下，我們的恐懼升到了極點。我聽過一位在大陸歷戰六載的老日本兵表示，在沙場聽到飛來子彈之尖銳聲響就不必害怕，因為那是飛越過去的聲音。但如果聽到「普斯」、「普斯」的鈍聲，那就表示子彈正打進你附近的土中，千萬不能輕舉妄動。

我趴在山頂上，害怕得分不出機關槍子彈聲是銳是鈍，好不容易等一波又一波的敵機飛過去後，馬上撤退到附近林中，找一條乾水溝旁把自己安頓下來，平復一下餘悸。

後來我想，那批機關槍掃射如果是衝向我們而來，好幾波的射擊都未能傷到我們，那可算得上是塘背人所說的「阿公婆靈顯」。但假如不是射擊我們，那麼四個小鬼趴在地上縮成一團，害怕得「臉面只剩二指大」，豈不是非常可笑？不過我還是認為，在四周並無其他顯著目標的環境下，突然在山頭出現四個穿著酷似士兵的人，招惹敵機開火的可能性比較大。經過這一番可怕的經驗，我們以後大大地提高警覺，無論在行動或休息，都小心翼翼地隨時注意飛機的引擎聲，稍有異狀就立即利用地形地物來遮蓋掩護，以防萬一。

我們在山腰消耗很長時間，黃昏抵達水梘頭國校時，校內已經有一百多個逃難的人，其中一半是淡中生。我們整天沒吃東西，肚皮快要黏到背囊皮的時候，水梘頭派出所警察和幾位歐巴桑運來一批塩飯糰，每人配給兩顆拳頭大的飯糰，猶如救命仙丹。所謂塩飯糰是手沾稀鹽水來捏成的飯糰，除了微微的鹹味以外，什麼味道都沒有，但對那個時候的我們來說勝過任何山珍海味，這就是日諺所云之空腹時無拙廚也。

當晚，我們在國校教室過夜，三張桌合起來當做睡床，雖然夜雨帶來了一點寒意，但用各人攜帶的雨衣禦寒，尚稱略勝於無。派出所警察告訴我們好消息，這兩天我方空軍對敵方機動艦隊實施勇猛果敢的攻擊，已將其消滅了一大半，明天將再接再厲給以最後一擊，使其死無葬身之地。

鋼盔和柿子

十月十四日，早上我們尚不能決定去就，繼續在山上徘徊，但未曾看到敵機蹤影。我們在山中遇到山城秀二老師，老師坐在大樹下，有一位帶鋼盔打綁帶穿皮鞋的田莊紳士坐在其前面，二人中間放著一頂鋼盔，裡面裝滿澀柿子，傍邊站著兩個垂頭喪氣的二年級淡中生。

我們餓著肚子走路，找不到也買不到任何可吃的東西。我判斷一定是那兩個二年級學生飢餓之餘，偷摘了那些根本無法入口的澀柿子，被那個田莊紳士逮到。看到二位大人愁眉苦臉，很久沒有開口，我認為二者談判不是很順利，顯然是山城老先生的道歉未被對方接受。

沒有想到，平素十分溫順和善的山城先生忽然正顏厲色地申斥那一位紳士：「若是你家子弟遇到如此窘境，飢餓不堪而做出此事，你將作何想法？我要賠償損失你又不肯接受，如果你真正不考慮這兩個小孩子的前途而堅持送警，那就悉聽尊便，我這個老頭子會跟你周旋到底。」田莊紳士可能被原本看來毫不起眼的糟老頭的氣魄折服，很快就改變態度，把鋼盔連同柿子還給那兩個小鬼，並教他們要把柿子泡水幾天才能吃。山城老師向他道謝，但不准接受其饋贈，沒有問兩個二年級學生的名字就放他們走。這一日下午，空襲警報終於解除，我們從山林走出，沿著公路回淡水，路上遇到不少驚魂甫定的同學們，紛紛互相慶幸平安。

大戰果

大本營發布的「大戰果」令全國上下興奮若狂，包括擊沉航空母艦十一艘、戰艦二艘、其他艦四艘、擊破航空母艦八艘、戰艦二艘、其他艦十八艘，而日本方面僅僅損失飛機三五〇架。大本營為了宣揚這次大勝利，特地把此役命名為「臺灣近海航空戰」，以資紀念。

差不多同一個時候，空襲臺灣的美國機動艦隊司令海爾賽中將發電報，向直屬上司、太平洋戰區總司令尼米茲海軍上將報告：「被日本大本營殲滅殆盡的本機動艦隊，於今安然無恙地向著菲律賓方面目標海域航行。」

戰後我在一本戰記中看到，這場臺灣空戰的美軍艦隊真正損傷僅航空母艦一艘、巡洋艦三艘、驅逐艦二艘，這個數字對海爾賽艦隊當時所擁有之航空母艦十六艘、戰艦六艘、巡洋艦十七艘、驅逐艦六十四艘等兵力規模來講，簡直是九牛一毛，微不足道。

原來，美軍機動艦隊的這次臺灣空襲，是為了隱蔽西南太平洋戰區總司令麥克阿瑟的菲律賓進攻作戰，是一次非常高明的佯動作戰。當日軍傾全力向臺灣近海的海爾賽機動艦隊展開攻擊時，麥克阿瑟元帥率領由戰鬥艦艇一五七艘、水陸兩用運兵船四二〇艘、哨戒及掃雷艦艇八四艘、軍需品運輸船七三艘，總共七三四艘的大型艦隊，從馬奴斯島和荷蘭地亞基地兵分兩路，浩浩蕩蕩地朝一二五〇英里遠的菲律賓雷伊泰島進軍，十月十八日開始砲擊，十月二十日早上登陸該島，實現了他於一九四二年三月一日撤離菲律賓時所許下「我一定會回來（I shall return）」的諾言。

法螺仙

返校後，聽說淡水街的施合發大樓以及附近民房被炸成平地，躲在屋裡防空壕的十幾個人罹難，另外就是水上飛機基地的大油槽和軍品倉庫付之一炬。

一直讓我耿耿於懷的校外防空隊也有消息。當天我們班返校吃早飯時，警防團本部接到派去水上飛機基地的副團長來電，請求派員支援，本業為淡水煙酒賣捌所（配銷會）主任的塩野警防團長便要求忠班全體學生赴援。不久，位於紅毛城北邊的血清研究所也來電求援，血清研究所除了飼育多數牛馬羊等家畜以外並無特別之處，所以我不懂他們為什麼求助。塩野桑大概認為把學生留在學校裡也沒什麼用處，因而慨然允諾，只留下孝班聽其指揮，並把所有仁班生派遣到血清研究所。可是還沒走到血清研究所，就遇到敵機大舉來襲，恐慌之餘只得各奔東西逃之夭夭。好端端的一個小隊人馬忽然間在馬路上消失無蹤，想起來難免有點滑稽。

據外號蘆原將軍的蘆原要次（盧光耀）言，當天孝班生回學校吃飯時，他因為攜帶便當來，所以沒有離開本部，忠班和仁班相繼出動後，只有他和另外一個通學生同學留下來，敵機來襲時也就地避難。敵機走後，由於電話不通，水上飛機基地派人來報告災情並要求增援，故而留在本部的警防團員全部出動，只剩下團長一人在本部，由蘆原將軍等二人作陪。

晚間，日本人歐巴桑組成的愛國婦人會運來大量飯糰和罐頭。塩野桑大概是因為孝班壯士們一去不復返，仁班勇士們在路上煙消雲散，派遣水上飛機基地的團員和忠班生也沒有什麼聯絡，傍邊只有兩個小鬼懶洋洋地在打哈欠，不得不對大日本帝國的命運感到憂心，因而打開罐頭就喝起悶酒來。

晚間十二時，塩野桑開始擔心忠班生，便叫蘆原二人當傳令員，到水上基地把忠班生召回來休息。蘆原等人跑了約二公里路，到達水上基地時看到油槽猛烈燃燒，漫天都是黑煙及煙塵瀰漫。基地駐軍從槽底抽取油料灌入鐵桶，警防團員將油桶疏散到淡水河，忠班生則汲取河水到處潑灑，以防止飛散的火星子造成延燒。每個作業員的臉都被煙燻得像非洲土人一般黑，十幾個小時繼續不斷激烈而危險的勞動，已經使他們累得不成人形，走路不穩而搖搖擺擺，看起來既可憐又好笑。負責指揮的警防團副團長以危機尚未解除為理由，希望淡中生再堅持下去，可是蘆原堅持傳達團長命令，副團長也只好讓忠班生撤出救災工作。

據蘆原所言，本來團長的意思是要他二人去看忠班生的情況如何，如果現場狀況允許就讓他們回來休息，否則就勉其盡力而為，可是他看到同學們的狼狽模樣，於心不忍，所以擅自把團長命令略加修改，來解除忠班生的困境。當蘆原將軍隨疲憊不堪的忠班生回到警察署的警防團本部時，裡面已經不見人影，塩野團長不知去向，蘆原判斷他一定是醉倒回家睡覺了，因此再度擅自作主，宣布解散返校休息，他則和另一名通學生留守本部達旦。拂曉時分，擔心學生動靜的美坐老師回到本部，聽取蘆原報告後大大地加以嘉獎，立即叫他回家休息，並賜他特別休假七天。

我問他有沒有參加施合發大樓災區的收屍，他說有。我說那是兩天後（十月十五日）的事，他又改口說美坐老師給他的假期應該是三天。但這樣日子還是不符，我也從來沒聽過老師隨便給學生放假，可是我沒再追究下去，反正蘆原素有「法螺仙」之稱，我聽他談話時都得打個七折。

屍臭

十月十五日，空襲警報解除翌日，校長對空襲期間師生的表現隻字不提，平常意見甚多的服部教頭也沒說什麼。看起來，遇到大難臨頭，狼狽驚慌不知所措是上下一致的通病，平素的精神修養好像發揮不了效用，求生乃人類最大本能，誰都不能怪誰。

午餐後，校外防空隊奉命出動，協助轟炸受災地區的清理工作。施合發商行是很早以前從事福州貿易發跡的商賈，廣闊的三層樓建築被敵機誤認為工廠而遭到攻擊。除了大樓本身以外，附近幾家商店也遭池魚之殃被夷為平地，躲在屋內防空壕的十幾名住戶全部罹難。

房屋變成一大堆瓦礫，我們加入警防團的作業行列，用砂耙把瓦礫扒進畚箕，然後倒入一旁待命的牛車上。由於十四、十五日兩天溫度升高，附近一帶充滿著強烈的屍臭味，令人難以忍受。警防團員點燃大把香火遍插滿地，但對這種日本人所稱「鼻子都會歪掉」的屍臭毫無用處。我聞到那股臭味差點就吐出來，同時又覺得以前好像在哪裡聞過。不久我想起來，一九三六年夏天，鄰居德景嬸去世時我曾在他們家聞過同樣的臭味，但一直不知為何，至此茅塞頓開。

茅塞雖然頓開，但臭味實在難當。聽說五官之中嗅覺最為賤骨頭，無論香味或臭味，聞久了很快就麻木不仁，但那次卻不同，我覺得愈來愈難受。可能是因為當天日照強烈，加上瓦礫逐漸被清除而慢慢接近屍體的緣故。

下午三時許，我們聽到瓦礫堆中傳來聲響，大家興奮地以為裡面還有生還者，趕緊挖開那部分，發現一個木製的鷄籠，裡面有三隻活生生的大閹鷄。傍晚時分陸續挖出屍體，我們一發現就馬上撤退，改由「隱坊」來將其裝入事先準備的木棺運走。隱坊（on bo）乃是以燒屍體為業之人才也。

作業完畢後，警防團運來一大堆飯糰和汽水，但每個人都食慾全失而變得彬彬有禮，我們各提一瓶汽水就離開不淨之地，回到宿舍也放棄晚飯，連那瓶汽水都覺得不太乾淨而無法喝下。我們衣服都沾上屍臭，即使洗澡換衣後都還覺得持續有臭味浸透，殘留在皮膚毛細孔上。

輕便車

十月十六日，學校宣布翌日星期六不必上課。我們不知道放假理由為何，可能是要使大家恢復因空襲蒙受的身心疲勞，也可能是想藉此讓寮生歸省報平安，但不管意義何在，我們都是喜出望外。

當天放學後，我們兄弟倆和運潮兄、鋑牯四人連袂返鄉。因為火車停駛了三天，所以載客和運貨列車的運行安排有些紛亂，劫後往返南北的旅客也特別多，因而我們抵達中壢時已是晚上十點多，末班巴士早已開走，我們四個人註定得走上十七公里路回觀音。

餓著肚子跑四個多小時夜路是很艱鉅的事，日諺說餓著肚子不能打仗，於是我們先到中壢市場，看看能不能找到一些代用食物。市場內一片漆黑，只看到一個老人家藉公共廁所的小電燈微弱的光線在附近擺梅茶攤。我記得以前這種攤子都有賣「麵茶」或「片栗粉糊」，所以抱著期待走過去，但除了梅茶以外什麼都沒有。

我們每人喝兩杯梅茶後開始行路，走到中壢街盡頭的舊社時，在臺灣軌道株式會社遇到一輛觀音線輕便車，點著小油燈正準備上路。臺灣軌道的名字聽起來十分堂皇響亮，但說穿了，只不過是在中壢觀音間路傍鋪設一條單線小鐵軌來經營人力推動的輕便車載貨兼載客，該公司全部財產只有釘在小枕木上的十七公里小鐵軌而已。輕便車是長方形木板平台下面裝四個鐵輪的小軌道車，平台四隅前後突出部分各有二方寸的洞插上四支木柱，平台上面放一個坐台可供四個人背靠背地乘坐，不載人而載貨時，把坐台靠後頭兩支木柱支撐起來，載貨又載人時就讓乘客坐在貨物上面。只有兩種人肯坐這一種夏熱冬冷、怕雨怕風又怕日、坐席硬而擠，速度慢又沒有固定開車時間的交通工具。一種是怕暈車的人，另外一種就是既要省車費、又不肯走路，而且有的是時間的人（車費比起巴士便宜三成左右）。但一般而言，坐輕便車往返中壢觀音的人不多，所以其主要業務是載貨。

從中壢載往觀音方面的貨物大部分是日用雜貨，由觀音往中壢的差不多清一色是稻穀。一輛輕便車的載重量是十石，亦即一千台斤（六百公斤）的穀子。

中壢往觀音叫做「下行」，而觀音去中壢則叫「上行」。下行大部分是緩和的下坡，載的又多半是體積大、重量輕的雜貨，所以車伕幾乎不費吹灰之力就能把車子推到觀音，其中將近三分之一的路程還可以把雙腳踏上平台後方突出部，手握剎車來讓輕便車滑行。但上行的條件就完全相反，載運笨重的稻穀推上漫長的坡道，車伕的辛苦不言而喻，途中有幾處特別陡的路段，車伕還必須用肩膀來推車。幼年時每一次看到車伕氣喘如牛地在推車，就覺得他們很可憐。

因為如此，上行和下行所需時間大有逕庭。下行只要一個半小時，但上行必須花費三個小時以上。一個事半功倍，一個事倍功半。另外還有一個大麻煩，就是上下行車在單軌上相遇。那時我看他們的處理習慣是，若雙方載重相同，則下行讓上行。這裡所指的讓，是要把整台輕便車搬出鐵軌外，讓對方通過後再把車子放回軌道上。如果是空車或載客時就容易解決，但雙方都滿載貨物時就非常辛苦。童年時我看過裝載雜貨的輕便車，把雜貨擺滿地、猶如擺地攤的情景。至於兩者載重不同則輕讓重，一般被讓者都會幫助駁貨，但有時走一趟全線要把貨卸裝好幾次，除非是身體壯健、力大如牛，不然難以勝任。

因為勞動條件苛刻，所以車伕的食量也相當驚人。他們都用比普通人還大兩、三倍的特大號便當盒，我每次看到他們綁在車柱的便當盒，就聯想到包庄剃頭師父的剃頭箱。

臺灣軌道會社的輕便鐵路全長十七公里，終點在甘泉寺背後的庄役場前面，觀音營業所則設在觀音公學校大門左斜對面的徐利房先生家，並由他主持事務。中日戰爭爆發後，物資逐漸缺乏，尤其鋼鐵類為甚。太平洋戰爭開始以來，鐵軌來源完全斷絕，起初會社用木製代用品來補充破損的鐵軌，但木軌不勝負荷，很容易破裂，行車時又沒潤滑，不久就把新坡觀音間六公里的鐵軌撤走，作為補充中壢、新坡間之用，所以營業路程也縮短成十一公里。

十月十六日深夜，我們在臺灣軌道會社遇到的車伕是大崙人，他只肯載我們到大崙，而且索價每人高達一圓。我們必須保留體力走完其餘十二公里路，所以只好忍痛任其宰割。經過三座屋上坡時，他還叫我們下車走一段路，真正是「拳頭來腳尖來」，欺人太甚也。

我們到達大崙時已是午夜，好在天氣涼爽，天上掛著半月，走路並無困難，飢腸轆轆才是問題，好不容易回到觀音時，已經三點多。本來我在路上建議運潮兄和鋟牯二人到達觀音就在我們家休息，等待天亮才回家。我們到家敲門後，父親很快就來開門，但我回頭想邀請他們時，兩個傢伙已經逃之夭夭，理由無他，因為他們都很怕我父親。

家裡剩有不少冷飯，母親熱一熱剩菜，煎幾個鴨蛋，成為我們兩個餓狼的山珍海味。我邊吃邊講我們前幾天的遭遇。父親說觀音附近除了燈塔遭機槍掃射，擋風玻璃被子彈貫穿一個小洞以外，沒有什麼災害。但空襲的頭一天早上，茄苳坑謝厝莊有一群婦女在小河洗衣服，在全無預警的情形下被投下一枚炸彈，死傷慘重。聽說敵機是以超低空飛行海面，接近臺灣時才升空開始攻擊，所以日本的電波探測器根本無法捕捉其行蹤。這個戰術後來成為美機多次攻擊臺灣海岸目標的模式，也使我後來當兵駐屯大園埔心時險遭不測。

神風特攻隊

臺灣近海航空戰後，日本海軍航空隊為了打擊進攻菲律賓的美國艦隊，終於發動了「神風特攻隊」的自殺戰法。所謂的神風特攻，是在戰鬥機裝載二百五十公斤炸彈，使其連人帶機衝撞敵艦。十月二十五日，關行雄大尉率領的五架零式戰鬥機直撞美國艦隊，擊沉航空母艦、巡洋艦各一艘，並且使另一艘航空母艦發生大火。五名勇士被捧為軍神，而給予特別昇官二級。

從此，海軍頻頻採取此一戰法，不久陸軍航空隊也跟進，飛機成了由人駕駛的炸彈，太平洋戰區也成了相信自身行為能挽救祖國危機的廣大青年墓場。

我在一九三五年左右的少年俱樂部雜誌上看過一張德國人畫的圖片，內容是一顆配置飛行機械的巨大炸彈，上頭有個軍人趴著駕駛那顆巨彈，標題是「日本人將來可能……」。當時日本軍閥和納粹德國開始示好，所以那張圖畫可能是用來讚揚日本人的勇敢，但素以理性主義著稱的德國人，藉圖諷刺日本軍人行動規範的不合理和盲從也非全無可能。不過，雜誌社轉載那張圖畫的目的，顯然是想藉此宣揚日本軍人視死如歸的愛國精神。沒有想到，十年後日本人真的採用了衝撞戰術，持續不斷地捨命攻擊，對美國海軍造成很大威脅，甚至有不少官兵因恐懼而發瘋。

一二七四年和一二八一年，忽必烈兩度派大軍攻擊日本九州，結果都因遭到颱風而敗退。日本人稱其為神風，甚至有部分頑冥不靈之徒盲信日本是享有天祐神助的「神國」，神風特攻隊的名字由此而來。他們期待新的「神風」能夠扭轉每況愈下的戰局，但美國海軍增強艦艇的對空砲火，並把來攻的特攻機在抵達標的前全部擊落。美軍用雷達網捕捉接近的特攻機後，立刻發動大批迎擊機，將裝載炸彈而動作緩慢的日機加以包圍殲滅，後來特攻隊的戰果就大大地打折扣。但日軍除了「特攻」以外沒有其他有效的戰術。在僅僅五個月後的沖繩攻防戰中，衝撞美軍艦船的神風特攻隊飛機就多達二千四百架，三個月內將美軍各種艦船擊沉或擊破四百艘之多。

一九四四年十一月下旬起，來自塞班島的美軍大型轟炸機B—29開始空襲日本本土。B—29轟炸機是美國為了空襲日本而造的「飛行要塞」，航程半徑達二千八百公里，所以能夠攻擊日本的大部分地區，包括臺灣。B—29充分加強其防禦性，把操作人員和重要設備集中在中央，並用堅固的圍屏保護，再以遙控方式加以操作，即使裝載十噸的炸彈尚能以九千公尺的高度飛行。聽說日軍高射砲隊大部分都裝備只能射擊到七千公尺的七英吋口徑高射砲，因此無法構成威脅。我曾經多次在臺北看過十幾條探照燈的光芒捕捉到一架B－29，多處高射砲頻頻向其瞄準開火。B－29無法逃離探照燈的光線，但高射砲彈爆裂的高度離B－29有一大段距離，徒然讓我們這些在地面的民眾捶胸頓足。

土方法

十二月三十一日，學校照例放年假。從中壢搭巴士回觀音的公路上，我看到每隔一百公尺就散布著用竹竿和草繩圍住的約四公尺見方圍欄。為了避開那些障礙物，巴士必須蛇行，使得原本就破爛不堪的老爺車跑得更加踉蹌。同車的人告訴我，那些障礙物是以竹棚和薄土偽裝的戰車壕，用來誘騙敵軍戰車的陷阱，一旦美軍準備登陸觀音海岸，我們就把路上的輪跡扒平，再把標示竹竿和草繩撤走，就能欺騙敵人。為了繞開將近兩百個或左或右的陷阱，巴士的行駛時間自然增加不少。

日日警報

一九四五年初，第三學期開始後，我們再騰出部分教室給曉部隊，學校令四年級生借用淡女玄關邊三個教室上課。在男女七歲不同席的時代，此舉可以說是破天荒的措施，但這並不意味著四年級學生品行特別端正。幾乎每天都忙於參與校外防空隊的我們，在教室上課的機會不多，這才是真正的理由。

這段時間，差不多每天都會聽到空襲警報，但很少有敵機出現在淡水上空。一架倒楣的美軍B－24轟炸機在臺北上空被擊中墜落，有人拍攝到實況，在報紙上大肆宣傳，那是民眾親眼看到的唯一戰果。當時大家對大本營經常發布的「大戰果」，已經開始抱持懷疑。

大本營是一八九三年甲午戰爭以來日本陸海軍的最高統帥機關，是直屬天皇的最高司令部，首長在陸軍為參謀總長，海軍是軍令部總長。太平洋戰爭的主角是海軍，其「戰果」大部分自然是海軍的成績。起初在緒戰時期的戰果發表相當老實保守，但自中途島戰役慘敗後，大本營擔心打擊全國軍民士氣，因而慢慢將戰果添枝加葉，對自軍的犧牲則予以隱瞞或縮水，最後「大本營發表」變成誇大其辭的代名詞。

敵機雖然每天飛來臺灣上空，但似乎很少有積極攻擊。我們推測其目的在於空中攝影和偵察，另外可能附帶著神經戰的任務。因為每天發出空襲警報，既能使臺灣民眾疲於奔命，又可掣肘交通、工廠生產、野外耕作等活動，所以敵方才樂此不疲，每天派一、二架B－29來臺灣上空晃來晃去，令人又恨又怕。

此一時期的糧食不足，已經到了三餐不繼的窘境。一碗飯上面放著一小撮青菜或醬菜還算不錯，蕃薯簽加鹽巴也是常見的主食。所謂蕃薯簽是把蕃薯刨成細條後晒乾的豬飼料。到了那個地步，我們也只好「愛命罔吞」（客語，為了保命只好委屈吞下去）。只是裡面的小蟲噁心到令人難以忍受。一般在食物中的小蟲都是白色，不容易發覺，但蕃薯簽裡面的是很鮮豔的紅色蟲，看了實在難以下肚，不過最後我們唯有認命一途，一面仔細地挑出紅蟲，一面為愛命而罔吞。

賣店無物可賣，早就關門大吉，魚市場賣的一斤十七錢的桶柑是淡水街唯一的自由買賣商品。淡水山區是桶柑產地，但此時柑農無法將產品運到都市出售，只好在市場賤賣，令我等餓人受益。

由於敵機旁若無人來去自如，使大家對日軍的防衛力量喪失信心，不得不考量自己和家族的安全問題，家住都市或鄰近政府機關、軍用設施或工廠地帶的民眾最為焦急。為了減輕人命財產損失，政府也開始勸導都市人口盡可能向山區或鄉下疏散。不久山間僻地的房子住滿了疏散人口，臨時搭建的「疏開家屋」也應運而興。一般無所事事的生意人或老弱婦孺多半移住市外，市區也變成人口稀疏的冷清地帶。

第十三章　強迫自願入伍

報考臺北師範

二月中旬的一個清早，我為了參加臺北師範學校入學考試搭乘火車，火車抵達北投站時，警報器發出空襲警報。一個多小時後警報解除，我們來自淡中的十幾名四、五年級考生集合商議，大家認為趕不上報到時間，已經失去考試資格，所以從北投折回學校。

有坂校長對我們輕易放棄考試一事大發雷霆，命山城先生翌日隨我們到考場向臺北師範當局交涉，允許我們參加考試。校長認為頭一兩天是身體檢查和體能測驗，第三、四天才考學科，所以不影響整個考試的程序，師範學校沒有理由拒絕礙於空襲警報而缺考的淡中考生補考。

翌晨抵達臺北車站後，山城老師陪我們徒步一個小時到和平東路臺北師範學院現址的臺北師範學校，會見該校校長並獲其同意後，先行回去交差。我們到運動場待命，聽說該年度的考生人數超出往年甚多，那是因為應屆畢業生無法到日本留學，師範生又享有緩徵兵役的優待之故。主考老師可能因為考生太多而覺得不耐煩，對我們十幾個本來已經喪失資格又復活的考生不懷好感，叫我們排在最後列等待應試，口氣非常惡劣，使得本來就不太想唸師範學校的我很快就決定棄權。我一個人悄悄地走出校門，吃過學寮替我們準備的飯糰後，直接走向不久前遷移到太平町一丁目（現延平北路一段）的安叔家。那個時期幾乎沒什麼生意可做，有辦法的人紛紛疏散到山間僻地，臺北市到處都是空屋，所以安叔很容易就以十分便宜的房租租到特佳地段的二層樓店鋪。

安叔的大和照相機店本來應該沒有東西可賣，但擅於交際的他專門巴結軍隊和警察，透過他們的關係能夠獲得不少的特配（特別配給），便以特殊關係的顧客為對象，來維持奄奄一息的買賣。

當時安叔認識第三部隊主計部主辦糧食的牛島軍曹。由於經過正式管道配給的肉類不能滿足高級幹部的需求，牛島桑就來請安叔幫忙。牛島入伍前在臺北北署當經濟警察時成為安叔的好友，所以他義不容辭地搭乘牛島的軍用卡車，一起到觀音去找我父親。家禽類不在管制之列，父親介紹他們採購鷄鴨鵝之類。

一般農民不要現金，牛島就用部隊庫存的煤油、砂糖、軍襪、毛巾等生活必需品來做物物交換。久而久之，靈活無比的安叔竟然慫恿農家私宰登記名額外的豬隻來交易。面對水箱前掛著金色星星標誌，安全桿上旗竿插著一面小膏藥旗，駕駛台坐著一位怒目相向的大兵，手執長劍，胳臂纏著寫有公用兩個大紅字腕章，守在要道的經濟警察莫不縮頭縮腦退避三舍。所以他們半公開的「闇取引」都安然無事，從而安叔家的廚房也能沾上不少光。

晚上我要到西門町去看電影，店員松岡桑交給我兩支香和一盒火柴，說是走路時有其必要，我不解其意，但走出外面立即釋然。月朔又是陰天的夜晚非常黑暗，在嚴密的燈火管制下，走在路上尤其是亭仔腳的行人隨時隨地都可能相撞，所以行走在街上的人或腳踏車都提著一支香，從遠處看有點像鄉間黑夜裡飛舞的螢火蟲。

我到達國際館戲院時剛好響起警報，票房說警報解除時間不定，所以當晚停演，已經買到的票日後仍然有效。過了段時間也沒聽到「躲避」信號，我就沿著亭仔腳走回太平町休息。翌日看了一整天舊雜誌，晚上再度手執香火前往電影院。當晚沒有空襲警報，我順利看完嚮往一年之久的《阿片戰爭》。那是我中學生活中唯一一次違規偷看電影，但很奇怪的是，心中毫不懼怕以前視如煞星的教護聯盟現身。我想，那是因為當時每日處於隨時都有生命危險的環境裡，自然培養出不拘小節的膽量。第三天下午坐在回淡水的火車內，回想過去三天在臺北的悠哉生活，難免有一點內疚，包括浪費了五圓的報考費，辜負了山城老先生兩個小時跋涉之苦，以及不能回應級任美坐老師之期待等等。

臺北經濟專門學校

二月下旬，我參加臺灣總督府立臺北經濟專門學校本科的入學考試。該校創校以來名稱一直是臺北高等商業學校，簡稱臺北高商，太平洋戰爭後一九四四年改名，校址在幸町的臺大法學院現址。

該校以培養日本南進政策先鋒為潛在目標，所以課程有南洋資源論、南洋經濟地理、南洋民族學、馬來語、荷蘭語、北京語、閩南語等一般內地高商難得一見的特殊課目。高商本科學制是三年，另有一年制的貿易專修科和夜間部一年制東亞經濟專修科，是為乙種專門學校。本科是甲種專門學校，畢業後可取得包括中等學校教諭資格，也可以直接報考大學。

高商已往的錄取標準是日本人九成，臺灣人一成。此一比例對人口十幾倍於日本人的臺灣人考生來講相當苛刻，我不敢奢望考上，所以沒去看榜。但某天清早上課時，遇到好幾位同學向我道喜，我到教員室，在告示板上看到「武田榮次」的名字。五年級楊萬福，四年仁班林武成，早一年畢業的長友國夫（張錦國）和我四個人被臺北經專錄取，我的同班同學陳錫鎰考上臺中農專（原臺中高農，現中興大學），五年級謝永溪考上臺南工專（原臺南高工，現成功大學），以上就是淡中二百五十名畢業生的成績單。

我本來也報名過臺北帝大預科，但在資料審查階段就沒有通過，我父親期待我考臺北醫專，可是我沒有自信，選擇考高商也不是基於什麼高邁的抱負或理想。在戰爭末期，每個人都不能預測自己明日的命運，當時十七歲的少年能想到的只有盡量往上爬，以待將來和平之到來而已。

臺北經專的入學日期是三月十一日，所以無法參加淡中的畢業式。三月八日早上，校長召見我們幾個考上專門學校的應屆畢業生，在校長室給予最後一次的訓話，以代替畢業典禮。

當天下午，我回到觀音向父母報告升學臺北經專的事。父親對我未曾報考醫專之事好像有點失望，但還是替我高興，傍晚帶我去甘泉寺拜菩薩。廟公艮景叔向我道賀並給我五圓的紅包。我知道甘泉寺的香油錢收入十分有限，所以覺得很不好意思。

琦哥是從日本中央大學法科專門部輟學返鄉的學生，專門部等於是專門學校，但其制帽卻是和學部同樣的黑呢方形帽，他親自把他已經不再有機會戴的帽子改成丸型，當作禮物慶祝我上榜。

學徒兵

一九四五年三月十一日，我正式成為臺北經專學生。校長遠藤壽三先生聽說是臺灣少有的親任官，亦即任命書由天皇親署並蓋玉璽，再由總理大臣副署。他的入學式致辭並無驚人之處，但首次遇見用「余」的第一人稱講話的人，確實覺得很新鮮。至於經專的教授，不是勅任官就是高等官。

現在凡是在校學子，我們都稱為學生，但戰前的日本原則上有所區別。唸大學的才叫做學生，專門學校、高等學校及中等學校在校生是生徒，小學校（公學校）的學童是兒童。

我寄宿安叔家，每日徒步一個小時往返學校，但連一個小時的課都沒有上過。在兵荒馬亂之際，學校當局似乎沒有確定的處事方針，但不久後才知道，彼時學校已經接到全校皆兵的命令，忙於準備，只好放任我們學生無所事事，坐在教室談天待命。

入學第三天，舉行遠藤校長離職告別式。校長告老退休，我再度、也是最後一次聽到以「余」

為第一人稱的演講。石崎政治郎教授繼任校長之職，這位矮小的新校長是日本攻占新加坡接受英軍投降時之山下奉文大將的翻譯官。身為美國留學生的他，一九二〇年代在密蘇里大學唸書時，常常到巴爾帝莫阿飯店裡兼售藥品、化妝品的雜貨店買東西，那時賣東西給他的小伙子是年輕時的杜魯門總統。這是他戰後用杜魯門傳記當教材教我們英文時所講的故事。

入學第四天，鐵槌准尉召集全校學生，命令我們志願從軍，以過去四、五年間的軍訓成果來保衛國土。當時我的年齡是十六歲又五個月，距離滿二十歲的徵兵年齡尚有一大段距離，但在敵軍可能即將攻擊臺灣的緊迫情勢下，我們沒有選擇的餘地。為此，包括一名三年級、二十名二年級生和五十名貿易專修科生的全部生徒，一律「奉命志願」為防衛鄉土而入伍當兵。

我們入學時，二、三年級生的大部分內地人（日本人）已經被徵召或志願去參加各種兵役。三年級裡，僅存的渡邊桑因手臂有缺陷而免役，中壢人劉錦榮桑在所有同學早就光榮入營後，這次無法再遁跡，成為我們大隊本部的火頭軍，田中兵長也被一張「赤紙」再度召集，成為我們中隊指揮班成員。至於我們一、二年級生，連一張「赤紙」都沒有看到，就被召集入伍變成陸軍步兵二等兵。

我們正式入伍的日子是三月二十一日。在此之前，我們必須將學校布置成軍營，把所有上課用桌椅搬進臨時改為倉庫的劍道場和柔道場，在空出來的教室地面鋪上稻草，蓋以軍毯作為睡床。此外，在大禮堂後的空地以杉木和桂竹搭建臨時烹炊所（廚房），建造成列的大型爐灶，以及到第三部隊倉庫領取各種軍品、搬運糧食等，這些都是我們的工作。

在此期間，某一日我們全體新生徒步前往草山，每個人運回一支直徑約十公分、長約三公尺的相思樹木材，作為構築防空壕之用。草山是陽明山的原名，我們在下山途中遇到空襲警報，不久上空出現美軍B－24轟炸機十二架編隊。我們紛紛跳進路邊排水溝避難，同時也聽到來自臺北方向的爆炸聲。

空襲警報解除，走到御成街道國賓飯店現址附近時，我們發現柏油路面多處有鋸齒狀的傷痕。翌日報紙報導，那是美國新開發一種叫做瞬爆性炸彈、又名降落傘炸彈的新式武器所造成的瘡疤。那一種炸彈由飛機投下後啟開降落傘而緩緩地降落，在著地的一瞬間向水平方向爆炸，所以趴在地上的人也無法倖免，這一點和普通向斜上方爆炸的炸彈不同。

一九四五年三月二十一日，我們正式加入臺灣一三八六二部隊，成為日本陸軍步兵二等兵。一三八六二部隊是以臺北地區專門學校和中等學校四、五年級生徒所編成，俗稱學徒兵的獨立大隊。大隊包括八個步兵中隊和一個重機槍中隊，各個中隊暫時以所屬學校為營，大隊本部設在經專，部隊長是我校配屬將校鍋島大佐，野澤鐵槌准尉是他的副官。

中隊由三個小隊組成，一個小隊人數為五十名。我屬於第二中隊第二小隊，中隊長津曲中尉二十九歲，原職是北三中軍訓教官。小隊長一職本來應由少尉軍官來擔任，但我們這個學徒兵中隊卻以召集的老士官來濫竽充數。第一小隊長井上伍長是郡役所小吏，我們的小隊長佐藤伍長是國校老師，第三小隊長是蕃地警察守谷兵長。中隊指揮班直屬中隊長，負責中隊一般事務，成員包括被召集入伍的田中兵長前輩和保儉學泰斗杉浦教授二等兵，以及南洋經濟地理權威塩谷巖三教授二等兵等十人，班長是經專事務員梅枝兵長。

入伍後，軍隊分發給各人戰鬥帽一頂，襦袢和褲下各二件，襦袢是襯衫，褲下是長內褲的軍語。另外發給沒有開叉的地下足袋一雙和掛在左胸的二等兵軍銜章一枚。以上就是大日本帝國陸軍建軍七十年光榮歷史中之末代新兵的裝束。

我們的配備武器是三八式步槍，其中三分之一是教練槍。所謂教練槍是操練用的假槍，結構零件和真槍完全相同，但槍管裡面沒有螺旋溝，所以只能放演習用的空砲彈，而不能用來打真正的子彈。我分發到真槍，真槍和教練槍的差別除了螺旋溝以外，彈膛上面刻有日本皇室的菊花徽章。

日本武士非常珍惜武器，將佩刀視為「武士之魂」，日軍繼承了武士思想，所以也把武器稱作「軍人之魂」而愛護有加。如今再刻上皇家紋章用以象徵天皇之御物，本來就愛裝模作樣的軍隊更將其捧為軍人之命根，對步槍的汙衊被視為是對皇家的不敬和對軍人精神的凌辱，若有差池，輕者受嚴厲的體罰，重者關禁閉甚至關進軍人監獄，接受非人道的處置。傳說某聯隊的新兵半夜在彈藥庫站崗時，把步槍靠著牆壁放而坐下來打瞌睡，巡哨的值星官不直接加以責備，而將其步槍帶走。醒過來發現步槍不見的哨兵，驚慌失措之餘，竟跳入附近的深井自殺身亡。爾後每當半夜站崗時，據說位於兵營最偏僻處的彈藥庫哨兵，偶而會聽到來自古井內微弱而幽怨的「還我槍來」的聲音。

我們知道，徵召學徒兵是為了加強對付不久後可能登陸攻臺的盟軍，所以我們內心都準備好將接受嚴酷的防禦戰鬥訓練，包括戰壕戰、白刃戰、對戰車戰、遊擊戰、街巷戰等。可是入伍後十日駐在大隊本部期間，除了守谷兵長指導使用圓錘爆雷之攻擊戰車訓練以外，什麼都沒有做，爾後轉移幾處駐屯地也未進行過任何戰鬥訓練。

所謂的圓錘爆雷，是圓錘型底部具有強烈磁性的炸彈，炸彈底部朝上裝在五公尺長的竹竿頭。攻擊者藏在路邊，敵軍戰車走到傍邊時一躍而出，雙手舉起圓錘爆雷摁在戰車側部履帶下方後立即趴下。鐵槌准尉在網球場的擋球牆上畫了一輛戰車的側形，叫我們反覆練習實施搏鬥，所幸這個我們練得相當熟練的戰技後來沒有派上用場，否則在敵軍戰車還沒有被炸壞之前，我們自己就會先「粉身碎骨」。

徵召學徒兵作為抵抗登陸敵軍的部分戰力，很可能是受情勢所迫之臨時性起意，所以包括組織、裝備、設施、訓練計畫、作戰方針等都相當粗糙。我們中隊成員有三分之一配以操練用假槍，連「屙屎嚇蕃」（客語：傳說我們先祖怕山地蕃〔當時用語〕窺伺偷襲，便把香蕉磨碎裝滿麻竹筒內擠成大條，假裝人屎模樣擺在村莊外圍，使高山族人誤為村內住著巨人，知難而退）的效果都不能期待。駐屯地原先預定林口（當時叫做樹林口），兩天後又改為大園庄埔心，後來又遷移到蘆竹庄山仔腳，繼而移駐汐止，朝令夕改，不知其所以然。

參加過幾次圓錘爆雷訓練並挖幾口蛸壺式防空壕，輪到兩次守夜和一晝夜的哨兵勤務後，四月一日午夜一時，我們第二中隊和第六中隊離開大隊本部，搭火車前往桃園。

早上四時到達桃園，因為天還沒有亮，所以中隊走到桃園街郊區就停下來，借了一家相當豪華的宅邸院子休息。十五年後，我應陳合發集團的經專同學陳文宗之邀前往桃園作客，才發現當年中隊休息的豪邸就是他的家。

蝨子

我們早晨從桃園起程，行軍三個小時後抵達大園庄埔心部落。埔心是個小村落，街道兩旁有幾家店鋪，包括一家飲食店。村落裡有一座被日本政府廢棄的舊寺廟，成為我們的營舍。廟內有鋪好的稻草褥墊，可能是先前部隊遺留下來的東西。我們很開心不必費力就能撿到現成的設施，可是到了晚上就寢後馬上發現高興得太早，因為褥墊的稻草摻有將近一半分量的白虱子在裡面。當天因為行軍和整理營舍而疲勞不堪，整個中隊成員更忙於抓癢而整晚無法入睡。接下來幾天試用各種方法都無法消滅蝨子，後來嚴重到連衣褲摺縫處都長滿蝨子蛋，最後只得把毯子衣服放入大鐵桶煮沸，才制止了蝨子肆虐。

廟後竹林邊有棟小房子，住戶是一對姓林的年青夫婦和老母，以及剛出生不久、名叫太郎的嬰兒。他們以種田為生，家境不是很好，但環境整理得很清潔，人又親切，我和蘆原、長友三人常常在晚飯後偷溜出去到他們家聊天。當時軍隊的伙食很差，量少是最大的問題，菜餚一律是煮得宛如草藥般的青菜湯。聽說設在埔心國校的中隊烹炊所，每天都有少量豬肉配給，但僅供給幹部們每晚「會食」（聚餐）之用，所以每人每時每刻都忍耐著飢餓，個個骨瘦如柴。我請林家老母幫忙，她同意賣給我十斤蕃薯並分成三次替我們煮熟，索價四圓，只等於一碗在街道飲食店偷賣的鵝肉湯的價錢。爾後我們多次麻煩她老人家，她的好意成為我等三個飢餓人久久難忘的回憶。

德國戰敗

第二中隊本部辦公室設在街道上的民房，除了中隊長另有宿處之外，各小隊長、指揮班長等幹部包括田中兵長、杉浦二等兵、塩谷二等兵都住在本部辦公室。杉浦、塩谷二位教授的軍階雖然是最低的二等兵，但他們的高等官等級比中隊長高出很多，他們是當局規劃召集學徒兵時特別安排到軍隊來管理學生，以彌補軍隊幹部之不足。杉浦二等兵在軍隊仍以生徒課長自居，田中兵長有一次抽菸被他逮到，遭其臭罵一頓，看起來有一點沒大沒小。

我們在埔心的任務是高射砲基座的構築工事，得挖開桃園大圳貯水池的半邊大土堤，用砂石混凝土打基礎，以供高砲隊安裝高射砲。大小砂石的收集也包括在內。

有一天，我們小隊在公路傍小河採集砂石堆積在路邊時，鍋島大佐的坐車從桃園方向駛往大園，老鍋下車後，用他好像口中含了整個蕃石榴似的發音，告知我們德國戰敗、希特勒自殺的消息。那個時期，美軍已經登陸琉球，正在進行激烈的殊死鬥，而日本的同盟國義大利在半年前已崩潰，如今德國又被擊滅。盟軍配置在歐洲的強大兵力，很快就會轉向日本，這對本來就「想愛哭毋得嘴扁」（客語）的日本來說，就像倒霉鬼遇見雷擊木。

父親來訪

駐屯埔心後約十天，某個星期日中午，中隊本部差人來叫我到辦公室。我一進門，意外看到父親坐在那裡和佐藤伍長講話。我帶父親到舊廟後竹林內，坐在石頭上一起用餐。父親把便當盒內的大部分雞肉夾出來塞進我的軍用飯盒內，讓我補充長久以來的慢性營養不足。我對父親能到埔心來看我覺得不可思議，而經過父親說明，才知道他的用心良苦。

戰時的軍中通信，照理應該通過上級審查後寄出，但學徒兵是臨時勉強拼湊的組織，所以很多事無法按照規定嚴格執行。由於中隊本部未曾提及通信問題，我在抵達埔心後不久就寫一張明信片給父親報平安，信中沒有註明地址，只寫部隊名稱後擅自投入郵筒。大園庄鄰接觀音庄，兩庄役場所在地大園和觀音間距離相隔八公里，以觀音北方四公里的海邊村落草漯為庄界。父親在明信片上見到大園郵局的郵戳，判斷我駐屯在鄰庄內，因而打算走遍全大園庄，一大早就騎腳踏車從觀音出發，沿途走訪每一個村落來尋找我所屬部隊的下落。父親在大園庄役場探悉有不少學徒兵駐屯埔心，不久就在埔心街道上發現臺灣一三八六二部隊津曲中隊的名牌，這就是為何我在當時的逆境中能見到父親。

父親沒有自信一定能找到我，所以不敢把母親四點鐘就起床為我準備的雞肉多帶一點來，他為此懊悔不已，但對我來說，那次的父子相聚已是夢想不到的驚喜。父親回去後，佐藤小隊長問我是不是寫信回家告知部隊的所在地，經我說明後他就不再追問，不過他從父親的名片獲知我們家是店鋪，並以十分羨慕的口吻說，你家一定有豐富的食物和菸酒。當時我不夠世故，不能察覺他言外之意，否則很可能以提供菸酒或食品為由向他請假外泊，可惜這是我離開埔心後才想到的點子。

驚嚇

翌日，我輪職舍內監守。所謂舍內監守就是看家。我們的臨時營舍內沒什麼貴重物品，唯有一百多支三八式步槍留在舍內，是監守的主要對象。

十一時許，在未曾發出空襲警報、也沒有聽到飛機聲的情況下，突然敲鐘聲響。廟前廟後都有防空壕，距離相差無幾，只是當天廟前有糧餉運輸車在分發糧食，所以我往廟後跑。當我跳入防空壕的一剎那，頭上霹靂啪啦的爆炸聲響個不停，使我差點嚇破了膽。

等待安靜下來後，我從壕內伸出頭來觀察四周。附近看不到爆炸的痕跡，但不遠處的樹枝上卻掛著一大塊白布，下面還吊著一個鐵球。我一眼就看出那是一顆降落傘炸彈，由於降落傘帶纏住樹枝不能著地，所以沒有爆炸。我戰戰兢兢地繞開廟後，往廟前查看，廟前廣場有兩大塊破碎的降落傘，榕樹下躺著兩個士兵，附近滿地都是鮮血。

那一天有兩架美軍轟炸機以超低空從海上入侵，日軍電波探測器無法探測到敵機來襲。之後兩架轟炸機突然升空，在埔心投擲二十幾枚瞬爆性炸彈，其中五顆掛在樹上搖搖欲墜，情況非常兇險。後來附近駐軍派來一名狙擊兵，命附近居民疏散後用步槍從遠處射擊，把掛在樹上的炸彈全部引爆，解除險象。回憶當時的情況，我若不是到廟後而是衝去廟前避難，不知後果會是如何。想到這裡，我就心有餘悸，不寒而慄。

赤痢

四月底我當值星上等兵期間，第二中隊奉命轉移陣地到蘆竹庄山仔腳。地名雖然叫山仔腳，但位置卻在一座小山上。新的營舍是用竹木和茅草蓋的工寮，分成十幾棟，散布在山頂、山腹和谷底。

我們行軍移動。包括砂耙、大小十字鍬、鐵鏟等笨重的築城工具，以及大鐵鍋、水桶、飯菜桶等大型廚房用具，則向埔心一家農戶借用一部牛車搬運。開南商業學校出身的鄭如蘭趕牛跟著中隊走，他是來自芎林的農家子弟，駕駛牛車架勢十足，看起來好像深得其妙。

翌日整天下大雨，我為了執行值星上等兵任務，終日從山頂的中隊本部到谷底的烹炊所之間跑上又跑下，沒有雨衣，山路又溜滑，實在疲於奔命。中午過後，我覺得肚子不適，山坡地到處都是廁所，我在執勤途中多次就地方便，到了傍晚回到營舍，倒在用桂竹架設的睡床後就不省人事。

點呼時，和井上伍長交替擔任第一小隊長的值星官橋本軍曹，對著病倒在床的我破口大罵，並強迫我下床立正站好。我搖搖晃晃地站起來，但立刻倒下去，橋本再叫我起來，我已經身不由己。軍曹摸一摸我前額後，不發一言就匆匆離去。不知道經過多久時間，梅枝兵長帶領幾個使役兵來，用擔架把我扛下山。梅枝桑手舉火把走在前面，他說中隊長下令我和曾根二等兵返回大隊本部病室醫療，我才注意到後面跟著另一個躺在擔架上的病患。第三小隊曾根富夫原名曾富，是基隆人，後來成為台塑老闆王永慶的左右手。

當晚，我們借宿設在南崁國校教室的駐軍醫務室，翌晨梅枝兵長陪我和曾根二等兵搭駐軍便車到桃園火車站，坐在載煤貨車的煤炭上返回臺北。幸虧貨車停靠在離大隊本部不遠的樺山貨車站，使我們兩個病人尚能拖著蹣跚的步伐走到目的地。

軍醫給我們診察如儀，叫衛生兵替我和曾根各打一支葡萄糖注射，宣布「入室」並絕食三天，這是軍醫唯一做的事。爾後三個星期迨至「退室」為止，不再打針，也沒有吃藥，連軍醫的影子都沒看到。

病室內病患約二十人，其中一半以上與我同樣是赤痢患者。病室是最靠邊的教室，病床是鋪在地板上的稻草睡床。病室外靠近圍牆的空地挖開一條長溝，在上頭用竹子和稻草搭蓋七、八個廁所，供入室病患專用。

頭三天我只喝開水，但每天照樣跑廁所二十幾趟，排泄的是帶血的粘液。負責管理病室的衛生兵鬼丸上等兵每天要我們報告排泄的次數和排便的狀態。第四天起，鬼丸准我吃二分粥，所謂二分粥是摻有幾粒稀飯的米湯，以後慢慢地改為三分粥、五分粥、七分粥，但迄止退室，都未曾准許我吃硬飯。

入室幾天後的某個晚上，我偷偷地跑到學校會計室，用電話把我的情況告訴安叔，沒想到父親第三天就冒險到臺北來看我，並帶來「豬黃」（客語：漢藥名，病豬膽汁液結成塊者，痢疾特效藥）給我服用。父親當天就回觀音，我一直擔心父親的旅程不安全，所幸那一天沒有空襲警報，令我鬆了一口氣。

想必是父親帶來的「豬黃」產生奇效，我和曾根的痢疾逐日好轉，大概兩個星期就幾乎痊癒，但鬼丸堅持把稀飯濃度按部就班地階段性提高，使我病癒而食欲大增的胃腸蒙受飢餓之苦。有一天下午，我跑到烹炊所找炊事班長劉錦榮先輩，劉兄問我病情如何，我說病已經好了，但快要被鬼丸衛生兵的五分粥害死。劉桑把他原來露出一寸的大暴牙再推出一寸來笑一笑，然後拿起傍邊的軍用飯盒裝滿硬飯，另外加上一大堆青菜炒肉絲，叫我在附近防空壕內吃下。我的胃腸病初癒，暴飲暴食可能有不良的後果，但過度的飢餓使我失去戒心，狼吞虎嚥地把一大盒飯菜全部塞進肚裡。結果是安然無恙，飯到病除。

我在大隊本部醫病期間多次遇到敵機來襲，但攻擊目標都限於松山機場，其目的不外乎是破壞跑道來阻止神風特攻隊起飛，衝撞在沖繩作戰的艦船。起初聽到躲避信號的敲鐘聲時，我們病患也勉強跑出去躲進防空壕內，但後來都不耐其煩，大家躺在床上聽天由命。

五月下旬，我和曾根奉准退室返回原隊。我們的中隊在山仔腳糊裡糊塗虛度十幾天以後再轉進到汐止，以汐止國校為營，所以我們搭火車前往汐止，向中隊長、小隊長和梅枝兵長「申告」（日本軍語：報到）後，恢復日常勤務。

汐止是基隆往臺北的要衝，公路和鐵路都得通過該地狹隘的丘陵。我們第二中隊和第六中隊的任務是在兩傍一帶構築防線，但因為沒有任何器材可用，所謂的防線只不過是以塹壕相連的許多蛸壺而已。在此同時，有鑑於敵機來襲日益猖獗，上級下令各中隊在山區另行搭建臨時營舍，以減輕集中蒙災之危險，因此我們必須利用空檔前往汐止山區主峰大尖山採集茅草備用。

轟炸臺北城

五月三十一日中午，我在大尖山刈取茅草和蘆葦時，眼見幾十架B－29在臺北上空迴旋投擲炸彈。我們雖然看不見臺北市內的情況，但從投彈的規模，不難推測受災之程度。當晚，公用出差大隊本部的袍澤傳來消息，包括總督府、臺灣銀行和臺大醫院的「城內」一帶均遭五百公斤巨彈和大量燒夷彈的地毯式轟炸，災情慘重。

城內是連結現存北門、西門町圓環、小南門、南門和東門之間環繞三線道路的地區。一八九五年日本占領臺灣，當時臺北城還被城牆圍住，只能經過五座城門通往城外。日本進駐臺北後，把城牆拆除，鋪成三線道路來改善交通。日本治臺末期，城內除了總督府、臺銀、勸業銀行、臺大醫院、鐵道飯店之外，大小商賈和住戶都以日本人居多，所以美國軍機想必是衝著日本人而來。

約一個月後，我藉慰勞外出的機會，特地前往城內探視災情。京町（博愛路）、榮町（衡陽路）、表町（重慶南路一段）一帶的店鋪多處傾倒，馬路上留有不少直徑十五公尺、深度五公尺的研缽形坑洞，有的地方因為自來水管破裂而形成水塘，聽說是五百公斤炸彈的痕跡。臺大醫院正面東側建築塌壞一半，臺銀大廳內看得見天空，總督府北側倒塌，地下室和一樓房舍也有嚴重的燒痕。

戰後二十年，我聽一個鼻孔會向上噴煙的日本老兵葛原說，當天城內被炸死一百多人，因為天氣炎熱，而且一時無法獲取足夠的棺木和運輸，所以他的部隊只好把屍體集中在公會堂（中山堂）前廣場，利用倒塌房屋的木材和重油，費了三天三夜才把全部屍體燒光。葛原感慨地說，爾後約一個月，他的嗅覺完全麻痺，聞任何東西都覺得有屍臭，戰爭盡在一個慘字，我們不能再重蹈打仗的傻事云云。說完後他好像要消除記憶中的屍臭似的，又把香煙猛向上方噴出。

六月初旬，我們獲准輪流休假外泊四天三夜，中隊長特准前夜傍晚點呼後離開軍營，讓家住臺北或基隆地區的人能在家裡多睡一宵。有一班基隆開出的列車，晚上九時半經過汐止，該班列車只到臺北，但我歸心如箭，打算先到臺北再作打算。那次中隊長當番（勤務兵）中壢人孫耀文與我同行。

我們抵達臺北站，確認翌晨六時以前沒有南下列車後，便投宿太平町一丁目日榮旅館。日榮旅館原名日英旅館，日本早在一九〇二年和英國締結日英同盟，在日俄戰爭期間獲利不少，所以日英旅館的名號原是上上之選，但一九四一年日本向英美荷開戰，故而不得不把敵國的「英」字改為「榮」字，兩字的日語發音相同。當年有一家華盛頓靴店被迫改名，改為東條靴店後再度被軍方譴責，認為把美國總統名字改成日本首相，顯然有嘲弄軍方之嫌，經過店主解釋自己本身姓東條，才平息了那場小風波。這也說明當年日本軍閥是如何囂張。

旅館的宿費包含晚餐一客五圓，晚餐是涼掉的一大碗稀飯配一小碟煮長豆。飯後不久我們就寢，但立刻遭到跳蚤大軍猛攻。由於數量太多，抓不勝抓，估計抓到天亮也抓不完，因此我們商量提前離開這個不淨之地，到臺北車站碰碰運氣。

午夜，我們走到車站南下月台時，竟剛好有一部載貨列車進站。列車駕駛是兩位陸軍上等兵，他們允許我們兩個二等兵坐在車掌車廂。原先我以為半夜二時就能到達中壢站，但由於列車在每一站都要卸開並連結車廂而費時甚多，因而抵達中壢時已是早上六時。

列車離開萬華站後不久聽到空襲警報，火車頭鍋爐火星無法遮蔽，中途停車更加危險，所以唯有向前猛衝一途。我在後面聽到爆炸聲，也看到猛烈的火光，我想敵襲可能是衝著列車爐火而來，後來在報紙看到那次是火燒龍山寺前殿，報導諷刺地說臺灣神明也自身難保。然而翌日報導，圓山臺灣神社本殿也被燒掉。臺日神功高低之爭，平分秋色，半斤八兩。

七點多我回到觀音，父親好友徐鶴伯和徐慎伯在家裡聊天。阿慎伯看我佩著牛蒡劍（刺刀），遂以到了專門學校還沒有長劍可佩，對我揶揄一番。

第十四章　遺書

道別

放假回家前，上級命令我們繳出密封在信封內的各人遺書和少許頭髮及指甲，那是日本軍人長久以來上戰場前的習慣，使我們覺悟到赴湯蹈火之日即將到來。允許回家，也是讓各人向親人道別的含意。因此，第三天下午向父母告辭時依依難捨，悲痛之情隱然升起。

放假期限是第四天傍晚七時點呼時間為止，但白天火車停駛，所以我不得不在第三天下午離開觀音，晚上借宿中壢新街孫耀文家。翌晨搭火車到臺北，在同一中隊許榮昌君家消耗時間，並坐下午五時行駛的火車回營，結束了這次悲喜交集的歸省外泊。

中壢新街位於鬧區北方縱貫道路約一公里處，排在道路兩傍的幾十棟住家幾乎都是相同樣式的磚造平房，大部分是打鐵鋪，專打禾鐮為業，因而有打鐵街之稱。禾鐮是刈稻專用彎度不大的短小鐮刀，新街禾鐮以鋒利聞名，供給全島農戶百分之八十的需求，因而常年繁忙，在百業無聲的時期尚能一枝獨秀，滿街槌打聲至夜不絕。於今臺灣稻產式微，農耕作業又全被機器取代，禾鐮也就功成身退，新街昔日面目不再，高樓大廈到處林立，難免令人有滄海桑田之嘆。

六月中旬起的一個月，各中隊抽出四分之一人員，派遣駐紮板橋國立藝專（今臺灣藝術大學）現址的三楓竹部落，任務是挖出大漢溪河床砂土運往松山，用來填補被轟炸的飛機跑道。為了避開敵機來襲時間，運土列車每日早晨和傍晚六時開動，所以我們的工作時間也配合其行程，下午五時開始作業，花一個小時把預先挖起的砂土裝上貨車，列車走後再徹夜挖土堆積，以備翌晨裝車之用，白天則在三角型臨時草房營舍內呼呼大睡。美軍為了阻止神風特攻隊前去支援沖繩作戰，每日派遣大批轟炸機轟炸九州和臺灣的航空基地跑道，所以我們的工作量逐日增加，簡直喘不過氣。

為了調劑大家的作業情緒，上級有一次准許我們分成三批，輪流外出臺北。外出人員搭乘運土列車到臺北站，但回程必須徒步兩小時回營。我們明知臺北已經是一座空城，可看、可玩、可買、可吃的東西全無，但大家還是各帶二個飯糰踴躍出發。在臺北站下車後，我首先去看城內一帶被炸的慘狀，然後以姑且一試的心情轉往太平町一丁目。叔父家無人。建成町（天水路）、下奎府町（寧夏路）一帶房屋被拆除，變成廣闊的空地，聽說那是為了防止燒夷彈火災延燒而造的防空空地，結果美機偏偏將燒夷彈撒擲在日本人集聚的城內，真是莫大的諷刺。

據聞西門町市場口的軍人食堂（戰後改成紅樓劇院）有賣五目飯（什錦飯）和御荻（外裏一層豆沙餡的糯米飯糰），我在十一點時抵達西門町，軍人食堂的招牌下面寫著：營業時間十二時至十二時三十分。我無意苦等一個小時，又想到必然會碰到很多上級軍人，便離開西門町，取道板橋方向信步而行。

路過萬華時，想起前一陣子在夜行貨車上遇到空襲的事，所以順路走向龍山寺看看。寺廟前殿半倒，正殿屹立依舊。戰前的龍山寺鬧市舉世聞名，但開戰後無物可賣，門可羅雀。但那一日，從遠處看到其一隅有不少人走動，好奇心促使我走過去，赫然發現有十幾個攤位在販賣睽違多年的各種食物，雞鴨鵝肉、肉焿、炒麵、炒米粉、魷魚、魚丸等應有盡有，令我十分驚訝，目瞪口呆。當時二等兵的月薪是十八圓，一小盤的炒米粉或炒麵索價二圓，我把一個月的收入吃光後，便心滿意足地打道回營。

後來我把龍山寺鬧市的事告訴戰友們，有人羨慕不已，有人捶胸頓足，但也有人半信半疑，甚至認為我故意編造謊言來害人垂涎。其實我心中也一直納悶，在執法嚴酷的日本經濟警察威脅下，龍山寺攤子為什麼膽敢公然「闇取引」？我想唯一合理的解釋是包括日本司法行政人員在內，一般民眾對自己政府已逐漸失去信心。一個喪失尊嚴的政府下面，很多事會變得鬆弛怠惰、虛與委蛇，「闇商人」便乘虛而起，官商勾結應運而興。

末世日暮

七月中旬，我們完成任務返回汐止。我發現中隊的氣氛與三楓竹作業現場相比顯得非常懶散，士氣低落，軍紀懈弛。津曲中隊長和他新婚太太在汐止街上租屋，每天早上出現在中隊本部，下午就不知去向，起初我們以為他在巡視工事現場，但至少我分擔的鐵路附近狹隘崖谷附近未曾看過他的蹤影。聽說小隊長和指揮班長等幹部每晚均以會食名義聚餐喝酒，把我們極少量的豬肉配給剝削殆盡。我看得出那是日暮途窮的現象。

返回汐止翌晨，佐藤小隊長帶領我們十幾個歸隊者到工事現場，分配每個人挖掘三個蛸壺。小隊長留給我們的是巖石地帶，岩板雖然不是很硬，但十字鍬不管用，必須用鋼鑽慢慢地鑿下去，所以工作辛苦，進度緩慢。把如此艱鉅的工作留給派遣板橋做苦工回來的隊員，想必佐藤伍長心裡有一點內疚，爾後他也沒來過現場檢查工作進度。我們也不相信那種簡陋的設備和三八式步槍能夠抵抗美軍的戰車炮、自動步槍及火焰放射器，加上作業現場在斷崖上方，從下面看不到我們的行動，因此我們就半作半休，自作業開始到終戰的一個月間，我只完成一個半的蛸壺。戰後，在鈴木源吾教授的工廠管理課上讀到soldiering（soldier+ing）一辭，字意是「假裝認真工作而在偷懶」，使我想起以前在汐止挖蛸壺的往事而竊笑不已。

我們的營舍汐止國校正面向東，縱貫公路通過校門口。後面是基隆河，南邊稻田，北側是竹林，林中有條小路通往汐止舊街。舊街道路狹小，磚造房屋老舊，略有臺北永樂町（迪化街）的風情。舊街有間民宅賣綠豆湯，淺底飯碗一碗的價錢是一圓。

按照規定我們不能越過營區一步，但我每隔二三天就溜出去吃「闇取引」的綠豆湯，而每一回都在那裡遇到河村桑。我光顧的頻率低，時間又不一定，卻能經常碰見他，想必河村桑除了天天去以外，很可能還一天光臨好幾趟。當時我已經把父親交給我的學費虧空了一大半，所以只好忍著誘惑，吃一碗就走，但河村桑每次都要連續吃三碗。我估算，他駐在汐止期間吃下肚的綠豆湯至少有二百碗之多。

竹林內有一間破爛小木屋，裡頭住有從琉球石垣島疏散過來的老夫妻和兩個幼孫。屋內一半是三疊的塌塌米床，另一半地板放著簡單的炊具和碗籃，此外空無一物，連照明的電燈都沒有。

某天晚飯後，我和一位叫做岡村的日本同學進去他們家看看。老夫婦默默地坐在床上，折疊式小飯桌上放著小燈盞。我問他們起居情況，老人家說他們靠政府救濟過活，但配給糧食僅足夠維持他們不致於餓死。幼孫們無知，一天到晚吵嚷肚餓，使他們十分難過，加上每次想起留在故鄉的子女生死難卜就心如刀割。如果不是為了兩個小孫子，實在不想活下去。

我和岡村都很同情他們的處境，但自身都難「飽」的兩個小學徒兵，又能如何？離開屋子，岡村說，烹炊所後面的水槽浸泡很多乾燥野菜。我們繞道到竹林沿邊烹炊所背後，水槽內泡滿高麗菜乾，水槽旁放著許多綑壓縮成塊的菜乾。我們把一塊土磚般大小的菜乾越過圍牆擲入竹林，再回到竹林拾起來贈給那對石垣島老夫婦，兩人向我們大行叩首、幾乎要著地的最敬禮。我們的行為雖然不怎麼光明磊落，但尚不失為光風霽月的心境。

原子彈

七月二十六日，美國、中國、英國（後來蘇俄也參加）共同發表所謂的《波茨坦宣言》，對日本提示終結戰爭並向盟軍投降的條件。其內容包括軍國主義指導勢力之排除、戰犯之嚴懲、聯合國之日本占領、日本領土之劃定、日本澈底的民主化等等。

美軍戰機將《波茨坦宣言》印成傳單，空投至日本全國及占領地，所以報紙也不得不將其刊出。首相鈴木貫太郎發表談話，表示《波茨坦宣言》只不過是《開羅宣言》的翻版，日本政府不認為有多大的意義，所以將不予理睬，我們斷然要向戰爭之完遂而邁進云云。

聯合國把鈴木的談話視為日本對《波茨坦宣言》的公開正式拒絕，八月六日對廣島投下歷史上第一枚原子彈，三天後第二枚原子彈攻擊長崎，造成空前的大傷亡。長崎受原子彈攻擊的同一日，蘇俄對日宣戰，俄軍以破竹之勢，越過國界攻擊滿洲。

七月底，我們第二中隊搬進大尖山麓丘陵地的自建茅屋。克難式營舍包括中隊本部、各小隊及附屬廁所、烹炊所、浴室。烹炊所和浴室蓋在溪邊，用竹筧把溪水引進來使用，浴缸是五十加崙油桶，每日設一名「風呂當番」（浴室勤務兵）負責撿柴燒水。上級雖然規定每一個隊員都可以輪流使用浴室，但僧多粥少，又屬於大熱天，所以一般二等兵都在溪流中洗澡順便洗衣服。

八月七日，我們聽到美軍把新式武器原子彈投在廣島的消息，報紙報導其傷亡慘重並斥責敵人不人道，同時轉述美國權威學家估計廣島今後七十五年間將寸草不生的談話。八月九日，美軍再把一枚原子彈投下九州長崎，陸軍長久以來的假想敵蘇俄突然攻入滿洲。大家都知道大勢已去，但表面上看起來十分安靜，我們的陣地構築照常進行。

日本戰敗了

一九四五年八月十五日，天氣特別悶熱，這一天沒有發出空襲警報，在此之前，幾乎每天都有雙機身式戰鬥機洛克希德P－38的騷擾。吃過貧乏的中飯後，我躺在樹下，規定自己休息兩個小時，一面聽蟬鳴，一面胡思亂想。我正擔心如果美軍真的登陸臺灣要如何是好時，突然聽到下面有人喊叫「喂，上面的兵隊」。我探頭俯瞰，有位不認識的中年士兵大聲說「日本戰敗了」，我們已經向盟軍無條件投降。我問「是真的嗎？」，他以這種事怎能開玩笑作答，還補充天皇親自經過廣播向全體軍民宣讀「終戰詔書」的消息。當時，我的直接反應是「獲救了！」。

戰爭既然終結，我們的陣地構築工作就應該中止，但中隊沒有下達命令，所以我們在原地待命，直到收工時間才回營舍。面對如此嚴重的衝擊，大家出奇冷靜。臺灣人知道即將脫離日本的統治而歸屬中國，但認識不深，日本人也知道他們將被遣回。大家畢竟還是小孩子，對突如其來的大變革似乎還不能深切體會其後果，只管著嚮往多年的和平終於到來而歡欣鼓舞。

當天晚上，田中兵長來到我們小隊營舍。田中桑比我們大十歲以上，軍階又高得多，但平素他就以同窗之誼對待我們，只是我們對他難免有點拘束。田中桑說他沒有特別的事，只想來聊天，想必他是不忍在中隊營舍看那些年逾不惑的老兵和教授因為敗戰而愁眉苦臉，所以到我們茅寮來打發時間。

這日傍晚，指揮沖繩神風特攻隊作戰的日本第五航空艦隊司令長官宇垣纏中將親自搭乘轟炸機，從九州基地飛往沖繩，打算衝撞美軍艦船，成為最後的特攻隊，以謝先行神風特攻隊年輕飛行員在天之靈，但他和擅自追隨的十架戰鬥機還沒抵達目的地，就被美軍戰機擊落。翌日十六日晨，最初企劃並發動神風特攻隊的軍令部次長大西瀧治郎中將也切腹自殺，以示負責。

八月十六日夜晚，汐止街大放光明，在嚴密的燈火管制下度過將近四年歲月的我們來講，那是無上的驚喜。電燈竟然那麼亮，我對此大感意外。

八月下旬，我們再度搬回汐止國小，準備解散軍隊的善後工作。鍋島大佐到汐止向我們致訣別辭，我們奉令把三八式步槍彈膛上的菊花紋章磨掉，「軍人之魂」十支一綑，被上面派來的卡車運走，其餘大小工具、道具均清理造冊，載往已遷移到金華國中現址之臺北家政女學校的大隊本部，一一點交給鐵槌准尉指派的驗收人員。

八月卅一日，發放一個月份薪俸十八圓的退伍津貼後，津曲中隊長宣布解散中隊。

身心俱疲下的唯一收穫

自從我們被迫志願入伍以來，將近半年的時光可說是一無是處。每天除了與苦役、飢餓、疾病、骯髒、空襲為伍，還得面對來自上級及軍隊規則的壓力，以及鄙視臺灣人、恃眾而驕、隨時伺機找麻煩的日本人同學等等，我們在沉重的精神負擔下，幾乎是度日如年。但如果要勉強講一句良心話，我在改善日語發音方面受益匪淺。

我從公學校一年級開始學習日語，在此之前可說是一竅不通，小時候聽到上學唸書的學童說音階的「do re mi」，我還以為他們說的是日本話。當時我非常羨慕會說日語的人，有一次看到綽號蝌蚪的謝氏貴妹老師帶領學生一面走路一面唱歌，蝌蚪老師先唱一句，學童就跟著唱一句。我追隨他們的隊伍繞了街道一圈，很快就記下單調的曲子和歌詞，雖然不懂其意，卻能朗朗上口。歌詞大意如下（最後一句是台語，芎蕉二字用福佬話發音）：我是支那人，叫賣芎蕉的。每日和芎蕉做伴，太太要不要芎蕉。

就讀公學校時，我的級任老師除了鈴木初枝小姐以外，都是臺灣人。幾位臺灣老師都講無懈可擊的標準日語，但我總覺得他們的語調或抑揚和日本人有點差異。當時在臺灣服務的日籍老師大部分是來自九州或四國一帶的人，比起東京方面的所謂東京語，語調較為平坦，而且或多或少帶有各地鄉音。然而，一般臺灣人老師的日語又是屬於另外一種發音。

當時除了特殊背景的家庭，例如學校老師、警察等以外，一般家庭的日語普及率不高。以我們家來講，父親讀完四年公學校後，直到當起保正之前的二十幾年間，都很少有說日語的機會。母親沒唸過書，自然不諳日語，老一輩的人更不用說了。所以我們一回家就講客家話，兄弟姊妹間或出外玩耍時，也多半是日客語參半，不到一半的日語又摻入日本人都聽不懂的造語或客家話直譯，尤其是罵人的髒話。

因此，公學校畢業後不再升學深造而在家務農或學習手藝者，日語造詣十分有限。如果沒有很多機會和日本人相處，例如在日本人家庭幫傭或當店員，在學校、庄役場、派出所當差或到鐵道部做驛夫等等，學習六年的日語大部分就會因為長期不用而變得殘缺不全，甚至被遺忘。

但在都市，這種情況就好很多。官衙、大醫院、上級學校、日本人開設的公司行號都集中在都市，日本人特別多，因此日常接觸日本人的機會不少，所以居住在都市的臺灣人，日語自然高明得多。

公學校畢業時，相信我的日語水準大致已經達到和一般小學校的日本人相差無幾的程度。六年級寒假期間，某個寒冷的下雨天，我在學校玩耍；我和幾個朋友在被踐踏成泥漿狀的運動場互相追逐時，飛濺的泥水沾濕了剛好經過的松浦重千代校長女兒的衣裳。中壢小學校六年級的松浦小姐勃然大怒而破口大罵，我也不甘示弱地大聲對罵起來，你來我往，互不相讓，結果不分勝負，不歡而散。事後我對自己流利的日語對話非常得意。

除了日常會話之外，我的日文閱讀能力也不錯。保甲書記彭石生先生擁有吉川英治的《三國志》一套九卷。他很慷慨地輪流分冊借給朋友看，可是我不是他的朋友，當時公學校五年級的我只能碰運氣，在向他借書的朋友家裡，遇到哪一卷就看哪一卷，要趁借書人不看的時候急急忙忙、斷斷續續地能看多少就看多少，而且無法按照順序讀，所以很難連貫起故事整體。不過把全卷讀完後，在腦中整理一下就大致能把握作品梗概。

讀公學校五年級那一年，《臺灣新民報夕刊》（晚報）連載黃得時先生的改編小說水滸傳。我從連載第一回開始看，一看就著了迷。夕刊是由每晚七點抵達觀音的巴士送達，再由開景伯和德景叔昆仲開設的怡發商店整理分發。我每天晚上都迫不及待跑到怡發商店取夕刊，當場就一氣呵成地將連載部分讀完，以免帶回被父親搶去，只能在一旁跳腳苦等乾焦急。有時巴士誤點，我就熬不住跑到上街庄役場邊望眼欲穿，等待老爺巴士蹣跚而來。如此情景，斷非書籍雜誌滿地堆放、看完的書大部分變成廢紙的今日社會能相比。借一句父親的說法，當年等到「膝頭都會出目汁」（膝蓋都會流眼淚）。

三國誌和水滸傳都是成年人看的小說，所以沒有標註假名，但我尚能勉強看得懂，遇到疑難時就請教父親或店裡幫忙的松景叔。父親替我解釋字義，但對讀法未必完全通曉，松景叔則一知半解，頂多是略勝於無的程度。不久，我學會從文章前後的意思來推測字義，此法準確度相當高，對我的閱讀能力助益不少。後來我有了辭典，證實我所猜測的字義大致十拿九穩。

儘管如此，進去淡中後包括我在內，三個觀音人的日語發音立刻遭到全部福佬人同學嘲笑。本來我一開始就對室友們的日語會話感到有異樣，講話的抑揚多處不同於我們的語調，但因為我們是沒有電燈的地方鄉下人，所以不敢表示意見，結果反而遭到來自不同縣市的多數同學批評，使我頓失自信，開始懷疑自己的日語能力是否有問題。

但經過觀察，新竹小學校畢業的寮友陳德和，宜蘭小學校出身的林逢吉，以及來自淡水小學校的蘆光耀等人之日語，顯然和其餘福佬同學不同，他們的語調與我不久前發生舌戰的松浦校長之女完全一樣。

當時我之所以未把日籍老師們的日語當作比較的標準，很可能是因為相信他們是純粹日本人，語言水準已經到達登峰造極的境界。但無論如何，我認為福佬同學們的日語也不是很高明，最起碼不可能凌駕於我，他們是五十步在笑百步。

話雖如此，福佬人畢竟是多數，我等三個觀音客家人必須和六十個福佬人經常處在一起，胳膊扭不過大腿，為了息事寧人，我很快就「同流合汙」，改說起福佬日語，但僧兵謝萬協和廖文士就不如我靈巧，經過好幾個月才被福佬人同學們同化，其間受盡了寮友或學友們的冷嘲熱諷。我認為語言天分和智力指數沒有多大關係，具有四分之一加拿大血統之柯設偕老師的日本英語，淡中第一秀才李登輝學長的臺灣日語，臺大慢我一期的學弟林洋港君之標準臺灣國語等，例證比比皆是。

在淡中和福佬人同學相處四年後，我的福佬日語已經練得爐火純青，談吐之間偶而摻雜一兩句三字經之類的「臺罵」，頗有畫龍點睛之妙。

可是，我入學臺北高商後，馬上感覺到事情不妙。占學生多數的日本人同學講的是純日語，一般臺灣人同學口中也很少聽到福佬日語。這是因為，公立中學的生徒全數或半數以上是日本人，即使是私立學校也有很多日本人學生，唯有淡中為純臺灣人中學，開南商業學校也是臺灣人居絕對多數，所以除淡中和開商出身者，以及少部分語言天分較差的公立學校畢業生以外，在校園或軍中能聽到的幾乎都是標準東京語，使我們又淪為少數異類。

我們的同學中，來自純日本人學校的臺北商業學校（現臺北商專）的人數最多，因而特別驕傲囂張，目空一切。他們專找臺灣人、尤其是講臺灣日語人的麻煩，不斷地故意用相當標準的臺灣日語來加以挑釁或羞辱，令人難堪得無地自容。

目睹如此情景，我認為非得把自己的語調澈底改善不可，因而開始專心研究，細聽日本人的講話口音，自己也盡量減少說話。不久後，我的改良日語，加上冠上的日本姓武田，許多比較陌生的同學誤以為我是日本人，甚至某位高砲部隊的伍長還問我是不是日本戰國時代的英雄武田信玄的後裔。

如前所述，日語的突飛猛進，是我在當日本兵、浪費半年寶貴青春時光之唯一收穫。十年後我第一次到日本時，東京人猜測我是九州人或四國人，九州人以為我是東京人。我去靜岡考察茶業、投宿藤枝市，旅館老闆在我提示護照前，一直不相信我是外國人。

李登輝先生說，他二十二歲以前是日本人。依照李前輩的說法，我在十八歲以前是日本人，但未曾以此為榮，也不作恥辱之想。這是出生在那個年代，生活在那個時代全體臺灣人共同的宿命。何況我當時年幼無知，接受的又是澈底的日本皇民化教育，所以除了個人恩怨以外，對日本人沒有厭惡感，也沒有特別的好感，只是異民族的隔閡感始終未曾消失過。

退伍返鄉的車程中我一直在想，面對即將回歸的中國，我們是一知半解。脫離日本殖民統治的桎梏，回歸祖國，自然是可喜可賀的事，但想到非靠本身能力取回臺灣的國民政府將來臺統治臺灣人，心中難免有一點坐立不安。

傍晚回到觀音和父母兄弟姊妹團聚，享受一頓豐盛的晚餐，洗掉積久的戰塵後，半年軍務的疲勞好像突然凝於一身。我對自己說完《增廣賢文》裡面的字句「今朝有酒今朝醉，明日愁來明日憂」後就呼呼大睡，一覺到天光。

第二部

茶金序曲

第一章　新的國家

退伍上學

我求學的第三間學校，是一九一九年創立的臺灣總督府臺北高等商業學校，一九四三年改名臺北經濟專門學校，戰後改稱臺北商業專科學校，一九四六年再改為省立臺灣法商學院商業專科，一九四七年與臺灣大學合併，成為臺大法學院商業專修科。改名多次，學制卻始終延續日治時代制度，自四月一日至翌年三月三十一日止，一個學年度分三個學期。

我們在一九四五年八月卅一日退伍離開日本軍隊之前，杉浦二等兵以臺北高商教授的身分宣布全校學生必須在九月十一日開始上學，為此，我在九月十日下午上北寄宿安叔家。入伍前，我把裝有衣服和書籍以及日常用品的行李寄放在叔父家，所以只穿著身上一套軍隊衣服，身背十八公斤白米和一些副食之類北上，以為此去能夠暖衣飽食，無愁無憂，天下太平。

臺北街道已經熱鬧了許多，消聲匿跡多時的各種商品百貨到處可見，令人切實感受到和平終於到來。安叔的大和照相機店已經開始營業，獲自軍隊的廉價底片、印相紙等照相材料是其賴以起死回生的救命仙丹。安嬸和三個堂弟也已經從板橋山區的疏散地搬回，我的行李依舊用麻繩捆紮如故，據說是參加過疏散的行列而隨安叔的家人和家具什物搭乘蛟伯駕駛的牛車送回來的。

我的行李是得自同發商行徐長生先生的鑵頭木箱，經過我自己裝上鉸鏈和鈎環的精心傑作。我解開麻繩並打開箱蓋，發現箱內除了幾本舊書和兩件破內褲以外，什麼都沒有，本來應有的兩條長褲、三件襯衫和其他毛巾、手帕之類全部不見蹤影。那個時候我的直接反應是「以後怎麼過日子？」這個想法，從現代人看來一定是十分可笑，但在當時長期物資缺乏，可以說是很自然的反應。

在我的記憶裡，大學畢業後開始拿薪水之前，我未曾自己買過衣服之類，公學校和中學校的制服制帽都由學校統購以外，其餘全部都是自己家庭自製，一般農家子弟的內衣幾乎全是利用豬飼料的麥粕袋縫製，不足部分才使用白布。我們家以漂白過的平紋白布（俗稱白西洋）做內衣，在當時的說法是有一點贅澤（日語：奢侈）。因為當時農家使用白布縫製衣服時，還要特地用黃土將其染色使其容易掩飾污髒，經常與泥土為伍的農夫、工人、車伕、泥水匠等行業都採用此法。

母親的嫁粧有一台美國勝家牌手動縫紉機，後來母親叫人將其改造成腳踏式的，那是我們全家大小人口賴以穿著的製造原廠。除了制服以外，從小就穿著母親縫製的衣服長大，自己未曾向外買過衣裳，而且當時在街上還看不到出售成衣的情況下，我失去幾乎所有的衣服，想到當天晚上洗澡時就沒有替換的襯衫，一時不知如何是好。

不過，這種一時的困惑難不倒我這個大日本帝國末代二等兵。我決定每晚把僅有的軍隊襯衫沖洗晾乾，第二天清早穿著出門，晚上就赤裸看書、作息，這在當時並不稀奇。最大的缺點是天氣轉涼時襯衫沒有全乾，多次不得不披上半乾的襯衫上學，靠走路時的體溫和日晒把剩餘的水分散發掉。

教室人滿為患

此一時期，臺灣總督府以下各級行政機關依然健在，十六萬多名日軍在原隊等待歸國，治安十分良好。九月十一日開始上課，日本人同學也全部到齊，每一間教室都人滿為患。但此景不常，各種情報顯示日本人將全數遣回本國，所以他們紛紛向學校申請在學證明書，回家待命。有一天，臺灣人學生把繼續上課的日本人同學全部召集在操場，對部分過去當學徒兵時比較囂張的人施以鐵拳制裁，從此就不再有日本人同學來上課，本來有十個班的一年級立即縮水成兩班。

學校當局沒有明確的教學方針，只是按照舊的課程表開課，唯一的不同是把北京語的課程加倍，由香坂教授和本橋副教授分別擔任讀寫和會話。香坂先生的北京話發音不算十全十美，但講話流利，他的華語自習書一套四本很快就洛陽紙貴。本橋先生的發音更差，那口所謂的北京語會話結結巴巴甚不順暢，但他的外貌十分像中國人。無論如何，大家都知道今後非通曉北京語不可，加上每個人對北京語都一竅不通，所以很認真學習，每一堂北京語課的教室都是爆滿。現在想起來，我向外國人學習自己的國語，實在有點不倫不類。更諷刺的是，後來最早被炒魷魚的竟然是這二位最熱門課程的北京語老師，因為來自中國大陸的任何一個人幾乎都能夠取代他們。

金鈕扣

終戰當時，在臺日本人包含軍人十六萬多，總人數共約為五十萬人。由於日本本國受盟軍慘烈破壞，糧食欠缺嚴重，他們多數是長年居住臺灣甚至在臺灣出生長大者，戰後也幾乎未曾遭到臺灣人的報復或虐待，所以大部分日本人希望留在此地做臺灣人。

觀音派出所的末代主管到我們家來告訴當保正的父親說，五十年前日本占領臺灣時，以兩年緩衝期間允許住民自由選擇國籍，任憑不願被日本統治者變賣財產遷回大陸。但只有五千人回歸祖國，而其中大部分是來臺經商的人。這一次，中國政府如果按照當時臺灣總督府的作法允許日本人自願留下來，他一定要歸化成為臺灣人，因為他是灣生（註：在臺灣土生土長的日本人），

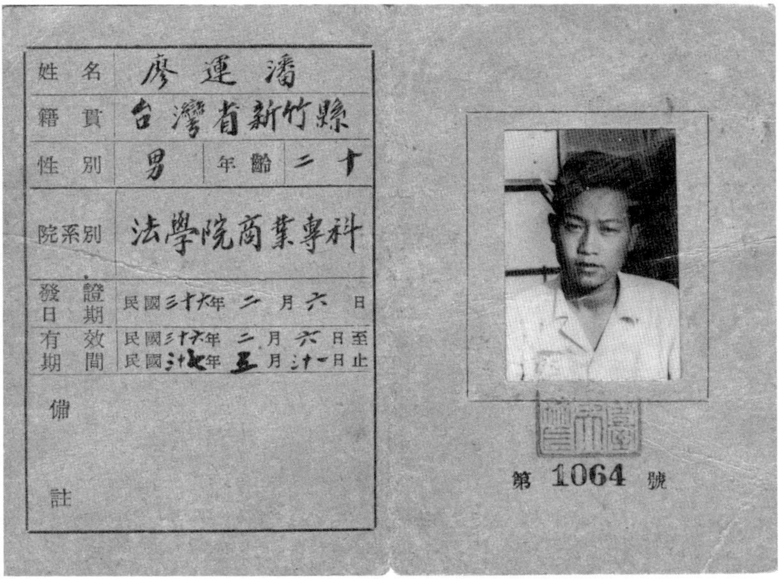

姓名	廖運潘
籍貫	台灣省新竹縣
性別	男　年齡　二十
院系別	法學院商業專科
發證日期	民國三十六年二月六日
有效期間	民國三十六年二月六日至 民國三十七年五月三十一日止
備註	

第 1064 號

臺北高等商業學校一年級學生證，開始留長髮的廖運潘。

日本內地又沒有親人。可是，後來接收臺灣的國民黨政權不許日本人繼續居留，除了部分所需技術人員及教師以外，全部遣回日本，而且只准許他們每人攜帶現金一千圓和背包兩袋的必需品，把過去半世紀來辛辛苦苦賺取之一切有形無形的財產拋棄而去，其心中之悲惋不難想像。

二宮桑的老父是木匠師傅，早期來臺包工起家，二宮桑本身則從海軍退役後，在京町（博愛路）開照相器材店發跡，新起町的木造二層樓之宏闊住宅和京町黃金地帶的磚造三層樓店面是他們父子兩代之血汗結晶，卻不得不眼睜睜地將其捨棄，父老而子幼，在日本故鄉又沒有能夠賴以生活的恆產，想到他們未來之暗淡，難免令人矜憐而痛心。

安叔替他舊主想出主意，用黃金打造學生制服釦子，塗上消亮劑後縫在小孩子的衣服上，來蒙蔽逃過檢查。想必一般日本人都是絞盡腦汁設法盡可能把他們的儲蓄帶走，但與其放棄的財產相比是微不足道，頂多是聊勝於無的程度。

日本人變中國人

十月中旬，中國軍隊開始登陸臺灣，一般民眾莫不期待見到打敗皇軍之軍容整肅、威風凜凜的國軍之到來。

國民政府任命陳儀為臺灣省行政長官，陳某於十月下旬率領幕僚抵達臺北，十月二十五日上午在臺北公會堂（現中山堂）舉行「中國戰區臺灣地區降伏式」，接受日本代表、臺灣總督兼臺灣軍司令官安藤利吉大將的投降。儀式結束後，陳儀立即發表聲明「從今日起臺灣再度正式成為中國領土，所有土地及住民均歸屬於中華民國國民政府之主權下」，從此臺灣回歸「祖國」，臺灣人的國籍由日本人變成中國人。

在臺日本人獲知他們將陸續被遣回以及容許攜帶財物的限制後，紛紛開始出售家財，在住家附近路邊擺地攤，大正街（中山北路），幸町（濟南路、仁愛路），東門町等宿舍地帶頓時出現鄉村趕集一般的熱鬧景觀，此時期是臺灣人發「光復財」的大好機會。很多人收購大批日本人廉售的家具、寢具、衣裳、藥品等加以屯積，不久以後靠物資缺乏和通貨膨脹賺了一筆錢。

戰後日本人的遣回工作，由奉國民政府命令設置的「臺灣官兵善後聯絡部」執行，聯絡部以安藤總督為部長，總督府須田農商局長為副部長。遣送對象先從軍人開始，除了國民政府所需技術人員及學者共二萬八千人以外，全部日本人都在翌年四月下旬前遣回完畢。遣回工作告一段落後，一九四六年四月中旬，末代臺灣總督安藤利吉以戰犯的罪名被捕並解送上海，之後在獄中服毒自殺。

廣生藥房

終戰後不久，父親決定把歇業已久的漢藥店重新開業。過去臺灣總督府採取漢醫遞減政策，漢藥店牌照不准傳世。我阿公一九三〇年去世時，我們家廣生藥房的老招牌也只好卸下。如今舊規不再，又可重新開業。

漢藥多半仰賴臺灣島外進口，終戰後來自大陸方面的小貨船或帆船進出頻繁，南北貨、布匹、日用雜貨、漢藥材是進口大宗，主要出口是食米和砂糖。永樂町（迪化街）堆滿了進口貨，但流通的管道尚未恢復，所以父親必須親自到臺北來採購所需藥材。

父親清早從觀音出發，一抵達臺北就直接到永樂町的吉元藥行或乾元藥行等藥材批發商選購藥材。由於種類繁瑣，挑選費時，直到中午時分才能把捆成兩大包的藥材提到安叔店寄放，下午再往永樂町補充不足部分，或到永樂市場內的布匹批發店購買細布（白布）。每逢禮拜六或假日，我多半會陪父親去買貨，下午幫他提著相當重的採購物資，送他上火車。

臺北商專

我就讀的臺灣總督府立臺北經濟專門學校，戰後改名為臺灣省立臺北商業專科學校，首任校長為日本京都帝大畢業的浙江人周憲文先生。學校的學制沒有改變，依舊以四月一日至翌年三月末日為一個學年度，所以，我在一九四八年三月畢業於該校。

學制照舊，學科內容沒改，連教師陣容也沒有變。石崎政治郎教授（英文），伊太知良太郎教授（經濟學、統計學），鈴木源吾教授（企業管理），塩谷巖三教授（南洋資源、南洋經濟），石橋憲治教授（會計學、銀行學），松尾弘教授（財政學、經濟地理），江幡教授（機械學、數學），今西教授（商業英文），以上八位是被留用下來的日本人老師。

日本同學全部回國或不再上學後，剩下來的臺灣學生包括七、八位三年級及二十幾位二年級學長，不超過一百三十名，所以擁有二十多間教室的校舍頓時變得十分空曠。學校把我們一年級分為甲乙兩班，乙班是商業學校出身者，甲班是沒有商業實務基礎（如簿記、算盤、商業數學等）的中學校畢業生，因此我編入甲班。

我們選出的班長沿用舊名稱，叫做「級委員」，甲班的級委員曾文謙畢業後在臺銀與我同事，後來歷任一銀總經理、臺灣企銀董事長，後擔任華銀董事長，乙班級委員許勝發則是太子汽車公司的董事長。

臺北高等商業學校戰後留用的八名日籍教授。

新的國語

香坂和本橋二位華語老師被解聘後，換一位來自北京的張老師教我們中國話。張先生很年輕，操著一口漂亮京腔。他從注音符號開始，孜孜不倦地教我們正確的發音，讓我獲益不少，可惜他在職時間不到兩個月，似乎就回北京了。五年後我進入臺灣銀行，看到他在金融研究室當科長。因此，我判斷張老師當時到我們學校教書，可能只是尚未找到理想職業前的臨時工作而已。張老師走後，來了一位也是北京人、又是姓張的年輕貌美女老師，可是她與我們的師生之緣更薄，一個多月就不告而別。我推測她是到臺灣來看光景，順便賺一點旅費就回北京去。

不久，齊鐵恨老師和吳守禮老師分別來教我們國語課與國文課。齊老師也是北京來的中年人，留兩撇泥鰍鬍子，笑口常開，一整年穿藍色粗棉布長袍，一副標準北方人樣貌，長得很像王澤漫畫的老夫子。我相信他一定沒有西裝或中山服，因為一九五〇年秋天我遇到在臺銀替一些老行員補習國語的齊老師時，他還是穿同樣的藍色粗棉布長袍。那是我最後一次見到他。後來齊老師接任國語日報社長，我就不知道他有沒有穿西裝或中山服了。

吳守禮老師滿口標準國語，但不是大陸人，而是土生土長的臺灣福佬人。我一直以為他是長期生活在大陸、之後返臺的「半山」，但很久以後我在臺大校友名冊上發現，他是臺北帝大文學部一九三四年的畢業生。從日治時代臺北高商注重支那語（中國話）的情況來看，臺北帝大文學部設有北京語講座並非不可能。奇特的是，跟一般從大陸回來的半山、甚至普通「長山人」的中國話相比，吳老師發音之正確，簡直是不可思議。

一九九七年，我在電視上看到二二八事件受難者家族座談會的實況轉播，其中有一位八十幾歲的老太太說她是北京人，先生在日治時代受聘於臺北帝大教中國話，戰後繼續在臺大任教。一九四七年二月底發生二二八事件後，有一天晚上陳儀的行政長官公署派車來接他先生去參加會議，從此杳如黃鶴。那位老太太的談話，令我想到吳守禮老師很可能就是她丈夫的得意門生，但真相如何不得而知。二〇〇九年，原省立臺北醫院院長吳昭新醫學博士參加臺北俳句會，交談中發現他就是吳守禮教授的公子，才得知尊翁已在二〇〇五年以九十七歲高齡逝世。原來，他曾到京都大學研究所深造，並跟北京來的戲曲專家旗人傅芸子教授學習北京話。

又是假的內臺一家

戰後不久，國民政府來臺的宣導人員以及替該政權做事的臺灣人，在各地頻頻開演講會，宣傳國民黨的偉大抗戰事蹟，以喚起臺灣人回歸祖國之熱情。在臺北，以「學生大會」名義召開的演講會都在延平北路三段的第一劇場舉行，由於當時臺灣人完全聽不懂中國話，所以一律用福佬話演講。我參加過幾次學生大會，每一次會場都擠得水泄不通，演講者個個能言善道，聲淚俱下的熱烈演說，每一次都能使純真的年輕聽眾愛國情緒為之沸騰。

臺灣人的祖先極大部分是明末清初的移民，當時的民眾只知道有統治者及朝代的存在，對國家的概念相當模糊，此事在德川幕府統治下的封建時代日本也沒有兩樣。日本分成三百多個大小藩，武士階級只知道對自己的藩主盡忠，而沒有什麼「日本國」的觀念。因此，二百多年來臺灣人雖然把大陸當做先祖故鄉而懷念有加，但未曾將其當做祖國來熱愛。臺灣的先祖把大陸叫做唐山，久而久之，無論客家或福佬人都將其訛稱為長山，日治時代日本人口中的「支那人」，我們都叫做「長山人」。至今老一輩的臺灣人仍舊如此稱呼那些一九四九年後撤退來臺的人。

陳儀的臺灣行政長官公署設在行政院現址的臺北市役所舊址，就緒後大批長山人便陸續進來臺灣。這些官吏、軍人、教師、商人等以長官公署為橋頭堡，很快就滲透臺灣全島各地機關、學校、工廠，占據了所有高階職位。隨著來臺長山人逐漸增加，我們對他們的語言愈發感到迷離惝怳（不知所措之意）。

終戰前，我們雖然對中國了解不多，但都知道北京話為國語。日本以東京話為標準語，但日本列島長達二千多公里，各地難免有特殊的方言和發音，不過標準語通用全國。譬如我的日本老師，太平好一劍道老師有東北土音，穴瀨老人說大阪腔，米村中尉的九州鄉音相當重，但彼此還是暢通無阻。

我最初向二位日本人老師學習中國話，他們的發音不算很好，但離注音符號不遠。後來有三位北京人老師和一位能說標準國語的吳守禮老師教導我們，所以有一段時期，我誤以為長山人都是用我正在學習的語言說話。

不久，瞿荊洲先生來教我們中國地理。他一開始就用我們完全聽不懂的話來講課，一堂課上完，我們只聽得懂他口中頻頻冒出的「地圖」一詞，因此「地圖」（他的發音是ㄉㄧˇ ㄉㄨ而不是ㄉㄧˋ ㄊㄨˊ）就變成他的外號。據說「地圖」先生是東京帝大畢業生，但沒有聽他說過一句日本話。我們後來才知道他是浙江人，講的是浙江土話，與我們學習的標準國語相差十萬八千里。

在一個建國三十幾年的國度，貴為大專教授的學者竟然不會說國語，這個事實令我們感到迷惑和不堪。上過七、八堂地理課後，「地圖」先生想測驗學生聽講的效果如何，便分給每人一張白紙，並在黑板上寫出試題要我們作答。我們雖然聽過他的課，但不懂其所云，眼見要繳白卷了，幾個禮拜累積下來的不滿情緒，導致眾人惱羞成怒，全班同學在沒有事先預謀的情形下，不約而同紛紛走出教室，留「地圖」先生一個人站在教壇上茫然不知所措。從此，校園不再有「地圖」先生的蹤影，我們的本國地理課也就無疾而終。

其實瞿先生不會講國語，一定有他的苦衷。因此，我個人覺得我們那樣對待他，使他失去教職，實在有一點過分。可是塞翁失馬焉知非福，五年後我進入臺灣銀行服務時，臺銀的總經理竟是當年被我們這群不講理的學生逐出校門的「地圖」先生。從「地圖」老師開始，我們發現爾後蜂擁而至的長山人當中，能夠說標準國語的人十分有限。

接收日產

行政長官公署成立之同時，臺灣警備司令部也在臺灣軍司令部原址成立，繼而展開原日本機關及企業財產的接收工作。長官公署接收原臺灣總督府的直轄官署，警備司令部接收原日軍設施，各縣組織接收委員會則接收原地方機關。同時，日本的公營事業及資產由臺灣省接管委員會處理，民間企業及私人財產則由臺灣省日產處理委員會加以接收。

迄至一九四七年二月底，國民政府所接收之土地以外公民營機關企業的財產共計五〇八五六件，價值一〇九億九千萬日圓。這個數字是以日治時代帳面價格為基礎，以當時的幣值而言是非常龐大的資產。如果把當時幣值保守估計為現今新臺幣的四百倍，那麼國民政府當時接收的日產等於是現在的四兆四千億元。以當時的經濟規模來講，這數字實在驚人。

有人主張，臺灣經濟今日的成就是靠蔣介石從大陸帶出來的黃金，這點顯然值得探討。一九五〇年九月，我進入臺銀後的四個月實習期間，有一天發行部的一位科長帶我們實習生到地下二樓的大金庫室參觀庫存金塊。四百兩重的金磚長約三十公分，寬約十公分，高約十公分，每四塊裝在木條箱內，擺在隔成幾段的鐵架上，從外面看得見裡面的金子。據科長表示，那些金磚是蔣總統撤離大陸時帶過來的，一共二千塊，每塊四百兩裝，總重量是八十萬兩。若以現今（二〇二四年）時價每兩九萬六千元計算，八十萬兩金子的價值等於是七六八億元。儘管這是大數目，但與接收日產的金額相比，仍是微不足道。日後有資料顯示，日後有資料顯示，四百萬兩黃金一年多後就因軍餉開支而消耗了百分之八十。

屈就的臺灣人才

如此，國民黨政權輕易取得臺灣，並掌握了龐大財產。若要統治臺灣，經營接收來的大規模日產企業，照理說應該大量起用臺籍人才。經過半世紀的日本統治，臺灣無論士農工商各方面都是人才濟濟，何況當時日本投降，從南洋、中國或日本回臺的人口就高達二、三十萬，政府機關吸收並活用臺灣人是合情合理的事。但國民黨政權的政策並非如此。

在日治時代，臺灣總督府為首的各級行政機關或日本企業都對臺灣人採取差別待遇，較高的職位全被日本人占據，臺灣人只能屈就較低的地位，但學歷高、能力強、經驗豐富的人才到處可見。這些有能力的臺灣人，當然期待回歸祖國後能獲得應有的「用武之地」，但國民黨卻把所有重要職位都由「長山人」或「半山」來填補，用人制度也沒有明確準則，不重視學識和經驗或能力，而是以「背景」和「關係」為先決條件。

舉例來說，我在一九五〇年九月十一日向臺灣銀行報到，接受約四個月的實習教育。這段期間，新進行員分組輪流到總行各主要部門了解銀行實務。那時我就發現，科長以上的幹部幾乎全是長山人。臺銀是由舊臺銀、貯銀和三和銀行合併而成，所以各年齡層的舊行員很多，但他們大部分都是辦事員，或頂多到副科長為止。在我的記憶裡，當年的副總經理許春盛、公庫部經理曹賜瑩、營業部副經理鄭萬生三位老先生是僅有的例外。

彼時除了長山人以外，「半山」也相當吃香。「半山」乃是戰前到中國大陸投靠國民黨，戰後回來臺灣的人士。當初他們之中也不乏拒絕受異民族統治的純粹的民族主義者，但大陸待久了，難免或多或少有近朱者赤、近墨者黑的傾向。他們與國民黨保持良好的關係，對臺灣事務又瞭如指掌，因此對國民黨來講是具有利用價值的一群人。

第二章　青年期

可怕的瘧疾

一九四五年三月考上臺北高等商業學校後，我先寄宿在安叔家一陣子，十月從安叔家搬出，之後住進現在中山北路一段八條通的新埔阿姨家，當時的地址是大正町一丁目二之五番地。搬家前，我回觀音偷懶幾天。

有一天早上到海邊參加「牽箍」（以長網包圍海邊某一角落後，把左右兩端的長繩向岸上拉的粗笨漁法），但漁獲不多。當天下午我覺得頭昏腦脹、四肢無力，便躺在床上休息，沒多久覺得非常寒冷，開始發抖，繼而陷入半昏迷狀態。大約一小時後醒來，寒意已去，但汗流如注，衣服都濕透了。後來發現，我染上了瘧疾。

瘧疾是自古以來臺灣島上最猖獗的寒熱病。鄭成功登陸臺南，三個月後死於瘧疾。一八九五年來臺的近衛師團長北白川宮能久親王中將客死臺南，死因也是瘧疾。當時日本派來的兵力約五萬，軍伕二萬六千，其中陣亡者僅一六四人，負傷者亦不過是五一五人，但病死者卻多達四六四二人，因病遣回日本者二一七四八人，在臺住院者五二四六人。由此可知，一個世紀以前的臺灣仍然屬於瘴癘之地，而瘧疾正是其中最大的禍首。

我患上的是最麻煩的惡性瘧疾，每天下午二時左右發作，而且發作前都有預感。有時我在看書或在後院菜圃除草而忘記發燒的事，但突然間會有一種潛在意識提醒我「那個東西要來了」，我就立刻跑到榻榻米床上鋪好褥子，把全部棉被拖出來，然後迅速躺下把所有棉被連頭蓋上。瞬間強烈的寒意湧起，全身顫抖不停，蓋上四 五套棉被都無效。有一次，我甚至叫五弟運瑼和六弟運範坐在棉被上面，試圖讓他們的體重來減輕我的全身哆嗦。

瘧疾發作時不只顫抖，口中還會不斷發出因酷寒而哆嗦的呻吟，上下牙齒相碰咯嗒咯嗒響。那次母親看到兩個小鬼騎在我的棉被上搖搖欲墜的可憐相，她先大笑幾聲，後來感覺到事態嚴重，便跑出去請父親過來看。父親馬上去藥店抓藥，叫母親煎給我吃。發作過後，我若無其事地爬起來，喝下那一大碗又臭又苦的漢藥。良藥雖然苦口，但對瘧原蟲沒有任何效用。如此連續發作好幾天，其間完全沒有食慾，吃什麼東西都覺得味苦難受，加上對鹽分和油膩都害怕，所以我請母親用水煎蛋，不加鹽巴或醬油，但吃起來味苦依然。

父親和我都知道漢藥無法醫治瘧疾，但當時觀音沒有西醫，即使有醫生，也不一定備有唯一的特效藥奎寧。父親到處打聽從南洋回來的軍伕，聽聞有人擁有奎寧，便老遠跑到向南四公里處的小分壢要了三顆回來，讓我吃下。第二天沒有發燒，第三天也沒有訊息，可是第四天下午再次發冷發熱，照抖無誤。

後來父親特地北上尋藥，買回德國拜耳公司的抗瘧藥「阿特平」（Atebrin），我每天按指示服用，以後就安靜下來，但停止服藥過一段時期還是會發作。我請教一位就讀臺大醫學院的朋友，他說瘧原蟲遇到抗瘧藥就弱化收斂，但並未被消滅，不久又會慢慢茁壯起來。所以欲使瘧疾「斷根」，就必須長時間定期用藥，把瘧原蟲完全消滅以絕後患。我判斷他的理論有道理，爾後一年間每隔兩個禮拜吃一顆阿特平，停藥後就未曾復發。

瘧疾稍有痊癒後，可能因為身體虛弱，我有一段時間根本不想北上唸書，所以一直待在家裡，看向臺北街頭擺地攤的日本人購買的書。在此之前，學習中國話的熱潮興起，公學校早我兩屆的林煥生先生每天到學校教導老師們說中國話，老師們第二天就把昨日學到的東西傳教給學童，戰後臺灣的國語教育都是依此模式開始的。我們家當時有三位國校老師，琦哥、玄嫂還有英姊，因而經常聽到他們在家溫習翌日要現買現賣的怪腔亂調。

當時一般年輕人熱中學習「ㄅㄆㄇㄈ」，但父親認為用客語發音的漢文不可廢，因而自告奮勇，晚上在我們家後堂開課，自己當講師教起漢書，學生來者不拒，不收分文學費，經常有二十多名大小學生。玄嫂已經大腹便便，但還是孜孜不倦地上課，我待在觀音養病期間，每晚參加學習，我現在能以客語唸不少漢字，完全是受惠於當時父親的教導。但受益最多的應該是彭金貴兄，如果沒有當時持續二、三年的漢書教學，以他公學校畢業、認識漢字有限的條件，不可能有今日對中醫的深厚造詣。

搬家

一九四五年十二月中旬的一個星期日，曠課將近兩個月後，我北上搬進新埔阿姨家。那是標準的日式宿舍，室內有八個榻榻米的房間兩間和三個榻榻米的小房間，以及廚房、廁所和玄關，兩個榻榻米大的玄關後來成為我的書齋。房子前後都留有小院子，前院植兩棵榕樹，後院有一株開白花的木槿，右鄰是連牆宿舍，其餘三面都用紅磚牆圍住，圍牆大門是兩扇六尺高的木條板。麻雀雖小，五臟俱全。

當時，住在宿舍裡的除了主人詹錦川桑以外，還有竹東人何智謀和何智光昆仲，智謀桑是臺大醫專學生，智光君就讀於臺北二中（成功高中），他們的尊翁是竹東醫院的何禮棟博士，就讀原私立國民中學校、當時已經改為市立大同中

廖團景義子彭金貴於觀音廣生藥房門口。

學的詹德鎮是錦川桑的侄孫輩，他以日語叫錦川桑為「G將」，這個稱呼很適合少年老成的錦川桑的風格，所以大家都跟著德鎮君叫。久而久之，G將就成為錦川桑的外號。

到了睽違月餘的學校，我在布告欄上看到訓導處張貼公告，缺席時數超過三分之一者，不准參加學年末考試。我大吃一驚，同時也獲悉偷懶不上學的同學大有人在。我立刻前往訓導處找同是客家人的「觀音樣」（Kan non sama），請她計算我的缺席時數。觀音樣屈指一算後告訴我，你再缺席四堂課就會喪失考試資格，這才使我鬆了一口氣。

詹錦川（左一）和外甥姜嗚鐸（右一，姜阿新獨子）就讀於私立國民中學校，戰後廢校，變成市立大同中學。

我曠課一個多月，課業進度有一段很大的斷層。除了英文和國語以外的課目都不用課本，而以口述為主，所以我必須借同學之前的筆記來抄寫，同時還要整理當天六堂課的筆記，天天忙得一塌糊塗。雖然是大病初癒，但我顧不了那麼多，每夜啃書本啃到三更半夜。期末考成績雖然不是很理想，但所有科目都及格，可算是差強人意，同時也塑造出我是一個用功學生的假象。

這時，學校為每個學生配售一套卡其色制服。我們本來的制服是叫做「詰襟」（Tsu me eri）的硬領黑色衣服，卡其服似乎是戰爭末期的庫存。很多同學不願意穿那一種跟中學生沒有差別的東西，但我的詰襟服是琦哥的舊衣，穿起來稍微窄小，所以我只好將就於那一套軍國主義遺物。

當時謀助將兩台照相機賣給安叔，幾天後換來一部木製外殼的中古電唱機。謀助手邊只有幾張日本流行歌舊唱片，所以我到安叔家借一套西洋輕音樂唱片回來，裡面包括改編成輕音樂的蝴蝶夫人，西班牙公主，古巴賣豆人，阿爾卑士山送奶人，聖路易斯舞曲等曲目。這是我第一次接觸西洋音樂，也是我後來慢慢入迷於古典樂的開端。

那個時代的唱片是硬橡膠（ebonite）製品，笨重又容易摔破，所以必須小心操作。由於質料不夠硬，轉速每分鐘高達七十八轉，因而磨損率大。竹製唱針是減少唱片磨損的唯一法寶，每次唱完就要用特製剪刀剪一次竹尖，但缺點是放出來的聲音較小。鋼製唱針則會縮短唱片壽命，使唱片很快就產生摩擦的雜音。當時竹製唱針已經絕跡，鋼製唱針也很難買得到，因應之道是把用過的鋼製唱針用磨刀石磨利、重複使用。此法對唱片的傷害不言而喻，但在當時別無選擇。

叫做「豬肝」的孩子

宿舍右鄰連牆的是同一結構的房子，屋主是傅家。傅家是湖口蕃子湖的望族，傅任老先生曾經當過湖口庄長，老人家住在鄉下，因此隔壁經常板窗深鎖，無人居住。

兩家用不很高的木板牆為界，從緣廊處就能互相看見隔壁的院子。有一天早晨，我聽到站在緣廊的謀助和外面的人說話，說隔壁有人搬進來，院子裡的小孩子名字很奇怪，叫做「豬肝」。我探頭出去，看到一對長得非常漂亮可愛的男女幼童，男童大約六歲，女孩差不多四歲，我問他們的名字，男童用鄉親（梅縣）話說「偓按到祖光」（我叫做祖光），女兒說「偓係翠玲」。

謀助把「祖光」聽作「豬肝」，他的聽力實在有問題。不久他們的父母也出來打招呼。傅少雄先生是傅任先生的三公子，傅太太是廣東人，不會說客家話，也不懂北京話。後來他們全家成為我的好朋友，我和傅太太各說各話，她說廣東話而我講客家話，習慣以後就暢通無阻，我能懂得少許廣東話就是由此而來。祖光乳名叫「ㄅㄧˇㄅㄧ」，翠玲小名妹妹（ㄇㄨㄧˇㄇㄨㄧ），我都用廣東話的乳名來稱呼祖光跟翠玲，於今他們年逾古稀，我對他們的稱呼仍未曾改過。

當時臺北市內有一萬戶以上的日產房屋，其中屬於機關或大企業的房屋，都被國民黨按照日方清冊接收，但私人財產好像沒有完整的資料或整體的接收計畫，所以很多房屋被私人霸占，三橋町（現南京東路一段）觀音學生宿舍就是一例。這些占居日產房屋的人後來收取可觀的權利金，把居住權讓給從大陸逃到臺灣來的有錢人，最後這些人再向政府廉價申購，使霸占「就地合法」。這也是為什麼現在博愛路、衡陽路、西門町等昔時日人密集的黃金地帶上，很多房屋業主是一九四五年後的接收人員及隨後蜂湧而至的外省人。

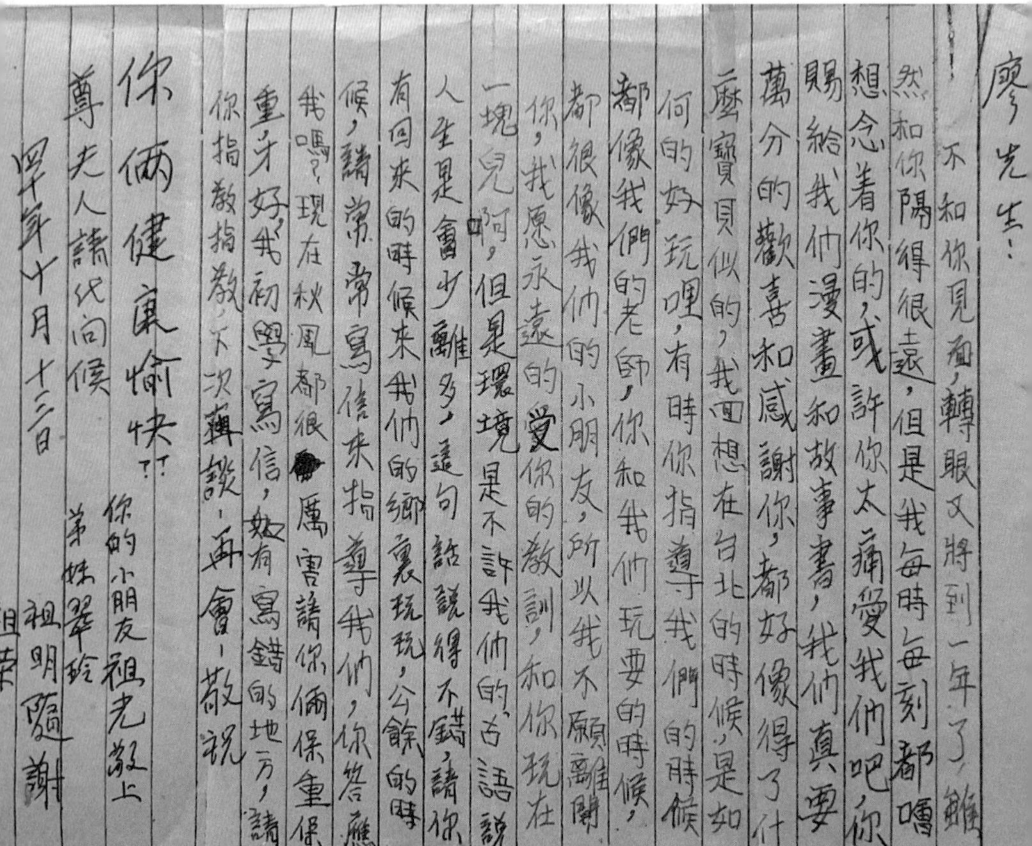

廖先生：

不和你見面，轉眼又將到一年了，雖然和你隔得很遠，但是我每時每刻都惦想念着你的，或許你太痛愛我們吧，你賜給我們漫畫和故事書，我們真要萬分的歡喜和感謝你，都好像得了什麼寶貝似的，我回想在台北的時候，是如何的好玩哩，有時你指導我們的時候都像我們的老師，你和我們玩耍的時候，都很像我們的小朋友，所以我不願離開你，我愿永遠的愛你的教訓，和你玩在一塊兒啊，但是環境是不許我們的，古語說：人生是會少離多，這句話說得不錯，請你有回來的時候來我們的鄉裏玩玩，公餘的時候，請常常寫信來指導我們，你答應我嗎？現在秋風都很厲害請你倆保重保重身子好，我初學寫信，如有寫錯的地方，請你指教指教，下次再談，再會，敬祝

你倆健康愉快！！

尊夫人請代問候

你的小朋友祖光敬上

弟妹翠玲

祖明隨謝

祖榮

四十年十月十二日

一九五一年，小學生傅祖光寫給廖運潘的信。一年前應祖父傅任之要求，兩兄妹轉學回湖口學客家話，這位「小朋友」因而寫信給廖先生。作者至今仍舊會以祖光乳名稱呼他（信件由傅祖光提供。）。

恢復舊曆新年

一九四六年，十九歲那一年的舊曆新年，可說是我從少年期進入青年期的里程碑，也是我懂事以來第一次經歷比較像樣的過新年。一般所謂的少年或青年，其間似乎並無嚴格的界線，不過當時在我自己的觀念裡，堅持認為迫近弱冠的十九歲已經是青年人，此事或許因為我在十八歲前是接受完整的日本教育，多年來以日本式的思考來做為人處世的準則，但戰後無論是思想、觀念甚至部分風俗習慣都被迫非作大幅修整不可之外，我過去十幾年來的光頭改變為髮油盎然的海卡拉頭也有很大的關係亦未可知。

之前，唸公學校時代的舊曆新年必須照常上學，歡樂氣氛被削減大半，中學期間住校，連過年的氣息都沒有。但脫離日本統治後第一次迎來舊曆新年，放假在家的我可以按照我們老祖宗傳下來的風俗，隨心所欲地享受一番，大吃大喝和公然賭錢。

這一年舊曆新年過後不久，我們家開始在塘尾海邊的海埔新生地種植落花生。這片砂田是父親好友彭金永先生向政府承租，而將其中六百坪分租給我們家。農地離我們家三公里，走路約需四十分鐘。金永叔家離現場不遠，他自願擔任我們的技術指導，爾後的作業安排，包括除草、施肥、收成等都聽他的指揮，對於無法經常派人到農地巡視的我們，他幫了很大的忙。工作人員包括三弟運淮、四弟運琤、二妹繡蓉、三妹繡蘭、彭金貴兄和運隆，由我擔任總指揮。

工作輕鬆，但海邊紫外線很強，儘管是冬季的陰天，但每個人的臉都晒得通紅。農地穿過木麻黃防風林二百公尺外便是海岸沙灘，我們有時候會偷懶，到海灘散步撿貝殼。有一次我在濃霧裡遇到一大群鴨子，心中想著到底哪一家能把那群鴨子養得那麼肥、那麼漂亮時，牠們突然起飛，令我大吃一驚。原來那一大群是野鴨（觀音人叫做湖鴨），開戰後睽違多年，如今重新回來了。

那段時期，常常有人在海岸撿到漂浮來的美軍小橡皮舟，裡面藏有餅乾、罐頭、飲料水、藥品等，想必是飛機空投給迫降落海的飛行員救生之用。撿到的人可以發一筆小財，所以我也會到岸邊碰運氣。可惜運氣沒碰上，倒是碰到一顆水雷，直徑約一公尺，圓球上裝有很多觸角，塗上紅色漆料。水雷通常放置在水中或水面，用來炸毀敵軍艦船，鐵殼內填滿炸藥，船隻碰到觸角時會立刻爆炸。聽說不久前，笨子港有位住民打算拆開水雷取出炸藥作為炸魚之用，結果引爆水雷，他的家人在海灘蒐集被炸得支離破碎的肉片，總共只剩一公斤不到。我馬上離開是非之地，把危險物品留給勇敢的人處理。

勇敢的人名叫「官全有」。官先生在日本軍需品工廠當機械工，戰後回來賦閒在家，他雖然精通機器，但未曾受過爆裂物專業訓練，所以我不解當時他為何膽敢向具有高危險度的水雷挑戰。一九九三年初夏，我在大堂兄家遇到從高雄返鄉的官先生伉儷，我提起往事，觸及官先生懷舊之念。

從官先生的談話，我體會出當時他向死神挑戰乃是因為被生活所迫鋌而走險，但除此之外，對爆裂物知識淺陋，因而不知其可怕，加之經驗過戰爭的殺伐風氣，對危險性的感應有一點麻木遲鈍，可能也有關係。

第三章　大通膨

兩萬元的陽春麵

國民黨來臺後，臺灣經濟成為中國經濟的一環，長官公署把舊的臺灣銀行券，以一對一的比例換成臺幣，作為臺灣島內的流通貨幣。當初他們把臺幣對大陸法幣採行固定匯率，但大陸通貨膨脹非常嚴重，物價不斷飆漲，進口貨品價格也直線上昇。簡單來說，今天臺幣一元能買到大陸一百法幣的貨品，若明天因法幣貶值而該貨品漲到兩百法幣時，臺灣方面就必須付出兩元來進口同樣的貨品。大陸通貨膨脹直接帶動進口貨品價格猛漲，讓臺灣吃了大虧。

有一次，父親到臺北花了兩萬元臺幣，替我購買一套上海製深藍色西裝布料。安叔認為深藍色太老氣，建議父親用那套布料做他自己的西裝，讓我自己另外選擇適合年輕人的花樣。父親採納安叔的意見，回觀音後交給我兩萬元，命我第二天北上自己選購，並告訴我延平北路二段布商的店名。

翌晨，我帶著父親給我的兩萬元和布料樣品，直奔位於光食堂隔壁的布料店並告訴老闆，我要和樣品一樣品質的淺灰色西裝料。我看過東西，認為質料不錯，所以大方地把兩綑百元鈔票擺在桌上，叫老闆替我把西裝料包起來。萬萬沒有想到，老闆竟然說錢不夠一半。我說，家父昨日向貴號買同樣品質的布料，價格是兩萬元，今天你為什麼說要四萬元。老闆以不屑的口氣說，昨天是昨天，上海行情漲價，我有什麼辦法。這令我渾身不舒服。當時我應該就此打道回府，但非買回兩萬元西裝料不可的使命感和固執掣肘了我的行動。我問老闆有沒有兩萬元一套的貨色，老闆指著地上一大綑的布料，說那是唯一的選擇。

那一大綑布料縱紗和橫紗十分稀鬆不均勻，還有一點起毛，只有淺灰色還算合格。我雖然對品質不滿意，但想到倘若明天再漲價，勢必又要增加父親支出，只好委屈求全，完成我有生以來第一次的巨額購物。由於第一印象不佳，後來我很少穿用那第一套西裝，一直放在衣櫥內，但一般鄉下人卻視如珍寶，好幾個鄰居朋友來向母親商借，穿去訂婚或結婚之用。我對花費巨款買進賤布一事相當懊悔，然而直到後來連路邊攤的陽春麵都漲到兩萬元時，心中才慢慢釋懷。

人人腰纏萬貫

臺幣對法幣（後來改為金元券）採固定匯率，這也對臺灣出口帶來難以彌補的災害。大陸以逐日貶值的法幣，用固定匯率購買臺灣農產品，很快就將之搜刮一空。政府將日軍儲存足供二十萬兵兩年食用的軍糧，以「支援國軍反共保臺」名義運往大陸，據聞都囤積在私人倉庫待價而沽，使素有穀倉美稱的臺灣陷入倉廩空虛的窘境。糧米不足，自然使米價不斷暴漲，終戰時一斤二十錢的米價，三個月後漲到六十倍的十二元，漲幅驚人，但比起法幣及後繼金元券的跌幅簡直是小巫見大巫。戰後才不到半年，一九四六年初的臺灣已經面臨物資不足所帶來的物價暴漲。

另一方面，當時的政府為了負擔糜爛無度的開支和應付公營事業無計畫的整頓費用，唯有頻頻增加發行紙幣。一九四五年九月的發行額十九億元，到了一九四八年底居然達到一四二〇億元。起初專門負責印鈔票的中央印製廠勉強能達成任務，但後來也只能不斷改印大額鈔票來應付。

日治時代最常見的紙幣是一圓鈔票，一般流通的頂多是五圓或十圓，當時雖然也發行了百圓和千圓券，但百圓券我看過，千圓券則只聞其名而未曾見過。然而到了戰後，我唸法學院經濟系三年級時，隨時都是腰纏萬貫，口袋裡面全是五千元或一萬元紙鈔，單就金額而言每個人都是有錢人，一出手就是好幾萬元。有一次我花了十五萬元買了一本日記簿，更有一次為了修理腳踏車，向大吉自行車店支付一百二十四萬元。

舊臺幣一萬元紙鈔。

香勒紙

到了那一種地步，印製廠的機能已經到達飽和點，其印刷能力無法趕上當時政府所需的發行量，所以乾脆改印臺灣銀行的定額本票，其面額為十萬元、五十萬元、一百萬元，經過臺灣銀行之經辦裏理以上簽名蓋章後代替紙幣流通。此物本來就等於銀行開出的支票，所以只有單面印刷，花樣構圖簡單，尺寸又比鈔票小，故而能夠大量生產，加之面額大，從而充分符合濫發通貨的要求。

當年的臺銀本票，外表、顏色、尺寸都很像拜神用線香的標紙，因而一般都稱其謂「香勒紙」，語氣帶有輕視和咒罵的意味：香勒紙印刷單純，沒有浮印等足以防止偽造的設計，而且又是單面構造，故而偽造的本票氾濫在市面防不勝防，成為助長通貨膨脹的另一個幫凶。

臺銀本票，上面有臺銀的總經理、「地圖」先生瞿荊洲的簽名。

紙幣之印製需要高難度的印刷技術和特別製造的用紙，所以偽造不易。流通上時常要經過多數人包括銀行人員的觸摸和注視，偽造過程又需要相當規模的機械和設備，因而隱蔽困難，故此成功的機率一般都不高，我在臺灣銀行服務期間也遇到不少偽鈔，但未曾看過幾可亂真的貨色。

幾可亂真的偽鈔

一九六〇年前後，有兩個自稱假鈔偽造集團成員的中年人出沒在觀音的偏僻村落，找人推銷偽鈔。他們出示一束簇新的新臺幣百元偽鈔，說要以半價出售。鄉下人看到那一把幾可亂真的偽鈔個個動心，但礙以其索價太高而裹足不前。兩個陌生人說，這一些鈔票是在日本請造幣局退休技師合作印製後走私進來，必須經歷雙重危險，因而成本特貴，並以日本技術高明，鈔票品質無懈可擊，絕對能夠安全流通為由，勸人不妨先買幾張試用，幾天後他們再來聽各方面的反應。

據父親說，塘背莊中多人買了幾張偽鈔來使用，結果全部暢通無阻，甚至農會信用部櫃台人員都無法識破其廬山真面目。因此，兩個偽鈔推銷人再度上門時，吃過甜頭的人紛紛向其「訂貨」，銷貨人指定交貨時間和場所，時間是晚上十二點前後，地點在馬路邊陰暗處。

那日晚上是月朔的陰天，伸手幾乎不見五指。銷貨人的汽車準時出現，皮箱裡面盡是每十萬元一捆、綁得緊緊的「偽鈔」。他們不敢開車內燈，說怕被別人撞見，互相在黑暗中摸索，一手交錢，一手交貨，交易很快就結束，兩個陌生人開車飛奔而去。

幾個準小富翁鬼鬼崇崇地回到家中，把門窗鎖緊後，迫不及待地打開買來的偽鈔，結果發現除了頭尾兩張是偽鈔之外，其餘都是同一尺寸的玩具鈔票。至此他們才恍然大悟，那兩個陌生人根本不是什麼假鈔集團成員，而是騙徒。原先賣給他們試用的偽鈔，其實是真正的新臺幣，所以自然流通自如。櫃台人員本事再大，也無法把真鈔鑑定為偽鈔。

他們發財美夢破碎後，只得忍氣吞聲，守口如瓶，不敢把事情張揚出去，一來怕惹上官司，二來不想成為人家笑柄。但其中之一個倒楣鬼是偷用他老婆的私房錢來買貨，本來的如意算盤是利益雙倍，所以歸還老婆私房錢後，尚能獲得一份橫財。可惜天不從人願，把老婆的老本都賠掉，不巧的是老婆很快就發現她的錢不見而大發雌威，責罵和求饒之聲驚動四鄰，由而把事實的經過暴露無遺。聽說此君平時愛讀增廣賢文，因此，我想像一定是該書裡面我最不欣賞的一段「人無橫財不富，馬無夜草不肥」說辭害了他。

前面說過，偽造假鈔不易，很少人能夠得逞，但其貌不揚的單面本票之假造則易如反掌。加之，當時繼承陳儀的魏道明以及後繼的陳誠政府對臺灣的財政依然毫無因應之道，只能重踏前車之轍而濫發本票，使通貨膨脹最後到了不可收拾的地步。這個時期便是偽造業者的黃金時代。據聞，有一位揹賣小鴨的人改行印台銀本票而大獲成功，為了洗錢（當時還沒有如此方便的熟語）大量買進滯銷不堪的綠茶，後來因為大陸方面茶葉歉收而大發利市，所以不再賣小鴨，全力投入製茶事業而大獲成功。在全島傳統茶業者全軍覆沒，幾乎沒有一個倖存的情形下，成為外行人稱霸茶業界的一大諷刺。

鹽來魚已臭

所謂的通貨膨脹，是通貨供給超出社會實際需求，所引起的幣值貶低，一般都是由於一國財政緊急需要才導致，原因不外乎是長期財政紊亂或戰爭。國家財政原則上靠稅收負擔，不足部分則發行公債，但面對巨額支出，唯一的途徑是發行通貨來應付燃眉之急。然而持續性的增加發行，勢必導致惡性通貨膨脹。

通貨膨脹的直接受害者是一般民眾，其中擁有存款或現金者首當其衝，但領薪階級尤其是普通公務員，則是最大的犧牲者。當時物價不斷飛漲，貨幣一直貶值，固定領錢的薪水階級都很吃虧，但公司行號等私人企業尚能視實際行情給予適當調整或提早發薪，而公務員調薪必須經過繁瑣手續，曠日廢時，故此時常難免有「鹽來魚已臭」之嘆。不惟如此，當時鄉下基層公務員的薪水經常遲延二、三個月才發下，領到手時往往已經大幅貶值，本來勉強能維持一個月生活的薪資變成不足半個月用，因此苦不堪言。陳儀政府是土皇帝式獨裁政權，根本沒什麼收支預算，只要把一紙支付命令交給臺灣銀行發行部，要多少就能增發多少，所以不應該有緩慢撥款的道理。基層公務員在敢怒不敢言的情況下，只好自謀生存之道，於是在宿舍養雞或養豬等副業應運而興。

其次，深受通貨膨脹之害的是習慣上不做現金買賣的生意人，我們家就是其中之一。當時觀音人絕大多數以農業維生，而且普遍清苦，其生計完全依賴一年兩次的稻穀收成，平時根本沒有現金收入，因此日常生活必需品幾乎全部都以賒欠方式購買，夏秋兩季割稻賣穀之期便是農家顧客還帳之時。換句話說，我們家的賒售帳款必須分別在舊曆六月和年底兩期才能收齊。另一方面，我們店的貨源來自中壢的各種批發商，這些批發商每個月派人來收帳，而菸酒等公賣品則必須用現金進貨。因此，父親平素都在墊付相當金額的進貨現金。那是自我曾祖父時代就傳下來的買賣方式，雖然週轉上有點吃緊，但父親尚能勉強應付，客人都是相傳好幾代的主顧，雙方都習以為常。

然而，陳儀一夥人來臺以後，物價持續不斷飆漲，臺幣不停貶值，這對我們家以賒帳為主的買賣方式是很大的衝擊，賒售的貨款到了收款時已經嚴重貶值，必須花費好幾倍的價碼才能補進同樣的貨物，因而吃虧非常大。

因為如此，一般商店都改採現金交易。在我們右斜對面開業的劉德財醫師，就把病人賒欠的醫療費立刻換算成稻穀來記帳，付帳時再以當天穀價計算金錢收款，若有人欠帳不付，他就派遣夫人和姪女前去討穀。聽說街上的生意人都紛紛採用劉德財式保值法，唯有父親不肯對老主顧改變沿用已久的商業習慣，硬著頭皮撐下去，所幸主顧們察覺父親用心良苦，都盡可能以販賣豬隻或家禽的方式來抵償賒帳或減少不重要的賒購。另一方面，藥店的生意不錯，而且大部分是付現，所以店裡的經營不致於有太大的困難。

第四章　北埔庄姜家

矮嬤車

隨著戰後社會秩序慢慢恢復，一般社會活動也逐漸活潑起來。這個時期開始，由鄉下來臺北辦事而未克當天返鄉的親朋，偶而會到我們宿舍來借宿，使我認識了不少新埔、竹東一帶的長輩和朋友，其中不乏地方上的名人巨賈。

日本式房屋的一大特色在於全部面積都能用作睡床，夏天只要有大張的蚊帳，冬天有足夠的被褥，我們不算大的宿舍就可以容納不少宿客。譬如謀助、光男兄弟之雙親，身兼竹東木管（林務管理）株式會社社長的何禮棟先生伉儷，就曾經坐木管會社的豪華黑色轎車前來借宿，讓我這個鄉巴佬崇敬得不得了。

提到轎車，戰爭中不用說，即使是在和平時期，我童年時代的觀音幾乎看不到轎車。除了一天來回中壢觀音間五、六趟，警笛要捏橡皮球來發聲的中型巴士以外，機器驅動的車輛很少出現在觀音。蘆溝橋事件爆發後，軍糧需求迫切，才偶而出現卡車來運糧。

中壢曾傳記商店是雜貨批發商，他們的收帳員是個道貌岸然的中年人。此人差不多每隔一個月來觀音一次，交通工具是閃閃發亮的哈雷機車。每當他的機車走過街道，後面一定有一大群小孩子跟著跑，讓那個頭帶風帽、掛著一面大型風鏡的福佬人神氣得不得了。哈雷機車回去時，又有一群小鬼跟著跑到望塵莫及的距離才停下來，然後開始爭論汽車和機車哪個跑得快而口沫橫飛，但每一次都沒有結論。

另外值得一提的是「矮孆車」。我童年時代，鄉下人把轎車稱作矮孆車，矮孆是個子小的女人之意。我七歲那年，逢順叔公的女兒「新妹」姑嫁給中壢晉和商行鄒河伯家，父親是媒人，新姑的弟弟不夠時髦，所以由我來擔任送嫁。這是我第一次坐矮孆車。車內座席的牛皮味、汽油臭味和車子顛簸，很快就使我暈車嘔吐。

除了第一次的矮孆車經驗，那天我也第一次「吃幼席」。一般來說，當時鄉下的宴席都是把所有菜餚端出來後才開始狼吞虎嚥，如果不飲酒，不到十五分鐘就掃空。但那天在鄒家正廳擺一張圓桌，宴客七、八個人，桌上除了餐具外一無所有。我問父親我們吃什麼，父親說吃幼席，我不懂其意。不久家人端上一道菜，客人吃得差不多又換上另一種菜餚，至此我才理解，這種宴會方式叫做「吃幼席」。「幼」字在客語是細緻柔膩之意。我不能判斷那一次宴席是否細緻，但那時我首次嚐到咖哩飯，簡直不敢相信世上竟有如此美味可口的食物。可惜回程坐巴士時，我依例把所有吃進去的東西完璧歸趙。

那個時代絕大多數的新娘是坐轎出嫁，若非富人，一般都捨不得花大錢雇矮嬷車。另外，當時的人都怕暈車，萬一打扮得花枝招展的新娘在車內「吐劍光」，後果將不堪設想，這也是大家忌避轎車的原因。新娘花轎的最大缺點是速度慢，如果是短距離當然沒問題，但若是嫁到遠處，轎行時間花費幾個小時，新娘的生理需求自然就成為問題。現代新娘非常大方，客語叫做「大面神」，未正式結婚前可拋頭露面，但舊時新娘一旦上轎，非到婆家不敢出來，因此解決之道是在途中休息時，把花轎擺在離開一段距離的樹下草叢，花轎下方是粗縫竹條結構，讓新娘在轎中小便，無論轎內轎外都不留痕跡。此乃古人窮則變，變則通之傑作。

老家擴建

一九四六年七月暑假開始不久，邱家伯父阿重伯來訪。阿重伯在邱家排行老五，在水裡坑開集賢旅社兼營山產買賣。他此行之目的是要求父親資助他一筆錢，向北埔姜阿新先生標購造林地杉木。這是我第一次聽到姜阿新先生的名字。

當時，家裡人口慢慢增加，孩子們逐年長大，父親正考慮打算在後院菜圃擴建房子。那個年代還沒有建築法等規定，只要有土地和財力，愛怎麼蓋就怎麼蓋，安全性各自負責，但未曾聽說發生過什麼問題。父親設計的房子是寬十八公尺，深七點二公尺的二層樓，房屋內隔成三間，使用材料包括紅磚、泥磚（土角磚）、臺灣瓦（陶瓦）、杉圓木和杉木板。杉木自然是從伯父處取得。

父親允諾阿重伯的要求給予資助。我不知道後來伯父標購杉木的詳情如何，但依當時物價直線上升和幣值一落千丈的情況下，想必是獲利不少。因此，我們家的新房子和贈送給表哥陳盛明兄蓋在中壢河畔的新家，所需的福杉圓木和板材，都來自姜阿新先生的造林地。

再現中元普渡

日治時代後期，臺灣總督府積極推行皇民化運動，意圖把每一個臺灣人改造成日本天皇之忠實子民，因而徹底排斥中華文物。其中，演臺灣戲和中元殺豬普渡等習俗當中的放鞭炮和燒金紙也一律被禁，我認為是臺灣總督府的「德政」。但戰爭一結束，這些習俗立刻恢復原狀。

一九四六年舊曆七月半，停辦七年的中元殺豬普渡習俗重整旗鼓，再次上場。這一年輪到「當調」的是塘背和塘尾部落，大型大士爺和騎虎山神以及跨獅土地出現在觀音廟前。經歷長期戰爭的疲憊，雖然尚未完全恢復，但莊中的善男信女莫不全力以赴。由於準備時間較少，所以這一年的神豬不夠大，六百斤出頭就獲得頭獎，我們家農業顧問金永叔飼養的五百多斤肥豬拿到第五獎。

幼年院士小戲迷

鐵耙是外形有一點像梳子，靠牛力拖行在犁過的水田中穿梭，用來攪碎土塊的農具，耙齒粗大，但先端甚為尖銳，耙柄和耙齒成「く」字形。有一天下午，我們家斜對面葉標叔耙田完畢，把洗乾淨的鐵耙倒過來靠著他家外牆曬日而耙齒向外。當年五歲的六弟運範走近鐵耙，靠牆的斜度不夠深之鐵耙突然向前倒下來，一支耙齒刺到運範的腳盤。當時我湊巧站在亭仔腳，目擊到事情的發生經過。閃閃發亮的耙齒之一根，刺穿運範的右腳盤前方中指附近，而牢牢地釘住腳底下的臺灣木屐。

運範沒有哭，以困惑和恐懼的表情站著原地不動。我把左腳尖緩緩插入運範右腳跟下來踏定木屐，然後以雙手抓住耙齒，一口氣將其拔出來。傷口直徑約半公分，看到血漬但沒有流血。我抱住運範，穿過阿桶伯家，以百米競賽的速度，走近路跑到河邊天生醫院找姜仁昇醫師。姜醫師的日本太太說醫生在午睡，我請她叫醒她老公，姜醫師把傷口消毒，塗上紅藥水，在腳盤上下兩面傷口貼上藥布後，用繃帶包紮起來，其間運範始終未曾哭一聲，到底他是忍耐著不哭，或是過度的恐懼使他忘記哭，還是神經遲鈍而不感覺疼痛，此一疑問經過半世紀的現在尚未釋然，想必么弟他自己也無法說明。運範腳盤的傷口很快就癒合，剛剛用過之亮晶晶的鐵耙沒有污銹，耙齒先端未受到破傷風菌等之污染，算是么弟幸運，否則其後果不堪涉想。

那個時候的運範是一個小戲迷。戰後採茶戲立即復活，徐水伯的戲台經常有戲班上演。一般人捨不得每天看戲，但幼童是免費優待，所以他常常跟著家人或鄰居混進去「看白戲」，不久就著了迷，有時會唸起台詞來。當時多次演三國演義，他崇拜關公，於是「俺，關雲長……」就變成他的口頭語，由於那一位關公演員的聲音有一點嘶啞，運範的台詞也用嘶啞的聲音來發聲。么弟當時另外一個憧憬的對象是皇帝的角色，但「寡人心肝悶悶不樂……」之客語「鄉親」發音台詞，他總是唸成「寡人心肝綿綿落落」。「綿綿落落」是客語「腐爛不堪」的意思，非常好笑，所以大家百聽不厭地逗他唸出這一段引子。因為如此，我們家人和鄰居都叫他「寡人」。

運範出生時，我們家已經被迫改姓名，所以他的戶籍名是武田吉範（Takeda Yosinori），家人從小就叫他範（no ri），至今都沒有改變。運範小時候十分純樸老實，我說他鼻子太低，應該常常捏鼻子，讓其隆起變高。爾後每當我說「範，你的鼻子太矮」，他就猛捏鼻樑。於今他的鼻形長得不錯，我功不可沒也。

儘管如此，他也有詼諧而不太老實的一面，他專找父親的麻煩，愛吃父親的豆腐。他窺伺父親繁忙時走過去先叫一聲「歐多桑」，聽到父親「哈！」（客語）的答聲時，間不容髮地用鄉親話說「偓係你爸」（客語，押韻）令父親每次都上當而啼笑皆非。

沒想到這位「寡人」小戲迷，後來會成為中央研究院院士。

大八車

暑假過去，新學期開始後，宿舍的宿客漸多，其中包括姜阿新先生夫妻。當時我對他們的認識有限，只知道姜先生是家住竹東郡北埔庄的大地主兼製茶業者，夫人是G將的異母大姊，這段期間我也與姜先生公子姜鳴鐸初次見面。爾後偶而來借宿的人多半是姜先生的部屬，他們都是晚飯後來，但早上會與我們一起吃早餐。為此，姜先生託他叔父姜振驤先生載運一百斤白米到幸町的寓所。幸町位於現在的泰安街一帶。

接到來自北埔的明信片通知後，星期日我和G將二人拉著自備的大八車，到幸町的振驤先生家載米回來。G將瘦如乾柴，看似手無縛雞之力，但我們在汐止當學徒兵時多次拉大八車到臺北大隊本部領取糧秣或彈藥，因而練成強韌無比的腰力，拖行區區一百斤白米走三公里路，對我們來說是「輕可頭路」（簡單的工作），二人都勝任愉快。

大八車是日本獨有、鐵皮包大木輪的二輪人力載貨車，我們宿舍擁有此車，想必是阿姨向日本人購買的。戰後這一種貨車對我們來說是無用之物，那一次運米後再也沒使用過它，擺在玄關前走道上，徒然成為出入之阻礙。後來阿姨將大八車贈給板橋務農的弟弟。爾來五十幾載，除了在日本電影裡，我從來沒再見過這一種落伍的搬運機器。

神祕的妹妹

這一年初秋，英姊和新埔阿姨的兒子詹梅谷先生訂婚。梅谷先生是G將的胞兄，戰後從東京農業大學土木課畢業回臺，賦閒在家。英姊訂婚日並非禮拜天，所以我沒有回家招待賓客。聽說來賓有何禮棟先生夫妻、姜阿新先生夫妻等人。事後G將開玩笑說，當天的菜餚非常可口豐盛，可能觀音庄內的家禽都被吃光了。

不久後的一個黃昏，有一次宿舍內只有我和謀助桑二人，謀助桑突然若無其事地用日語對我說：「廖桑，你要不要去做姜阿新桑的養子。」我不假思索地答以日諺云：「只要有三合小糠就不該去當養子，幸虧我家有三合小糠。」我原以為謀助桑在揶揄我，所以信口開河，但看他表情正經，不像在說笑話，因此氣氛驟然變得有點尷尬。以後他不再提起，我也沒有當作一回事。

一九四六年十月二十五日是臺灣第一次過「光復節」，長官公署宣布在臺北市舉行為期三天的全省運動會，以示慶祝。各項競賽分別在臺大本部、法商學院、新公園、北一女、東門游泳池等地進行。同宿諸君興奮得不得了，一大早就出門赴各賽場看熱鬧，或聲援來自故鄉的選手，晚上回來後都興高采烈、口若懸河地談論白天的比賽，唯獨吾人默坐靜聆，與世無爭。後來他們發現我根本沒去賽場，甚至連我就讀的法商學院運動場都過門不入時，各個都以宛如看宇宙人的眼光來看我。

我不愛運動，也沒有聲援的對象，所以不去運動場，對室友們的高談闊論自然不感興趣。但有一天，他們在講嗚鐸桑的妹妹參加跳高比賽，獲得全省高中女子組第五名，喚起了我的注意。我想起前一陣子謀助桑對我說的話。他口中的養子，照理說是贅婿的意思，如果沒有錯，那麼我的對象應該就是這一位跳高第五名的巾幗英雄。當時我虛歲十九，同輩的同學當中，曾文謙及之後自合庫經理退休的鄭錦洲已經結婚。我對結婚一事雖然還沒有具體想法，但已經開始有種微微的憧憬。因為如此，我希望能見嗚鐸桑的妹妹一面。那時還不知道她叫什麼名字，我忖度也許能在安叔的店找到嗚鐸桑妹妹的跳高照片。如果有人在現場攝影，那麼底片很可能會送到這間臺北最有名的榮安照相器材店（原大和照相機店，戰後改名）沖洗。

託光復節和運動會之福，安叔的店生意好得一塌糊塗。我找遍堆積如山的未裁切照片但一無所獲，眼見店內上下忙得不可開交，我只好自告奮勇幫他們把照片裁剪完畢，回到宿舍時已經將近十二時。

上海求學記

一九四七年新曆年，放年假五天。元旦上午，我在觀音接到G將寄來的明信片，說他即將啟程到上海求學，此去打算短則一年，長則兩、三年不回來，所以希望我到新埔敘別一番，語辭行間充滿悲壯感，頗有學若不成死不歸之慨。因此我「食早晝」（客語：提早吃中飯之意）後就出發南下。

一九四六年十月第一屆省運，新竹女中選手姜麗芝跳高照（中華日報攝）。

姜麗芝奪得跳高第五名。

在竹北轉搭新竹客運巴士時，我告訴車掌小姐要去五分埔，小姐說在街頭下車便可。然而巴士到了新埔街，下車後得再走一段路程才到街頭總站。新埔是個細而長的小鎮，長度與淡水街不相上下。我在街頭正要找人問路時，剛好詹德鎮的民中同學陳萬德走過來，我們有一面之緣，所以請他指點通往五分埔的方向。我按照陳君指示，向東走約一公里，經過霄裡大橋後，以幾棵大樹為目標向左彎進一座三合院大厝。我對這個十三年前曾遊之地已經毫無印象，所以只好憑第六感，找個看似比較有人聲息的門走進去，正好在那裡見到阿姨。

阿姨說，你姊夫和錦川上街去，很快就會回來。但他們兄弟到了晚餐時間都沒有回來，阿姨家傭人做了滿桌的佳餚，只有阿姨和我二人享用，此一作風與我母親完全相同。姊夫和G將八點多回家，他們說想不到我這麼快就來，所以在朋友家吃過飯才回來。

我對G將過去未曾提起上海求學，於今突然做出如此重大決定一事，表示驚訝和不解。G將表示，他有一位歐吉桑級的侄子詹瑞在上海居住多年，這一次他的兒子、綽號扁頭的永森要去上海投靠父親，所以他馳函取得對方同意，與扁頭一起去投靠詹瑞先生。上海是國際都市，他相信能夠找到著名的大學深造。

翌日，G將帶我到位於街頭的蔡瑞龍家。中午我們在瑞龍君家用餐，他家隔鄰麵店以粄條出名。那天吃到的粄條是我生平吃過最好吃的一碗，可惜量少，細而嫩的粄條轉瞬間就溜進腹內，總覺得意猶未盡。當時我年幼無知，老來方知那才是醍醐所在。

隔日午飯後我返回觀音，G將送我到街頭總站，臨別時緊握我手，依依之情，令人十分難過。

兩星期後，風雨交加的晚上十一時許，我聽見外面好像是G將在叫門，床邊的德鎮笑我耳朵有問題，G將在十天前已經搭船赴滬，外面一定是什麼鄉親來借宿。我出去開門，果然看到G將站在那裡，旁邊一個人揹一個大紙箱，我猜他就是扁頭詹永森。我看兩個人都無精打采，疲憊不堪。

G將以「太不像話了」做他的開場白，來說明他們上海行之遭遇。他說，上海物價幾乎每時每刻在漲，以致他行前換好本來預定足夠維持相當時間生活費的法幣，不到三天就花光，不得不搭乘原船返臺。然而船費已經漲到天價，船艙又一位難求，只好當甲板旅客（deck passenger），買一大包饅頭和一箱日本軍隊的乾麵包，在甲板上打地鋪，受盡辛酸和飢寒之苦，好不容易才回到臺灣。還好他們提早決定返臺，否則若無法趕上載他們過來的那艘船，後果將不堪設想。

我無法了解，他們去上海是投靠親戚，尤其扁頭是去尋父，那麼詹瑞先生為何讓千里迢迢過來的兒子和堂叔如此狼狽地打道回府？對此扁頭解釋，他父親患了肺癆，已自顧不暇，起居尚須依賴上海太太照顧，本來想要靠他安排學業，也成為泡影。既然對日後生活毫無期待，立即折回原路是唯一的選擇。

G將打開乾麵包的箱子，苦笑著說，這一次老遠跑到上海棄甲而歸，這箱乾麵包算是唯一的大陸禮品。乾麵包是硬如鐵的無味餅乾，可以長期保存，作為行軍或野戰口糧。戰時我們視如山珍海味，如今吃起來味如嚼蠟。筋疲力盡的兩個他鄉歸子躺在被褥上，不到一分鐘就鼻息如雷。以上就是G將上海求學記之梗概。

第五章　大難降臨

二二八

一九四七年二月二十七日傍晚，專賣局緝私人員葉德根、傅學通等六人，會同警員四人前往臺北當時最熱鬧的大稻埕一帶查緝私菸。他們在南京西路天馬茶房亭仔腳抓到婦人林江邁販賣由上海走私進來的美國香菸，並將其所有的私菸、專賣局香菸以及身上的賣菸所得加以沒收。林婦苦苦哀求，圍觀民眾也有人代為求情，但葉等不為所動。林婦抱住葉腿不放，葉某忿而以鎗柄擊傷其頭部，林婦立即昏倒地上血流不止。群眾憤怒喊打，葉等趕緊逃竄，其中傅學通逃到永樂町（迪化街），在前有阻攔，後有追逐的情形下，拔鎗擊中由屋內探頭查看外面吵嘈聲的居民陳文溪，陳某當場死亡此乃北埔人所云之「衰鳥遇到蕩銃」也。

眼見無辜市民被殺，群眾紛紛擁至警察局要求逮捕凶手治罪，但局長敷衍塞責，不得要領。憤怒的群眾回到肇事地點，把緝私人員留下的專賣局卡車及車內私菸燒毀。以上是所謂的二二八事件大致開端。但當時住在離出事現場不遠處大正街的我，卻全然不知發生那麼大的騷動，也沒有聽到任何喧譁聲。

翌日二月二十八日我照常上學，從住在太平町的同學口中聽到昨晚發生的事件。下午上課時，遠處傳來鑼鼓鞭炮聲和群眾吶喊，妨礙到我們的聽講情緒，每個同學都心不在焉。正在講授經濟思想史的伊太知良太郎教授以法國大革命時巴黎「索邦」大學照常上課的故事，來提醒我們身為學生應有的自覺。下課後，小工友高天送傳來消息，長官公署用機關槍掃射好幾個民眾，全市亂得一團糟，很多「阿山」被民眾圍毆，不少機關被搗壞或燒毀。陳儀已經宣布臺北市實施戒嚴，所以大家放學回家要特別小心。

當時我還不能洞察事態之嚴重性，下課後走到城內，打算到新高堂買書。新高堂位於現在重慶南路一段和衡陽路交叉口，戰後被國民黨接收經營改稱東方出版社，但習慣上我們一直以新高堂稱呼。那一天城內多數店鋪大門深鎖，新高堂也不例外。街上行走的人不多，但走到榮町（衡陽路）和京町（博愛路）交叉路時，我看到一大群人在焚燒東西。那個地方有臺北市唯一的七層樓大樓，以前是日本人經營的菊元百貨店，戰後變成公營的新台百貨公司。那群暴民搬出百貨公司的商品堆在路上燒毀，部分民眾還繼續在大樓搜索，把找到的東西從各層窗戶向地面的火堆扔下。究竟那些商品何罪之有？他們暴殄天物而忝不自知，可以說已經失去理性。當時目睹此景的我如此想著。

我從城內轉往太平町榮安照相器材店，向安叔夫妻問安，大稻埕一帶看不出特別緊張的氣氛，很多商店照常營業。安叔留我吃晚飯，我婉辭了，但向他借一部腳踏車騎回宿舍。途中，我在市政府附近遇到一個被民眾打得頭破血流的外省人，外表看起來好像是下級公務員，他臉上露出無奈的表情，踉蹌著逃走，令我十分難過。入夜，我走出八條通口察看，中山北路幾乎沒有行人，十字路口有軍憲站崗，我回家緊鎖門戶，開始整理筆記，德鎮則照擠面疱不誤。

翌日三月一日晨，我走到中山北路一帶張望，街上異常平靜，時而從遠處傳來霹靂啪啦的聲音，但無法辨認是槍聲還是鞭炮聲。在此之前，我打算去學校當「索邦學生」，響應伊太知教授的教誨，但那個霹靂啪啦聲使我信心頓失，只能回去和德鎮商量今後的保身之道。我們都認為趕緊返鄉是最上策，但據說火車已經停駛，當時沒有其他交通手段，所以此路不通。德鎮有一位阿姨住在西門町，我勸他到那裡暫住，他即刻就走。原先我打算到安叔家借宿，但考慮到他家人口眾多，一旦釀成暴亂，恐怕無法獲得足夠的糧食，同時那裡距離肇事地點不遠，不無再度發生事端之虞，故而作罷。

我一個人留守宿舍，既無收音機可聽，亦無報紙可看，對外界的情況一概不知。隨著時間經過，憂慮和煩躁使我坐立不安，下午終於忍不住，騎著腳踏車前往太平町。沿途商店多半關門，但有些雜貨店、食品店等仍在營業，街道兩旁到處可見張貼著「打倒暴政」、「打倒陳儀」之類的傳單。「榮安」店門開著，但幾個店員包括隔壁鞋店老闆都聚在餐廳，七嘴八舌地談論二二八。我在旁聆聽，大致能夠了解事件推移的輪廓。

據云，二十七日夜，群眾向警察局要求交出凶手未果，二十八日上午紛紛開始打鑼擊鼓分頭遊行，遊行隊伍把火車站對面的專賣局臺北分局設備搗毀，並焚燒庫存菸酒和汽車。這些群眾繼而轉往南門專賣局總局，不顧武裝憲警把守，衝進局內破壞器物。下午一時，群眾包圍長官公署，要求陳儀出面答覆先前允諾在民眾面前槍決凶手和厚卹死者家屬等條件，但卻突然被長官公署樓上的機關槍掃射。當時打死六人，群眾大亂，爭先恐後地逃離現場。

被陳儀長官公署機槍掃射的民眾失去理性，四散各處搜尋貪官汙吏，抓出來痛毆一頓藉以洩憤。但所謂的貪官汙吏並無明確的標準，這群人幾近暴民，把所有的長山人都視為貪官汙吏加以痛打，少數不貪不取的好官也難免遭池魚之殃。反之，大部分真正的老奸巨猾卻能夠受到軍警保護，而逍遙自在。

在一片追打阿山聲中，一般民眾對外省人教員或下級官吏另眼看待，平日為官清廉者都有臺灣人同事或友人給予庇護。聽說當時在電力公司當課長的前行政院長孫運璿先生，就是藏匿在我大女婿吳錫斌的父親吳永甯先生家，而逃過一劫。

打阿山的暴民，在路上遇到疑似阿山的人便以福佬話盤問，藉以辨別「人種」。我有一位來自屏東的鍾姓朋友遇到如此情況，他以生硬的福佬話回答，差一點被毆，所以連忙改用日語說我是客家人，才免於挨揍。另一個人有嚴重口吃，他被一群面目可怕的暴民盤詰，緊張之餘，結結巴巴地答不出話來。暴民正要動手，千鈞一髮之際他靈機一動，引吭高歌一首日本人作詞作曲的〈快樂臺灣頌〉，歌詞曰：「曙光普照滿地綠，薰風微笑黃金穗，稻熟兩季甘蔗茂，其名蓬萊是寶島，快樂臺灣好地方」（原詞日語）。由於此歌不是一般流行歌，只有臺灣人會唱，連日本人都很少唱，同時他唱的日本歌沒有「長山腔」，所以暴民就放他一馬。此君平時說話結結巴巴，但唱起歌來順暢無阻，可算是奇人之一。

我綜合「榮安」幾個店員和鄰居歐吉桑等人各方面的零碎消息，有種暴風雨即將到來的不祥預感。二二八事件的開端，雖是由緝私人員槍斃人命而起，但究其竟，不外乎是陳儀一夥人來臺一年半以來政治腐敗，全島人民不滿情緒同時爆發的結果。

日治時代，臺灣人受政治壓迫，經濟剝削和種族歧視，但對日本官員的清廉和做事認真留下良好印象，所以陳儀一夥人來臺後經常貪汙和普遍枉法，確實令臺灣人士感到震驚與憤怒。

當時全島各級政府機關或公營事業中，臺北市長游彌堅、高雄市長黃仲圖、臺灣油脂公司總經理顏春安、台灣玻璃公司總經理陳尚文等人是僅有的臺灣人首長，但他們一律是「半山」。各機關中除了首長負責人等重要職位，祕書、科長，特別是經手金錢的財務、總務、事務、會計、出納等主管，絕大部分都是由外省人擔任，這個情形與日本人統治臺灣時的作法沒有兩樣。

風聲鶴唳

下午三時許我騎車回家，途中一直擔憂今後之打算，有兩位延平大學學生在中山北路口攔住我的去路。延平大學是戰後創辦的私立夜間大學，因招考新生時准考證不必貼照片而名噪一時，校舍借用當時的私立開南商工。二二八事件時該校有許多學生參與各項活動，因此二二八後遭陳儀政府撤廢。延平學生說，明日上午要在中山堂召開學生大會，希望大專各校學生踴躍參加，以利商討今後對策。聽說陳儀準備把新竹營區的軍隊開進臺北來，必要時，打算組織學生義勇隊前往龜山附近迎擊敵人。我認為既無主體、亦無組織的烏合之眾，欲以徒手空拳來抵抗擁有軍隊的陳儀政府，等於是以卵擊石，何況陳儀後面尚有蔣介石的國民黨政權。我對臺灣年輕人欠缺斟酌的螳臂擋車之舉感到無比憂愁躁急之同時。決定儘速離開臺北以策安全。

我回到宿舍，準備簡單的行裝，關好門窗後就立刻騎腳踏車前往北投，投靠觀音出身的淡中生住處。三弟運淮等淡中生戰後持續住在學寮，但當時學寮管理制度尚未確立，膳食問題必須自行解決，宿舍又無炊事設備，所以改租北投陳寬先生老厝三合院的一角，張顯榮、謝新則、錂枮、運淮、彭桂森、謝木廷等六、七個人在那裡共同生活。陳寬先生是廷祥叔養家姊姊明妹姑的丈夫，是台灣電力公司的老電工。兩夫妻為人忠厚，對寄宿學生們親切照顧，我幾乎每隔一、二個月就到北投借宿一宵當食客，順便泡溫泉。

是日天氣陰暗略帶寒意，但一路上平靜無事。抵達宿處時，同宿人全部無所事事，聚在一起聊天。我問他們糧食情形如何，他們說有充足的白米，但沒有多少副食品。傍晚大家到新北投瀧乃湯公共浴室洗澡，歸途在菜市場採購罐頭、醬菜，味噌之類，準備閉關自守。

北投鎮平息如常。爾後四天，我在北投遁世期間也沒有什麼動靜，只聽說有一群年輕人痛毆一個外省人警官，並從其宿舍榻榻米下面起出幾百萬元贓款而大快人心。我曾多次在北投火車站看到那個警官管理乘客搭車秩序，一旦尖峰時間遇到乘客相擠搶先上車，他就用手槍槍口不分青紅皂白地猛刺那堆人群的背部。被刺的人回頭看到那個凶悍便衣警察手上的槍，都敢怒不敢言，但對他欺辱臺灣民眾的行徑莫不恨之入骨，所以這時才有人找他報復。至於榻榻米下面的幾百萬贓款由何而來不得而知，但可以確定斷非其薪水收入之積存。

蟄伏在北投期間十分無聊，但不敢輕舉妄動，大家留在宿舍打撲克牌消遣時間，我則躺在一旁整天看書，其間偶而走動附近打聽消息。陳家老厝位於舊北投郊外，住戶大部分是農家，一般家庭都沒有收音機，報紙也不來，因此所獲情報有限，而且都是些近於流言蜚語的謠傳。

三月五日傍晚，聽說翌日淡水線和縱貫線火車恢復暢通。六日清早，我們這群觀音學生包括謝新則都離開北投，中午過後回到家鄉，其間在臺北或沿線市區都未曾看到騷動跡象，就更遑論觀音這個鄉下僻地了。

爾後兩個星期，我一直留在家裡，平心靜氣等待雨過天青。但後來才知道，在此期間，蔣介石派來的援軍已從基隆和高雄兩地登陸，由南北兩地開始對臺灣民眾施以報復性虐殺和肅清，之後全臺灣陷入風聲鶴唳、草木皆兵的恐懼中。

事件開始約一星期間，陳儀對代表臺灣人的「二二八事件處理委員會」虛與委蛇，假裝允諾其要求之同時，一方面暗中請求大陸的蔣介石派遣增援部隊，並編造危險人物黑名單，以備對臺灣人實施大肅清。三月八日下午，增援部隊分別在南北臺灣登陸，陳儀立即以非法組織之名目，下令解散二二八事件處理委員會，與其過去幾天的態度相比，判若兩人。

國民黨軍對臺灣人的殺戮從基隆和高雄開始，繼而遍及全島。當時我避居觀音僻鄉，因而消息甚不靈通，但從鄉下人交頭接耳中，尚能聽到不少有關國民黨軍慘絕人寰的獸行。例如，基隆有幾百個青年學生及無辜市民被捕，將其捆綁排列，復以鐵絲穿過每人手掌連成一串後，推入海中，一些人則被裝入麻袋投進海裡，因而一時港灣浮屍無數。又七堵一帶有十幾名學生被捕，要塞司令下令逐個割去生殖器，削掉耳朵或鼻子後刺死。此外，各地遭逮捕而被處刑的人，大部分都先將其拖出遊街示眾後選擇在火車站前或橋頭要衝等容易聚集群眾的地點予以殺害等等，對自己同胞之如此兇狠殘酷的作為，可以說舉世罕聞，其目的不外乎是要讓臺灣人膽寒，徹底壓抑臺灣人的反抗意識。

繼以軍隊之濫殺無辜民眾，警備總司令部開始其「肅奸工作」，除了直接參與事件者之外，多數社會菁英，包括民意代表、教授、律師、醫生、作家、教師、記者等知識分子遭到逮捕。臺大文學院院長兼民報社長林茂生，臺北高等法院推事，吳伯雄父親吳鴻麟之孿生兄弟吳鴻麒、臺南市律師湯德章、鳳林醫師張七郎父子三人、淡中校長陳能通和教務主任黃阿統等多數人成為陳儀暴政下的冤魂。

公報私仇

陳能通老師是淡中一九二〇年畢業的老前輩，日本第五高等學校、京都帝大理科畢業。我唸淡中三、四年級時，陳老師執教物理。黃阿統先生是新竹芎林鄉人，原是國校訓導，後來通過檢定考試獲得中學體育教諭資格，在淡中當體操課老師，當時改姓光田。戰後陳老師擔任校長，黃老師則升為訓導主任。二二八事件發生前不久，有個高級軍官前來交涉借用教室駐軍，遭二位老師拒絕，為此得罪了那個小人。

日治時代，淡中擁有軍訓用三八式步槍二百多挺。一九四五年三月，四、五年級應屆畢業生被迫志願學徒兵，學校的步槍也被徵用。戰後淡中中隊的步槍直接交給所屬大隊本部，學校武器庫不再使用，深鎖嚴密的庫內留了一支槍托板爛掉的廢槍不為人知。孰料其貌不揚的這一支廢物卻奪走兩條善良無比的性命。

陳儀政權的「肅奸」行動開始後，突然有一隊士兵進入淡中到處搜索，並在武器庫發現了那支廢槍。陳校長及黃主任均以私藏武器為由被捕而雙雙遇害。翻開淡江中學校友名冊，陳能通校友的備註欄「行方不明」四個字，彷彿是在控訴他萬斛的怨懟似的。

一九九二年官方解禁，政府公布當年軍方處置二二八事件的部分資料，其中有關「淡中綏靖」的行動，竟被寫成：「校長陳能通、訓導主任黃阿統煽動學生響應臺北，招致流氓及青年在學校舉辦軍事訓練……指使流氓襲擊軍方，企圖劫取武器……為此格斃匪首陳能通、黃阿統等，因而淡水未致大亂。」此乃無中生有之羅織罪名，天大之冤枉也。

長官公署有了萬餘兵力依靠後，便毫不留情地捕殺「膽敢蠢動」的臺灣人。受害人當中除了參與行動者以外，不少人都是公報私仇的犧牲者。譬如陳能通老師和黃阿統老師都是非常老實的仁人君子，卻遭人陷害，飲恨而死。聽說吳鴻麒推事是因為拒絕聽從一個長山官員之關說，不肯給予對他有利的官司判決，才招惹殺身之禍。有位長山官員太太在國賓飯店現址附近某婦產科醫院生產，卻因出血過多而死，該官員懷恨在心，二二八事件後以莫須有的罪名嫁禍給婦產科醫院，害得施江南院長一命嗚呼。

栽贓與濫殺

同一時期，栽贓事件頻傳。有十幾個便衣人員闖入何禮棟博士的竹東醫院搜索，在廚房內找出一把手槍。那是很明顯的栽贓，但何醫師仍舊以私藏武器的理由遭捕。

這類軍閥栽贓的方法有二。其一，事先差人把贓物放置在適當位置，搜索人員故意翻箱倒篋一番後，再慢慢迫近標的物。其二，搜索人員一進門就喝令在場的人不許動，然後進去無人看見的地方，把夾帶的手槍亮出來，再硬說是在裡面某處找到。當時他們採取哪一種栽贓法不得而知，但從當時國民黨爪牙囂張跋扈的氣勢和竹東醫院的建築布置判斷，兩種方法都不難得逞。

竹東醫院面積廣闊，樓上是住宅，樓下除了診所、藥局、候診室以外，後面有廚房和餐廳。他們家族平時都在二樓，一般商人送來日用雜貨或食品之類都令其直接搬進廚房，所以外人進出醫院後堂頻繁，習以為常。

昔日竹東郡轄下包括竹東街、北埔、峨眉、寶山、橫山、芎林、五峰、尖石等庄，面積廣大卻平地不多，大部分屬於山地，因而來竹東醫院求診的病患自然是家住山間僻地之鄉下人居多。鄉下人之稱呼因地而異，觀音稱其謂田庄人，竹苗一帶叫做庄下人，福佬話是草地人，日語為田舍者。竹東另有「山村桑」的說法。亞媽木拉桑（Yamamura san）聽起來好像是日本人名字，其實那是對鄉下人的謔稱。由於山地交通不方便，當時電力、電信不普及，所以山村桑比平地鄉下人更鄉下人。

某日，有一位山村桑中之山村桑來竹東醫院求醫。何院長囑其下次來時要驗便。約十天後，那一位山村桑雙手捧著一大包用蓮蕉葉包裝的東西，恭恭敬敬地獻上何醫師面前。因為過去多次收到山村桑們之山豬、羌肉等餽贈，都是用蓮蕉葉包紮，何先生不假思索而習慣性地請他拿到廚房放。戇直的山村桑遵照指令，把東西放在廚房櫃台上後出來向醫生復命，何先生道謝如儀，山村先生也鞠躬而退。

何禮棟醫師（右一）偕夫人姜錦妹（左三）回北埔娘家仁德醫院。

不久，從二樓下來的煮飯歐巴桑看到那一包蓮蕉葉包裹，以為是什麼寶貝，打開來看的一剎那，嚇得跳起兩三尺高。原來那是一堆「米田共」，由那個體積和重量看來，大概是那

姜阿新（左一）拜訪許振乾夫婦（右一右二），攝於新竹市中華路許府。

一位山村桑之整天的產量。這是錯在何禮棟博士，他之語焉不詳，使山村桑有所誤解，不辱使命地把所有產品交出，何博士不認得他卻不問他是何人，又不問他手捧何物，擅自誤認其為貢品而令其送至廚房，以致鬧出一場啼笑皆非而且臭不可聞的笑話。

由此可知，出入竹東醫院後堂不難，欲利用此一弱點來栽贓自然是輕而易舉。唯從當年把臺灣人視若草芥而睚眥必報的陳儀鷹犬之肆無忌憚看來，他們大可不必那麼麻煩，只用自導自演式栽贓法即可達到其欲加之罪，何患無辭之目的無疑。

當時的警總新竹區防衛部司令蘇紹文，聽說是新竹籍的半山，他於三月初到任後立即下令戒嚴，宣布抵抗者格殺勿論。無論企圖陷害何醫師而使出栽贓卑鄙手段的人是誰，於今生殺與奪之權，顯然是操在蘇某人手裡。為了營救何先生，何家親朋東奔西走，結論是唯有蘇司令的宗親蘇廷清先生能夠幫助疏通，但他是何醫師長久以來的死對頭。

竹東人士自古以宋、蘇兩大家族為中心，分成兩派。戰後，宋派以宋瑞樓教授之兄宋枝發先生為首，同派人士有何禮棟先生、古燧昌先生和廖家第二房金泉叔等人，蘇派則以蘇廷清先生為主，廖家金泉叔之親哥哥燈輝叔屬於蘇派。街上住戶商家甚至販夫走卒都各屬一派，旗幟鮮明。平時買賣、交遊甚至吃點心、理頭髮，都非同派人莫屬。如今，當年的首要人物個個凋謝，但派系之分依然存在，甚至有越演越烈的趨勢。

陳儀公署本來就是土皇帝式政權，權限包括立法、行政、司法、軍事，已經凌駕了日本領臺初期的武官總督，但在二二八事件前，形式上尚能「依法行政」，惟二二八後立即暴露猙獰本質，遭逮捕的多數人士大部分未經公開審判就被處死，甚而有押送途中就擅自處決棄屍的事例。

我所知的就有一例。竹東劉家榮先生是「G將」泰山胞弟，他涉及二二八被軍憲通緝，因而逃到峨眉親朋家藏匿。搜捕人員吉普車出現在吊橋對岸時，親友勸他從屋後山路逃走，但劉桑不願連累親友，同時也誤以為陳儀政權會公平審判後才定罪，因而自願走出就擒。

臺灣人的悲劇，可以說在於奢望國民黨政權也能夠遵守日治時代體驗過的「法治國家」之「依法管治」精神。戰前，批評或抵抗日本政府可能會受到「治安警察法」處置，此法雖是為了壓制人民社會運動而訂之惡法，但違者尚可依法接受審判或處罰，可是陳儀政權毫無法治觀念，心中盡是「違我者死」的帝王專制式殘虐心態。

據目擊者言，那一些軍憲把劉桑綑縛後，令其側臥在車上，幾個惡漢跨坐在他身上加以羞辱。待吉普車行駛至北埔分水龍附近，就將他拖下，在路旁茶畑舉槍擊斃後揚長而去。

由此可見，當時臺灣處於兵荒馬亂，國民黨軍憲恣意瘋狂濫殺無辜之事到處可見，如果不趕緊搭救何醫師，恐有殺生之禍，因而當時家族焦急如焚。何禮棟夫人錦妹女士是姜阿新同一祖父的堂兄姜娘送先生長女，姜先生雖然比較接近宋派，但由於地域不同，所以介入不深，並與蘇先生有一面之識。因此，何夫人回娘家求助於叔父。姜先生立刻拜訪蘇廷清先生，請蘇先生救助何醫師。蘇先生不念舊怨，慨然允諾，何先生因而獲救。這段何先生遭陷害、被捕及獲救之經過，是我聽自姜阿新先生的可信之言。

許振乾先生是新竹客運公司總經理，新竹客運首要創辦人有陳性先生、許振乾先生和姜阿新先生，戰後陳先生擔任董事長，而我岳父是董事。該公司約十分之一股權屬於日產臺灣製糖會社，成為該公司的一大困擾。當時陳儀派來的新竹市長郭紹宗是出了名的貪官汙吏，此人素來欲利用日產股份來霸占新竹客運卻苦無良策，因而想藉二二八這個絕好機會掃除障礙。許先生機警非凡，在郭市長派遣陳儀爪牙來捉拿前就逃出新竹，投奔姜阿新先生家。岳父三更半夜帶他到北埔秀巒山後四寮坪佃農何家給予庇護，使他逃過一劫。事情過後，許先生雇用何家長子何智展在客運公司任職，以報何家藏匿之恩，智展君後來升至竹東總站長，退休後閑居北埔學唱山歌，自得其樂。

一九五一年初，我被派往臺灣銀行左營分行，婚後寓居高雄前金區。岳母有一堂侄名叫詹招禮，很早就遷居高雄，她告訴我詹先生的地址，並囑我夫妻前去拜訪。詹先生家在當時高雄市最繁華的鹽埕町鬧區，年逾知命頭髮半白，但看起來相當健壯。他把樓下店面租給服飾店，本人則以理事長身分在高雄中央市場上班。

阿禮哥客廳角落牆壁掛著一幅年輕人照片，我問他是誰，二老沉默片刻，阿禮哥的太太說，他是我們可憐的兒子，被彭孟緝一夥人打死，話未說完淚已涔涔。據言，在二二八事件期間，她兒子沒有參加任何活動，每天照常在中央市場工作。事件開始後約一星期的中午，他從市場走路回家吃午飯，途中遇到裝有擴聲器的卡車向市民喊話，市長去要塞司令部勸降，即將回來市政府，希望民眾踴躍出席聽市長報告，她兒子和同行兩位同事就這樣糊裡糊塗地跟著人家，走上不歸路。

市府禮堂滿座群眾正在等待市長，彭孟緝部隊突然包圍會場，隨即舉槍向民眾掃射，當場射死將近二百人。是夜詹家兒子未歸，鄰居有人目擊她兒子走向市府，認為凶多吉少，但在戒嚴令下，夜晚無人敢出外。直到翌日，大家還怕中了彭孟緝的陷阱，不敢接近悲劇現場。第三天，詹太太和女兒二人戰戰兢兢地進去市府，才在滿地屍首中找出已經僵化的兒子。

清鄉

繼以肅奸工作，陳儀公署開始實施「清鄉工作」。陳儀以中文及日文發表之「告民眾書」宣告，其目的在於「保護善良人民，維持治安，徹底肅清歹徒」並呼籲全民把所有武器及不法之徒交給政府，由政府施以「合理而且合法」的處置。

清鄉當天，每家人按照預先排定時間，在自己家門前排列接受軍憲核對身分。觀音附近似乎沒有發現「不法之徒」，但臺灣全島有不少人遭到逮捕，大部分都未經公開審判就被定罪。二二八事件的犧牲者究竟多少，至今似乎還沒有確鑿的定論。

此後，在蔣政權之戒嚴和白色恐怖下，臺灣人在政治上長期被迫保持沈默，國民黨把臺灣人政治改革之要求，用虐殺和肅清的手段來封殺，因而釀成臺灣人對國民黨及外省人的厭惡和排斥，所謂之「省籍矛盾」的原點，尋根究底就是二二八事件。

陰影籠罩

此時此刻，蔣介石派遣來臺的援軍正在臺灣南征北剿，大肆屠殺臺灣人，由於當時通訊落後，所以我們都沒有察覺可怕的事態正在發生。但無疑地，每個人心中總掛著一絲揮之不去的陰霾。

三月九日，我們家農耕隊照常前往海邊農地播種落花生，並用一半面積種植西瓜苗。收工回家後，聽到各地民眾遭到慘殺的消息，但我們都半信半疑，因為大家不能想像蔣介石的正規軍竟會拿出攻略南京殘虐日軍的手段來對付無辜的自己「同胞」。

臺灣表面上歸於平靜，一般機關學校行號工廠等已經恢復正常秩序，但二二八的陰影依然籠罩全島。一九四七年三月下旬，我赴北繼續上課。過了幾天，期末考後進入春假，再度返鄉。從此我們再也沒有看到除了鈴木源吾先生以外的七名徵用日人教授。他們被倉促遣回日本，事先未曾告知，所以四月初新學年開始時，我們發現課程表上的教師名字全都是中國名字而大感不解。當同學們獲知日本老師已經返國後，莫不為無法向老師們告別表示不滿，也憂心石橋憲三教授的命運。

石橋先生是灣生，臺北高商老前輩，他患有嚴重的先天性氣喘，每當冬天寒流來襲時發作更是厲害。老師有一次語重心長地對我們說，他很慶幸能留在臺灣，故得以苟延殘喘，但總有一天會被遣返日本，而祖國的氣候將不允許他活太久云云。石橋教授回國後，果然隔年冬天就因氣喘發作逝世，享年不到五十。

謎樣的鈴木教授

一九四八年初夏，有一天我為了領取臺大法學院商業專修科畢業證書前去母校，在教務處走廊遇見鈴木教授，在此之前，我一直以為他在二二八事件後不久就被遣回，所以大感意外。鈴木先生叫我到他研究室聊天。我問老師為什麼能夠留在臺灣，鈴木教授告訴我，戰時有一架美軍轟炸機中彈墜毀，幾個飛行員跳傘被捕，臺灣軍某一師團長下令將其槍斃。戰後該師團長以未經審判處死戰俘的罪名被起訴，被告辯稱該案是經過審判程序後才執行，而當時鈴木教授擔任翻譯，所以一切合法。其實鈴木教授未曾參與審判，但美國軍事法庭傳喚他，他以臺灣法商學院教授身分赴美，在美國逗留一年多才返臺述職，最近準備舉家返回日本。

鈴木先生也是臺北高商校友，他後來畢業於東京商科大學，擔任母校教師期間留學美國哥倫比亞大學兩年，在當時美國政界和商界的友人不少。從臺灣回國後他進入外務省，曾任駐美領事，也當過駐華盛頓公使，退職後擔任世界貨幣基金會日本分會理事長，長期駐在倫敦。

鈴木教授為了一件戰犯公審案子做證赴美，並且逗留一年多，當時我就覺得有一點不尋常。後來盛傳，鈴木先生赴美是為了替所謂的「黃金案」做證，但不知其詳。

之前我在書裡看到一則記載戰後一樁牽涉日、中、美方的賄賂案。安藤總督兼臺灣軍司令官幕僚裡有個中國通，他建議賄賂貪婪成性的國民黨官僚，允許軍隊以外的所有日本人繼續留在臺灣。為此，他把一百二十公斤黃金及數億圓臺幣送交長官公署祕書長葛敬恩手中。但與葛敬恩同一時期、早於陳儀進駐臺灣的美軍顧問團艾文思中校探悉此事，葛某只好讓他同流合汙參與分贓，然後同意不遣返日本人，甚至答應不在臺灣檢舉日本戰犯。

結果，葛敬恩拿人家錢財，卻不替人家消災。盟軍總部及國民政府下令把徵用人員以外的所有日本人遣回，同時檢舉安藤及若干在臺日本軍官為戰犯，並立即將其拘捕。知曉該祕密的某一日本人憤怒之餘，向駐臺美軍顧問團控告陳儀和葛敬恩侵吞黃金。在臺美軍顧問團將此案移送駐南京美軍代表。葛某雖被召回南京，但安然過關。在他逗留上海期間，安藤總督在上海戰犯監獄自殺，後有一說安藤是被葛敬恩毒殺滅口。葛某之後於一九四九年五月投共。一九四八年九月十二日，中央社臺北分社發出如下電訊：「臺灣光復時，隨同國軍進駐臺灣之美籍軍官艾文思中校侵吞臺灣黃金巨案，雖經美國法院公審兩次，嗣由美國司令部撤回訴訟，現已成為中美兩國之懸案。」此一事件如果屬實，鈴木教授當時不無受安藤之託而擔任其翻譯之可能，但真相如何無從得知。

國民黨在二二八事件對臺灣人的暴戾舉動，備受國際社會尤其是美國的嚴厲指責。美國駐華大使向蔣介石手交「關於臺灣情勢之備忘錄」，抗議國軍在臺暴行。當時國民黨政權在國共內戰頻頻失利，必須求助於美國，因而不敢忽視美國之意旨，在四月二十二日撤換陳儀之同時撤銷長官公署，設置臺灣省政府，並任命外交官出身的魏道明為臺灣省政府主席。

陳儀被召回南京後不久，反而升官出任浙江省主席。一九五〇年以通敵（中共）罪名被捕來臺，並判處死刑。陳之親人將其埋葬於臺北縣境內，但聽說怕二二八受難者家族掘墳鞭屍，不敢立碑銘誌。而事件平靜後，國民黨仍長期禁制民眾公開談論或發表有關二二八的文章。

第六章　商業專修科

臺大法學院

一九四七年四月一日，我升三年級。此時，我們學校被臺灣大學併入臺大法學院，臺北高商的末代學生被編入商業專修科。各課老師全是中國人，對不太懂國語的我們來說是一大挑戰，幸而經過兩年間的耳濡目染，加上老師分發油印講義輔助，我們大致能夠理解內容。其中，潘志奇老師以日語講解國文，陳寶川老師用福佬話教民法，屬於例外。潘先生後來進臺灣銀行當金融研究室研究員、東吳大學教授，陳老師則轉任國華人壽保險公司董事長、第一銀行董事長等職。

熱鬧的宿舍

這學期開始，乙組同學嚴盛銓搬來我們宿舍同住。由於三個窮學生雇不起傭人，只好輪流燒飯，但嚴君天生笨拙，煮起飯來不是燒焦就是半熟，不飯不粥，菜餚又鹹淡不分，而德鎮懶惰成性，隨時都有「斷炊」之虞。結果徒有輪炊之名，大部分工作幾乎都落在我一個人身上。幸好我眼明手快，味覺敏銳，又勤於開發「新產品」，所以能不負眾望。有一天蔡瑞龍來訪，吃到我的鹹菜炒鯊魚讚不絕口。另外我的爌肉更是舉世聞名，去年特地跑去加拿大，還把烹飪技術轉移給我的兒媳婦馬文娟，以免失傳而遺憾後世。

姊夫梅谷先生婚後在新竹縣政府做事。當時陳儀公署棄原來位於縣中心的新竹州廳，把縣府搬到縣邊界的桃園鎮來，使新竹尤其苗栗一帶的民眾怨聲載道。英姊夫妻被迫遷居臺北，住進八條通宿舍，姊夫由臺北通勤桃園。

一九四七年九月，以我們這一批學生算來是第二學期，但對其餘大、中、小學都是新學年的開始。三弟運淮及愛狗伯之子運桃考上成功高中，運淮從北投搬來同住，因而英姊除了自己生活外，尚需照顧這群寄宿學生的日常生活，所以阿姨就收養一個養女秀珍來分擔英姊工作。秀珍當時大概八歲，為人靈巧、認真，長相不錯，但皮膚有一點黝黑。她的本事是每天三餐能夠自動自發地起火燒飯。從前燒木炭時，起火相當麻煩，對一個八歲小孩來說非常不容易。

一九四七年秋天的一個星期六下午，在宿舍初次見到鳴鐸桑的妹妹麗芝。前後十分鐘，至今仍然記得她留長髮、穿淺藍色衣服的少女模樣。

牌搭子

姊夫天生磊落，搬來臺北沒多久就廣結善緣，因而宿舍的來客絡繹不絕。除了新埔、北埔方面親朋界素以外，比較常來宿舍的是姊夫的麻將牌友。他們是當時在第一銀行做事的劉錦榮桑，以及任職於建設廳地質調查所的劉利境、王年坤、詹國樑等人，其中劉先生和王先生來自中壢，詹先生是姊夫的侄輩，當時宿在他姊姊位於萬華的家。

隔壁傅桑是在廣東磨練多年的高手，家裡擁有一副從大陸帶回來的麻將牌。當時的麻將牌是背

新竹女中時期的姜麗芝（左一）。

喜愛運動的少女麗芝（右一）。

鑲竹皮的牛骨手刻製品，高貴而稀奇。傅桑家也有一組牌友，他們都是臺大醫院外科醫生，包括林敬邦醫師、張雲鴻醫師、傅祖修醫師。其中祖修兄是傅桑的侄輩。

兩組牌搭子要共用一副麻將牌，所以打牌的日子必須錯開，但當時一般家庭都沒有電話，有時難免兩組人馬碰在一起而人滿為患。後來有人不知道從那裡借來一副牌，才把問題解決，深獲眾多賭徒好評。

我來著衫的賭徒

在這個時期，我開始學習打麻將，指導老師是隔壁鄰居傅少雄先生。在此之前，我多次參觀過姊夫和中壢友人打牌，所以已經有點概念，因而很快就「出師」，常常把傅師父打得落花流水。當年打牌完全是為了消遣，在場每人繳一碗大正樓湯麵代金，由敗者二人負擔，根本不算是賭博。可是後來有兩個警察硬說我們是在賭博，作為揩油的藉口。

某個禮拜六，二堂哥運豪兄來臺北，晚飯後在傅家打牌，成員是林敬邦博士、傅少雄先生，二堂哥和姊夫，我也過去觀戰。傅家緣廊的木板套窗大開，每次輸贏都有人大聲吶喊，氣氛十分熱鬧。當大家正玩得興高采烈時，突然有兩個警察越過圍牆進來，各執步槍對準我們，大喊「不許動」。接著，一個警察在原地採取警戒姿勢，另一個傢伙走進來，叫牌桌上的四個人拿出身分證。

二二八後不久的臺灣，身分證差不多等於是日軍占領大陸時發行的「良民證」，所以每個人都隨身攜帶，以免惹起無謂的麻煩。但身為國小老師的二堂哥偏偏是個糊塗蟲，那一天他遠到臺北來，卻忘記帶身分證。那個時代，不帶身分證可能得被拘留一夜，因此我挺身而出，遞出我的身分證。那個警察明知我不是打牌的人，但他的目的不在取締賭博，所以「欣然接受」。

當時我在學校上陳寶川教授的民法講座，所以擁有一部六法全書。我知道構成賭博罪的要件是在公共場所，以錢財之取得為目的而博弈者，若是以食物或獎品為對象則不在處罰之列。因此我認為兩個警察無法奈我們何。但沒想到那個長山警察竟然大聲喊叫，要我們四人到派出所，感覺有點不太對勁。那時我想到傅先生在大陸廝混八年之久，當然熟悉長山人之生態，即使此去遇到麻煩，只要他傅老一通電話，自然能迎刃而解，而我又是學生身分，故此氣氛輕鬆，根本就不當一回事。

可是沒有想到，警察的命令一出，傅先生竟然用廣東式國語說，「好，我來著衫」。傅老此話一出令我萬念俱灰：他逗留大陸八年，竟然一句「穿衣服」的北京話都不會講，我認為此去一定很麻煩。警察叫我們四人走在前面，不准回頭，他們提著用布包紮的麻將牌離後二十公尺，意圖十分明顯，但若不是頭腦靈活的人，恐怕無法解讀其意。

到了中山市場邊的派出所，四個人排列站立。林敬邦博士大腹便便，呆若木雞，傅桑和姊夫二人面面相覷，看起來完全無計可施。一個年輕人坐在辦公桌一言不發，看著我等身分證猛寫文書，我走近偷窺，內容竟是解送賭徒四人的公文。至此我慌了，倘若被送到分局收押，翌日是禮拜天，我們四人勢必得受兩天冤獄之災，他們三人或許可說「罪有應得」，但對我這個替罪羔羊來說，未免太委屈了。

三個大人手足無措，只得由我這個受過中國教育皮毛的「後生仔」自告奮勇，來小才大用。我絞盡腦汁思考營救之道，雖然知道他們的意圖，但苦無穿針引線人。剛巧，那時有一個中年警員從裡面走出來，我立即看到一絲曙光。雖然他不認識我，我卻記得他是兩年前住在觀音學生宿舍隔壁的新埔人。這是「他鄉遇故知」，在此千鈞一髮之際，焉有不求助於他之理。我走過去叫他一聲「歐吉桑」，然後用客語小聲對他說，我們打牌是敗者付麵錢，不是賭博，請他看在同鄉人的份上，替我們向那個年輕長山主管講情，並附言我們知悉派出所欠缺經費，事後我們會捐出一筆款項，來補貼所裡開銷之不足。那一位歐吉桑警員走近寫公文的長山人旁邊附耳竊語片刻，但那人不作反應，若無其事繼續寫字，一時使我緊張起來，以為遇到現代包青天。所幸不久，那個年輕包拯把毛筆丟在紙上，向歐吉桑點點頭後就不知去向。歐吉桑警員把我帶到一旁小聲表示，主管答應不遣送你們，但我們這裡經費短絀，希望你們捐款一百萬元，麻將牌的價碼也不少於這個數目，明日傍晚帶錢來把麻將牌贖回。之後就叫我們從後門走出去。

那一次「我來著衫」事件，如果二堂哥隨身攜帶身分證，我就不必替他受災。但倘若如此，他們就不一定能脫身。警察愛財，但「取之有道」，由警察自動提出釋放條件幾乎難以想像，儘管新埔救星現身，但如非機智過人又能攀親附戚如吾輩者，恐怕難以天助自助，兩日牢獄之災無法避免。

在差不多同時期的一個星期日清早，我穿著下駄（Ge ta，日本木屐）在中山北路往圓山方向溜躂。那雙下駄是戰時配給、梧桐竹面的高級品，父親自己捨不得穿，不久前才從他的小衣櫥拿出來給我。我走到台泥公司現址的台北神學院後折回，經過位於南京東路口的第三分局時，值班警員叫我進去，說要沒收我的下駄。我問他為什麼，他說上級命令不准民眾穿著日本的東西，我說我可以不穿，但你無權沒收，那個長山咬著我不放，我主張這不是毒品也不是贓物，你憑那一條法律來沒收市民的私有財產。他被我問住後惱羞成怒，大聲說我妨礙公務，至此我再度體會到被不具法治觀念的國民黨政權統治的悲哀。我把下駄脫下，生氣地走回家，相信那個時候除了三輪車伕以外，全臺北市打赤腳走路的只有我廖某人。翌日，我將此事告訴一個學友，他安慰我說，前一陣子二二八時有人穿下駄，甚至遭到中國兵射殺，你應該慶幸二二八已經結束，否則遭遇可能更慘。

金融大軍

一九四八年二月底，我自臺大法學院商業專修科畢業。由於國立大學畢業證書必須加蓋教育部關防，而當時國民政府還在南京，所以我們只領到一張薄紙的畢業證明書。

畢業前一個月，訓導處通知我們登記就職志願書。我們這群臺灣僅有的商科畢業生，照理說不難找到職業，其實不然。因為當時大陸赤化的趨勢逐漸激烈，有辦法的人紛紛逃到臺灣來，利用關係安插在各機關銀行、公營事業等，所以容納新畢業生的空間不大。一百名同學中將近一半進入臺銀、土銀、三商銀和合作金庫等銀行界，省府審計處、台糖、台電、物資局等收容二十幾名，其餘有人教書，有的從事家業，也有人自己創業。我則準備暑假時插班經濟系三年級，繼續學習，所以返鄉自修，以免因同儕紛紛就職而失去向學心。

我們這群進入銀行界的同學們，曾文謙升到臺銀副總經理後轉任一銀總經理、臺灣企銀董事長、華銀董事長等職，最有成就。王紹慶從華銀副總轉任臺北市銀總經理，李春來則任職合作金庫。

一九六六年秋，我內兄鳴鐸先生北遷，恰巧租用李春來家二樓居住，李君聞悉是我親戚後自動減低房租，令我感佩不已。一九八〇年代，他當合庫副總兼金融檢查室主任時，發生了臺北十信理事主席蔡辰洲大冒貸案。金融檢查室負責監督全島信用合作社，為此時常得突擊檢查各合作社的庫存現金。有一天，檢查小組正要出發突檢十信一家分社時，接到財政部某大官電話指示取消當天行動，如此作法行之已久，所以李君遵照辦理。

冒貸案曝光後，被查出取消突檢當天，該分社庫存現金和帳面數字相差好幾億，檢調單位因而追究金融檢查室主任的責任。李君申述取消檢查是受某大官之指示，但該大官不承認。李君手中既無手令亦無電話錄音，因而百口莫辯。他被收押不准保釋，被關三年六個月後判刑三年六個月定讞，同時被釋放出獄，三十年孜孜矻矻實幹的經歷和清譽毀於一旦，幾百萬元的退休金也泡湯，這是何等的冤枉。

蔡辰洲以假抵押真貸款的手法，把臺北十信的資產掏空，迫使合作金庫不得不概括承受十信的資產負債，以保障廣泛存款戶的權益。合庫為彌補近百億元赤字，只得仰賴爾後十幾年的辛苦經營。國家蒙受如此巨大損失，當時與蔡辰洲有特殊關係、指示取消突檢的大官卻安然無事，且官運亨通。所幸李君遭到如此打擊卻能東山再起，從事貿易重獲成功，此可謂天無絕人之路也。

就職彰化銀行的杜祖誠是著名醫學泰斗、原臺大醫學院院長杜聰明博士之子。之後服務於新竹分行，期間由經理周羅龍先生做媒，娶同一分行同事鄭小姐為妻。爾來四十幾載，我覺得老杜的外貌幾乎沒有改變，依然維持那一張剃著光頭的娃娃臉。此事可能與他天真爛漫的性格有很大的關係。

在校三年間，我與杜君並無深交，畢業後亦然，但他每隔幾年寄一張明信片給我，裡面都是說明他在熱中什麼趣味，內容每次不同。至於署名，一定按照當時他正在狂熱的事情來附上頭銜，例如賽狗大師、養鴿人家、杜賓犬之父、愛馬狂等等。

我們這一屆畢業生，在銀行界可說是仕途順利。當時同輩臺灣人高學歷者不多，中階以上幹部由外省人占絕大多數，但他們年齡較大，陸續屆齡退休後，我們這一輩人升遷的機會就多了起來，大部分都在三十幾歲就當起分行經理。

梁廷泓是中壢宋屋莊人，國民中學校出身。因為是同鄉，我和梁君以及另外一位平鎮人劉維德君相處的機會較多。畢業後一段時間，梁君在汐止幫助家業經營煤礦，後來改行，與同學陳席珍合夥在基隆開設報關行。梁君曾多次打電話找我，想要承包我們北埔姜家的茶葉、罐頭等出口業務。我們在當時算得上是大客戶，所以他曾經親自到北埔來看我，但我們的出口報關全部交給R君辦理，故而無法幫上老友的忙。我帶他到竹東連逛多處酒家，藉以表達對他由衷的歉意。

陳席珍是基隆人。此君容貌、語言、談吐、動作等樣樣都比日本人更日本人，日本名叫做福川，日本戰敗前，我一直以為他是日本人。他是基隆中學校畢業生，但被編入高職畢業者占絕大多數的乙班，因此我與他少有接觸的機會。

一年級第二學期快結束前，某天第四節下課後，陳君大聲召集全體同學，叫某人站出來，之後一拳把他打倒在地，然後稱，此人偷廖運潘的筆記本，為了自己利益不惜犧牲他人，所以給予制裁。

當時日本教授上課都以口述為主，如果沒有完整的筆記，就難以通過考試，所以平常不用功的學生，就必須借同學的筆記臨時抱佛腳。但考試前想借別人筆記並非易事，影印機尚未問世的情形下，有人作困獸猶鬥、盜取他人筆記之事時有所聞。幸好我的英文筆記被偷後隔天就找回，但陳君不怕得罪人，主動揭發惡行，以杜絕同學間的偷筆記歪風。他的正氣凜然，實屬難能可貴。從此，我與陳君成為好友。陳君尊翁是牙醫，家境甚好，有點嬌生慣養的大少爺脾氣。畢業後他到母校基隆高中教書，蔣政權白色恐怖時代住過別莊（被監禁），後來與梁廷泓合資經營報關行，頗有成就。

一九四八年二月，我從商業專修科畢業，實歲滿十九歲又三個月，按照臺灣人算法是二十一歲的大人了。大部分的同學都找到工作，氣宇軒昂地踏入社會，只有我依據先前的計畫，回去觀音晴耕雨讀，準備法學院經濟系三年級的插班考試。

第七章　晴耕雨讀

晴耕雨亂讀

二月畢業後，我立志參加八月舉辦的經濟系三年級插班考試，因而返鄉，度過半年晴耕雨讀的生涯。這個計畫聽起來十分宏偉堂皇，因此父親允許我這麼做。我們家可耕地很少，除了副業農作栽植蕃薯、落花生、西瓜等得短暫從事勞務，其餘時間都能埋頭攻讀專門科目，準備考試。只是我的意志不夠堅強，除了把諸經濟學派的學說略加瀏覽以外，大部分時間都耗在日本文學上，包括借自鄰居德景叔長女明珠的《夏目漱石全集》，以及我購自歸國日人地攤的古典文學選集等。

當時，雖然我已接受過十年正式日本教育，但在公學校學到的日文程度不高，而中學第四年的大部分時間都花在建設軍用設施、接受軍事訓練或應付美軍空襲警報，真正上課時間不多，所以我的日文造詣主要是得自中學一年級至三年級僅僅三年間的成果，不算完美。

把身邊和能借到的所有日文書看完後，我的書癮轉向父親的漢文藏書，是他年輕時代閱讀的漢文小說，包括《三國演義》、《水滸傳》、《封神榜》、《西廂記》、《粉妝樓》、《紅樓夢》、《聊齋誌異》等。我的中文基礎薄弱，認得的漢字相當有限，閱讀能力十分可憐，但愛書之癖促使我一直向前，靠著中學時代的日本漢文知識和孜孜不倦地翻閱辭典，逐漸勉強能領略一二。如此，原本為了準備插班考試返鄉的我卻不務正業，把大部分時間用在無關緊要的書上，可說是與我當初高邁的理想和決心背道而馳，但無可否認，此一時期的閱覽誦讀對我日後雜湊成章的拙文寫作有不少幫助。

臺灣大學法學院商業專修科畢業照，攝於一九四八年二月。

觀音廟的大榕樹

觀音廟甘泉寺左右兩側的民房雖略嫌簡陋，但排列整齊，唯有兩邊左右各一的范姜家稍有偏差。這兩家與眾不同，都是因為屋前各有一棵大榕樹的關係。

童年時，觀音廟廣場有三棵樹齡逾一百年的大榕樹。其中位於廣場中央、庄民尊為神木的大榕樹，複數基幹直徑超過二米，但因長年受海風吹襲而無法往上伸長，故橫向長出四通八達粗大的橫幹。

左側榕樹長在最靠近廟宇的第一間范姜家，由於受到直徑快二米老榕的阻撓，這間房子無法與其他鄰居排成一列，只好往後退幾公尺。我還記得小時候頭梳客人髻、身穿藍竹絲大襟衫的瘦婆婆提著竹籃，從老榕後的土磚小屋側身鑽出賣水粄的模樣。

至於廟前廣場右側中間位置的第三棵老榕，則是密接於范姜華生住家，直徑略小，幾乎把同樣略為後退的范姜家遮住了將近一半。由於左右兩側的榕樹都貼身住宅，因此兩邊范姜家都不得不將矮枝鋸除，粗大的基幹伸長到屋頂上才開始分叉，而樹木向陽的本性又使兩棵巨木都向廣場中央傾斜，因此廟前三棵巨榕梢差不多能相互接連，把廣闊的空地遮蓋了一大半。廟前成為夏天烈日時乘涼的好去處，尤其是中元大拜拜看熱鬧時，坐在樹蔭下真是一大享受。

八十多年後，如今一閉上眼，幼年時代被巨榕枝葉遮住近一半的舊廟前庭仲夏午後情景，依舊能馬上浮現在腦海。被稱作大榕樹的中央老榕粗幹上面有幾個頑童爬來爬去大聲喧譁，樹下框著水泥的圓環上經常有人睡午覺。有時，鄉公所財政課長古金永先生的父親古才秀老先生會和劉阿麟或謝連景先生對局下象棋。古老先生是退休的日本警察，棋藝高超，卻總是思索再三才肯走棋，加上有愛反悔的毛病，因此雖然他喜歡下棋，卻不容易找到對手。劉阿麟先生是我們親房華景伯的女婿，以裁縫為業，他家住廟右側曾建重老師宿舍右鄰，因而常在大榕樹下與老人下棋。劉先生性急，對老人家的長考和反棋覺得不耐煩，常常吵得不可開交，但最後都只好讓步。有時忍無可忍，他就把吃到的俥放進口袋，丟下一句我「黏皮轉來」（客語：馬上回來）後故意離開一陣子，留老人家一個人在那裡氣得撲撲跳。

修建前的石觀音甘泉寺，廟前有兩棵百年大榕樹（一九五五年廖仲康攝）。

大榕樹下還有賣刨冰水的古華枝伯。觀音沒有電，由中壢托巴士運來的「冰角」刨細，裝在木桶內加糖，就成了刨冰水。這是觀音街上獨一無二的冷飲，一百CC杯售價二錢，三百CC杯售價五錢，在當時算是相當昂貴，所以銷路不佳。古華枝伯偶而會揮響小銅鐘，叫幾聲「顆粒、顆粒」，冰的日語應該是三個音「ko-o-ri」，但他卻以無牙漏風的發音唸成「顆粒、顆粒」，大家聽慣了就見怪不怪。他沒有旋轉式刨冰機，而是使用把木匠鉋子翻倒過來的推進式刨冰機，每推一次刨一下，所以效率甚差，刨一塊冰要花很久時間，不只刨下去的「擦仔冰」容易溶解變水，鉋子上的冰塊很快溶掉，將推板按在冰塊上猛刨冰的老人家則是手凍難忍。滴下的汗珠一部分摻在溶冰流進冰桶內，成為襯托刨冰甜度的「隱味」（日語：使用微量調味料來凸顯菜餚味道的烹飪法，例如糖水加少量鹽巴能增加甜味等）。

觀音無電可用，但中元節大拜拜時，我們能夠買到不靠電力製造的冰棒。在木箱內裝滿敲碎的小冰塊，撒上大量鹽巴，之後把注入人造草莓汁染紅的糖水倒進玻璃管，放根竹棒再插入碎冰內，半小時後就結成冰棒。而這個小冰棒工廠的廠長兼總經理是謝連景先生。

此外，我們家小孩偶而能嚐到父親從中壢買回來的方形紅豆冰棒。愛子心切的父親想讓子女享受鄉下難得一見的冰棒，所以有時會用多層報紙把冰棒包裝帶回，但在悶熱夏日，離開冰店搭乘牛步巴士回觀音至少得花費一小時。父親回到家時立刻大聲叫喊孩子們洗手，我們再用雙手捧著溶解得差不多的冰棒大快朵頤一番。如果當時人不在家，回來後就只能自嘆歹運而搥胸頓足。

左側老榕下擺著幾張矮竹凳，五、六個中年婦人各執一支團扇，七嘴八舌地在打嘴鼓（客語：談天），老榕浮根上坐著徐氏瘦婆，旁邊放一個放針線、碎布等縫紉用具的竹籃，縫補孫子們的破衣服。

甘泉寺廣場前面盡頭，靠楝榔坑河岸右端附近也有兩棵中型榕樹和一棵苦楝樹。榕樹上有兩三個小鬼用石頭敲破較嫩的樹皮，拿粘土把流出來的白色乳液吸進去，吸飽乳液後，再到河邊洗除粘土，獲得樹液凝固成的一小塊橡皮。這種橡皮並無用途，他們往往會拉長後再捏成一團，重複玩個幾遍後丟掉。由此可知，橡皮採集的過程才是頑童們之目的。

榕樹是常綠樹，樹葉茂盛，又有大量的樹子或小蟲可供食用，麻雀喜歡聚集，因此蟬、山牛牯（星天牛）、火金蛄（螢火蟲）等昆蟲便很少出現在榕樹上。夏天時，這些昆蟲喜歡棲身在苦楝樹及河岸的相思樹，齊鳴終日的蟬聲由此湧出。火金蛄和獨角仙身碩羽小，因而飛翔力甚差，往往在飛行時後勁不繼而墜落，打中樹下乘涼人的頭。

午睡方醒、半裸坐在竹交椅抽長菸筒的是歇業歸農的製餅師父林健伯，占著一張木製長凳子在拉胡琴的是爛名伯廖名景。爛名伯聲帶有毛病，講話小聲又沙啞得厲害，另一個坐在矮竹椅上用斗笠搧涼的可能是路過停下來歇腳聊天的朋友。

就像這樣，夏日午後觀音廟前的樹蔭成為逃離屋內悶熱的鄰居們的避暑所。唯獨右側范姜家門前的樹下，未曾看見有人在那裡盤旋，這跟住在裡頭的范姜老太太有關。老夫人好像酷愛黑色，無論寒暑都穿得一身黑，連臉色也是黝黑，因而村人都尊稱她為「烏雞嬤」。她個性倔強，錙銖必較，鄰居都敬而遠之，她可怕的愁眉苦臉也令頑童們退避三舍，也難怪右側范姜家老榕無人靠近。

麻雀

這個時期，觀音人剛剛開始熱中打麻將，參與這個時髦的遊技者是觀音的知識分子，包括國校老師、鄉公所或農會職員等。日本人把麻將叫做麻雀，至今客家話和福佬話都沿用此一名詞。日治時代不曾禁止打麻將，但不許當作賭具之用。童年時，我多次聽到發自鄰居逢溪叔公家的洗牌聲，但未曾目睹打麻將實況，甚至連麻將牌都沒有看過。

逢溪叔公是庄役場職員，開始打麻將之前，他會到我們家買菸酒當獎品。那個時代的香菸有菸支和菸絲之分，菸支比較貴，十支裝的「曙」售價十一錢，二十支裝的「朝日」十八錢，「敷島」二十五錢，一般薪水階級或商家都愛用「曙」或尼古丁成分較強的「朝日」。日本人官吏除了本俸外，還附加六成叫做職務加給的殖民地津貼，所以他們抽得起「敷島」菸。

至於菸絲也有好幾種，二兩裝「白菊」十五錢，「水仙」十二錢，「玉蘭」十錢，另外一種外號貓毛菸的「菖蒲細絲菸」是八錢。農人或勞動者都抽菸絲，偶而膽敢有人抽起菸支來，就難免因奢侈或「搾屎」（客語憋屎的表情，意指臭屁的樣子）而遭白眼相向。抽菸絲當然要用菸筒（菸管），年輕人用短菸筒，老人慣用長菸筒，兩種都以細小的老桂竹根部自製而成，菸袋大部分則以晒乾的豬膽囊充任，不花錢又實用，其中長菸筒偶而也兼任鞭撻教訓不長進的小伙子之家法。逢溪叔公打麻將的獎品是「敷島」菸四包，有時候是「福祿酒」兩瓶，金額同樣是一圓整。

鄉公所財政課長古金永先生應該是戰後觀音麻將風潮的始作俑者。他把學自日本人的麻將玩藝傳授給觀音的後輩青年才俊們，使其很快就盛行於國校老師或鄉公所、農會職員等薪水階級之間，因為他們教育水準高，比較容易接受教導，而且有固定的休閒時間，尤以教師們為甚。

麻將牌在當時都是牛骨鑲竹背的手刻製品，日本不產此物，一律由中國大陸進口，稀罕而貴重。觀音街上唯一的麻將牌，是戰後升為觀音國校校長的許順藤老師獲贈自歸國的日本同事，在僧多粥少的情況下，幾位擅於「勞作課」的老師倣效四色牌，用硬紙板製作所謂的軟式麻將牌來過過癮。後來隨著大陸人士渡臺頻繁，臺灣社會的麻將牌也慢慢增加起來，但大部分是外省人隨身攜帶來臺之中古品，無論在明市或黑市都看不到新牌出現。

在農會服務的周國康先生，有一間位於觀音派出所正對面、面向派出所的二樓榻榻米房間，是當時觀音年輕人聚合切磋「雀技」的道場。周宅家人住在後堂，前面玻璃門四時大開，好好先生國康兄自己上班時，便把前堂開放給偷空的上班族和遊手好閒如吾輩者隨時光臨，做為大吹法螺、高談闊論或打牌消遣的場所，儼然是觀音青年俱樂部。當時的常客有我堂兄運豪、運泉、堂侄文隆、我的淡中同學謝萬協和其他范新鏞、范文庚等多位國校老師，以及服務於鄉公所的北埔人蔡清熙、駕駛三輪汽車的運清兄等各路英雄好漢。

運泉兄是坤烟伯之長子，亦即運潮兄的兄長。他自日本埼玉縣農民講道館（甲種農校）畢業後返鄉，在觀音國校當老師。運泉兄長得一表人材，具有柔道初段武藝在身，但牌技十分拙劣，打起牌來二贏八輸卻牌癮奇大，每逢星期六下午或禮拜天都可以在周家二樓看到他。他承認技術拙劣，但誇口出牌速度不輸任何人，以維護他身為武藝者之自尊。雖然是觀音庄一等老實而不善言辭的坤烟伯之子，但未必完全繼承乃父性格。他十分健談，談吐有趣，此外猛烈抽煙和大量喝茶也是他的特異功力。

當時，我們家店面桌上備有一個大茶壺和十來個茶杯，提供顧客自行飲用，茶杯只在每天早上洗一次，所以一般喝茶人都會先用少量茶水略加沖洗，再倒入其他杯中，沒多久，幾個空杯都被灌滿沖洗杯子的茶水。有一個悶熱的下午，運泉兄走近茶桌邊，以迅雷不及掩耳的動作，一口氣把茶桌上四、五杯「沖杯茶」喝下去，令我大吃一驚。我帶點幸災樂禍的口氣告訴他，那幾杯是洗過杯子的茶，裡面含有大量別人的口水，他卻若無其事的說，原來是這樣子，我有一點「貓舌」（日語：怕吃太熱的東西），所以一直以為是哪個有同樣毛病的善心人士把熱茶倒出來讓其冷卻，說完後笑個不停。他對衛生觀念如此的麻木也令我佩服。

我們打麻將不賭錢，而以「豐原菸」為輸贏標的。那個時期豐原地下菸廠非常猖獗，沒有品牌，亦不用小盒包裝，以一千支裝一箱販售。這種非法香菸成本低，而且不需繳高昂的專賣稅，因而售價相當便宜。當時一般人都清苦，所以紛紛改抽這一種價廉但物不甚美的私菸。

我比觀音的牌友們出道早，要打敗他們拙劣的牌技可說易如反掌。我不吸菸，因而我的硬紙板菸盒常常菸滿為患，所以我就把多餘的香菸送到在鄉公所上班的親房癲藤（藤景）伯吃紅。相信我在觀音「浪蕩」的半年間，藤景伯未曾花過半毛錢買香菸。

綠水會

一九四八年舊曆年過後不久，我接到綠水會在臺北中山堂召開歷屆畢業生聯合同學會的通知。綠水會是臺北高等商業學校全體畢業生組成的聯誼會，由於畢業生絕大多數是日本人，而戰後日人被遣返，所以臺日兩地各自成立分會，各以臺灣綠水會、日本綠水會稱呼，彼此密切聯繫。我們這一屆是臺北高商第二十七屆畢業生，也是末代畢業生，剛離開學校沒多久，故而對我來說是第一次參加綠水會同學會。

三月初某個寒冷的星期天，我北上赴會。那天我的穿著是當時最時髦的整套美國陸軍毛料制服。在此之前，美國政府將戰時增產的大量軍需品如軍裝、軍毯、糧食等剩餘物資運至中國大陸，交給國軍作為裝備軍隊或救濟難民之用，而這些美軍制服是由零售商人偷偷摸摸到各地推銷，每套索價十石稻穀，在糧價偏高的當時可算得上是天價。但母親對良質毛織品格外青睞，一口氣替琦哥和我各買了一套，令我歡喜欲狂，也使朋友羨慕得一塌糊塗，甚至有人特地跑來觀賞，以飽眼福。

不料，那天制服筆挺的我揚揚得意地來到中壢時，卻看到好幾個同樣穿著的人在街上走動，抵達臺北市內就更不用說了。上午十一時，我進入臺北中山堂側廳的會場時，遇到好幾位同屆同學與我同樣裝扮，令我這個自詡觀音第一時髦人物大為掃興。

早期臺灣人學生名額十分有限，因此臺灣綠水會會員雖然網羅前後二十七屆畢業生，但此出席者不甚踴躍，各屆與會人數總共不過一百人而已。我同屆同學雖然較多，但可能是因為就職各奔東西或礙於上任不久，而身不由己。

當年我虛歲二十一，最元老的學長也才五十歲左右，可是在我的眼裡，他們都是老人家。其中有一位老學長捐出當天請大家飲用的酒並說著，這是日本人釀造的最後一批好酒，以目前公賣局酒廠的經營狀況看來，今後很難期待再有如此香醇的好酒。那一批酒沒貼商標，捐酒的老學長也沒說明其來路，我確信那是我喝過最好的臺灣酒。

散會後我在城內鬧區信步蹓躂，走到重慶南路東方出版社時，與麗芝不期而遇，她邀我到附近臺灣銀行正對面的永光公司稍作休息。永光公司臺北辦事處是一棟三層樓的店鋪式建築，裝潢大量使用漂亮檜木，豪華堂皇。一、二樓是辦公室，假日只有一個小工友在樓下看家，二樓有煮飯的歐巴桑和董事長座車司機在聊天，他們告訴麗芝，董事長夫妻出去逛街，傍晚前回來。客廳沙發坐著一位穿美軍大衣身材瘦小的年輕人，麗芝說他是來自北埔的臺大實習醫師羅先生。

當時臺灣省政府正在臺北博物館和舊總督府舉辦產業博覽會，麗芝建議一起去參觀。看博覽會也是我此行目的之一，兩所會場都在附近不遠處，所以我們三人立刻起身，先到新公園內的博物館，再轉往舊總督府的展示場。博物館未曾遭受戰禍，但總督府在一九四五年五月三十一日臺北大空襲遭受五百公斤炸彈和無數燒夷彈的洗禮，北側被巨彈貫穿造成部分塌陷，地下室和一、二樓廳舍裝設全被燒毀，經過整修後改名介壽堂。這是受損後首次公開，當作博覽會會場使用。

產業博覽會的名稱雖然響亮，但臺灣在戰後能夠展出的東西必然極有限，除了一些粗糙的機器、機件或各種產品樣本以外，幾乎都以圖表、圖說或照片來代替陳列，內容乏善可陳。但我意外在博物館會場發現一件省立新竹女中展出的洋娃娃，作者是高中部一年級生姜麗芝。

麗芝當時是高二學生，在旁的羅醫師即以「學校把你留級了」來揶揄她一番。羅先生的及時反應令我欽佩不已，我對自己的「嘴短舌屈」（客語：不善言辭）、不夠靈敏感到無比自卑。

姜麗芝在博覽會中展覽作品的獎狀。

爾後我對此事一直耿耿於懷，也感悟到我好像開始喜歡麗芝。

介壽堂已經看不出空襲的痕跡，此乃我繼公學校五年級修學旅行之後，第二次進入這座日本治臺的遺構。一九一二年起建，經過七年歲月在一九一九年竣工，占地二一〇〇坪，這棟文藝復興樣式磚造建築興建的最大目的在於威壓臺灣人。後來國民政府逃到臺灣，又變成中華民國國民黨政權的總統府，成為兩蔣長期威權統治的象徵。民選總統產生後，每年幾次開放給民眾參觀，但我未曾去湊過熱鬧。

我的寶貝美國軍裝後來的命運也不怎麼美滿，國民黨繼續不斷賣出美國救濟物資的結果，各種款式的軍服不久就充斥市面，實質價格大幅降低之同時，其珍貴性亦驟然遞減，甚至販夫走卒都穿起曾經以其超脫出群而風光一時的美國軍服。

在家半年多的「飽食終日」，使此時期的我身材長高許多。我在公學校時代體格中等，到了唸淡中乃至終戰前，因為長期缺乏營養、罹患過赤痢，戰後不久又被瘧疾所襲，故而在十八歲以前一直無法「出人頭地」。十九歲搬入大正街八條通宿舍、起居飲食正常化以後，我逐漸壯碩起來，再經過二十一歲這半年父母庇蔭下的豐足生活，我長成身高一七三公分，體重六十公斤，以當時的標準可說是不折不扣的巨漢。麗芝在博覽會稱讚合身好看的我那套茄克型軍服衣袖，也變得短了一點。

後來，警備司令部宣布非軍人身分者一律不准穿軍服。站崗在十字路口或巡邏市內的軍警手持大型印章，遇到穿卡其色或黃色衣服的人，就不分青紅皂白在其身上亂蓋黑色違章標誌，其狀宛如屠宰場蓋屠宰稅印。我在延平北路親眼看到一位老人穿著一套曾經可能是藍色、後來褪色成黃綠色的舊西裝，卻遭到幾個士兵圍住蓋黑印。年邁力衰、看起來生活不甚富裕的那位老先生，臉上悲憤和無奈交加的表情，我至今無法忘記。

臉皮再厚的人，也不敢穿蓋滿豬印的衣服在路上行走，因此美國軍服立刻從街上消失，日本軍服和日本國民服也是一樣的下場。

進入七月後，我每天留意報紙，特別是廣告欄，以免漏掉臺大招募插班生的布告。七月下旬，我在臺大新生放榜名單上看到廖鏡景的名字。外號「老鏡仔」的鏡景叔是我公學校同學，他就讀臺北中學校二年級時因罹患霍亂而休學一年，戰後繼續唸完改稱泰北中學的高中部，這一年畢業考上臺大理學院物理系。鏡景叔家住塘背新瓦屋，塘背只有保正新榮叔家訂報紙，鏡景叔家又離新榮叔家很遠，因此我判斷他不容易獲知這個好消息，所以立刻帶著報紙、從觀音騎腳踏車到塘背報喜訊。沒多久臺灣師範學院放榜，公學校同學、淡中晚我一屆的張顯榮考上美術系，他慷慨允諾畢業後的第一幅傑作要贈送給我。

祖師爺老鏡仔

鏡景叔後來唸到三年級輟學，在某出版公司服務時學到一些出版知識，繼而自己在臺大附近創立出版社。當時大學自然科學教材或參考文獻幾乎全部仰賴歐美進口的英文原版書，取得不易且價錢極端昂貴，鏡景叔唸物理系時也曾為此事苦惱過。那個時期正逢山寨版書籍的猖獗時代，半世紀前，臺灣社會對智慧財產權的認識十分有限，政府執法不嚴，對此亦無切膚之痛，畢竟翻印的是遠在天邊的「蠻夷戎狄」之物，人家洋鬼子都不吭氣，政府自然就不會積極取締盜版，以正歪風了。

一九五〇年代初期，山寨版書籍方興未艾，市面上氾濫的大部分是日文書。這是因為當時臺灣人普遍受過日本教育，社會大眾看得懂的幾乎也只限日文書。然而當時政府嚴格管制日文書進口，正式進口的書籍又貴，因此山寨版日文書就應運而生。在電影院入場券是一元八角、三輪車一趟車資頂多二元的那個時代，粗紙裝訂的翻印日文小說索價高達十元至十五元，可見當年民眾對日本書需求之迫切。鏡景叔調查大學各科系學生使用的學術用書，設法從外國引進並大量翻印出售，深受一般清苦學生歡迎，財源亦滾滾而來。

我們的社會熱心教育，但教育機構始終無法滿足每年遞增的報考人數，因此升學競爭逐年激烈化。教育當局採行聯考制度，考生唯有背水一戰，於是以補習班為名的學店便如雨後春筍般出現，始作俑者即是鏡景叔。他創辦的文林補習班占了臺北火車站前絕佳的地利，更網羅了各間著名高中的在職優良師資，使得學店生意蒸蒸日上，不斷地增租附近一帶大樓擴張規模。後來多家補習班欲分享利潤，紛紛選在鄰近地域設立，終於形成了臺北市南陽街一帶補習班的盛況，持續至今。鏡景叔可說是該區學店街的開闢先鋒。補習班業者若要奉祀祖師爺來保佑店務興隆，老鏡仔是當之無愧的「神選」。

鏡景叔在出版業和補習班事業大獲成功後，開始投資不動產，包括土地買賣和建築業，對此他似乎具有獨特的眼光和野心。一九六五年冬，我在圓環附近遇到鏡景叔，他請我吃火鍋，老同學又是宗親二人閒聊，甚是投機愉快。據他說，他唸大學時就判斷臺北近郊土地將來必然暴漲，所以向他父親建議把塘背田地賣掉，舉家北上在松山或士林一帶購地耕作，以待未來之利市百倍。但此舉遭到「阿紅」叔公臭罵一頓，因而未能當成暴發戶。

差不多同一時期，姜阿新先生也有同樣的遠見，在現今南京東路三段一帶買了三甲多的田地，賣主是個年輕的敗家子。姜先生訂好土地買賣契約，價款也付了七、八成，只剩最後一道過戶手續，卻遭對方反悔。賣主的老父手提一大包鈔票，哭喪著臉來向岳父懇求說，他家本來擁有十幾甲良田，全登記在他獨生子名下，但兒子近年染上吃喝嫖賭等惡習，不斷變賣家產，只剩下這一塊全家賴以生活的田地，倘若再失去這塊地，他家三代十幾口將流離失所，淪為窮途末路的乞丐。他從敗家子手中奪回部分賣地的錢，不足款額也請朋友幫忙湊足，無論如何都要請姜先生憐憫他，把錢收回，廢除買賣契約，他們全家人將感恩不盡。

姜先生雖然非常同情那位老人家，但當時臺幣貶值，每日一瀉千里，從打契約到賣方違約期間的幣值損失龐大，因此再提點了契約權利義務，沒想到那位老人家竟然雙膝跪下，哭求先生高抬貴手，否則我命休矣。姜先生為此無條件廢止買賣契約，除貨幣貶值以外，還損失了一大筆仲人禮，可說是禍不單行。目前南京東路三段地價驚人，姜先生放棄的一萬坪土地，可說是謀事在人，成事在天。

鏡景叔從事不動產投資適逢其時，他在一九七〇年代建築業穩健成長時期大發利市，擁有臺北車站旁頗具規模的整棟十層大樓，更在北部多處開拓建地蓋屋出售，買進來待價而沽的土地遍及全島，當時被公認為觀音鄉出身中事業最有成就的一位。

一九八〇年代，建築業開始不景氣，鏡景叔的資金被土地套牢，多處工地預售屋銷售情況不佳，陷入週轉不靈的窘境。事業不振以後，鏡景叔深居簡出，一度被傳健康欠佳，甚至有人中傷說他精神錯亂。一九八八年，我在中山北路永漢書局遇到他，想請他餐敘，但他以有事待辦為由婉辭。我對他說，幾位老同學都在關心你，我們都想知道你的近況。鏡景叔說他現在幾乎一無所有，但中壢遠東百貨大樓以三億元契約押給遠東百貨公司免租使用十年，再過三年期滿收回時，預估可賣到五億元，屆時或許仍有捲土重來的機會。我問他健康狀態如何，他僅答以輕微的糖尿病，其他都沒有問題。可惜天不從人願，兩年後鏡景叔驟然撒手塵寰，留下無限憾恨。

鏡景叔頭腦明晰做事果斷，是一位有見識和抱負的事業家。他非常節儉，在事業巔峰時期，他的衣食一向樸素，也沒有像樣的家。我幾度說要造訪都遭他婉拒，他說他現在的住家太簡陋，見不得人，但希望有一天能建造一棟值得驕傲的住宅，那時一定招待親戚朋友來訪。

我在北埔事業失敗到臺北不久，鏡景叔透過一位親人傳話給我，如果我找到適當事業而創業資金有困難時，在不超過五十萬元範圍內，他願意助我一臂之力。我感激他的好意，但不敢去麻煩這位十幾年未有來往的老友。一九六五年秋，琦哥邀我創辦產經資料社，把每日產經消息翻譯日文，提供給日本公司。當時所需資金不足五千元，我不得不求助於鏡景叔。等產經資料社上軌道後，我將經營權委任琦哥，唯一附帶條件是必須即時歸還鏡景叔的五千元貸款。

一九六六年秋涼，我和麗芝請鏡景叔在錦州街中華川菜館用餐，把借款全數奉還，並表示深深的感謝。不料他竟然笑著說，十幾年來，像你這樣求助於我的人不知多少，但把借去的錢送回來的，你算是第一個，況且你們又請我吃飯，要感謝的應該是我。由此可知，「老鏡仔」實在是一位值得敬佩的大好人，只是天不假年，否則相信他必定能東山再起。

插曲

一九四八年七月下旬，落花生收成完畢，也就是西瓜成熟時。現在觀音一帶是西瓜產地，但半世紀前種植者寥寥無幾，需要在收穫前駐守瓜田，以防辛苦栽培的作物被偷。我和三弟運淮約我們家的農業顧問、金永叔長子彭桂森一同守田，在離他家不遠的海邊西瓜田會合。擁有「牛屎森」別號的桂森君當時是晚淮弟一屆的淡中三年級學生，他每天傍晚手提一個鋁製茶壺赴約，裡面裝的是他家的私製米酒。三個少年在星光下席地而坐，有酒無肴，但節儉成性的我們都不在乎，有時監守自盜、剖西瓜來配酒，雖說嘴饞不擇食，但仍有點難以下嚥。

在那段日子裡，有一天新埔的阿姨突然來訪，在我毫無心理準備的情形下問，你給我女婿姜阿新的女兒招贅好不好。當時我對麗芝確有好感，但未有進一步的交往。我對阿姨說，我一定要唸完大學，若有緣分，等兩年後我大學畢業，再談不遲。當時的我自命不凡，陶醉於自己遠大的夢想。

兩年前我搬進大正街宿舍後，在G將書櫥內看到兩本翻譯成日文的精裝書。其一是法國人安德烈・莫洛亞所寫的美國史，另外一本是美國人阿普頓・辛克萊的小說《資本》。莫洛亞的《英國史》是我的最愛，所以對他的《美國史》自然也愛不釋手，

《資本》是敘述美國一個窮小子，靠他的智慧和努力，最後能夠稱霸石油業界的故事。著者辛克萊是共產主義者，所以他寫此小說的目的很可能是想要揭露資本主義的醜陋和罪惡，但我卻對美國社會只要有智慧並且肯努力就能大獲成功之自由平等的社會形態感到莫大的興趣和憧憬。我幼稚的觀念裡，經常夢想能跑到美國去開拓自己的前途，聽說美國不准患有沙眼的人入境，當時我很認真點眼藥水以防將來因小失大，現在想起來實在天真得可笑。

買妻賣妻

自古以來個人的終身大事，全憑媒人三寸不爛之舌來做決定，如果雙方認為沒有問題，才進一步請媒人出面洽商婚嫁條件，包括聘金、聘禮、禮餅數量、嫁粧等等，其中最重要的是聘金多寡和細節問題。即是說，女方要求巨款，以提高身價，男方表面上同意其款額，以表財大氣粗，但私底下有其預算金額，媒人就斟酌雙方家長意見給予兩全其美的安排。例如女方要求一百圓，男方願付

六十圓，商量結果決定聘金一百圓，但回禮四十圓作為男方布置洞房費用或者不必回禮，惟女方必須按照指定項目攜帶等值的家具什器當做嫁粧等等，使婚嫁雙方皆大歡喜。

我年輕時，在鄉下人交談中經常聽到「你女兒可以賣了吧」、「你賣掉幾個女兒了？」、「你女兒賣到哪裡去？」之類的話，當時我立即能理解他們所說的「賣」是嫁的意思。另外，偶而也聽過某某人嫁女兒「硬得」聘金若干圓之類的閒言閒語，由此可見，那個時代一般的觀念裡，嫁女兒或多或少有一點賣女兒的意識存在。

一九五二年晚春的某天早上，我坐在臺灣銀行左營分行櫃台邊埋頭整理傳票，突然聽到櫃台外有人用客家話叫我名字，我抬頭一看，一大一小的中年人笑瞇瞇地站在櫃台前。我一眼就認出其中滿臉鬍鬚的彪形大漢是外號「雅炎嘴」的塘背廖家炎景伯。他鄉遇故知，我請二位進來小坐。「炎伯」介紹他的堂弟場景叔給我，二十年前從塘背搬來覆鼎金耕田，是現任覆鼎金村村長。接著炎伯進入正題，說明他自己的事情原委。

炎伯有大婆細姐（等於福佬話「大某細姨」），在塘背自耕三甲田，長久以來相安無事。但自從元配兒子運熬娶妻後，一直吵著要分家，炎伯不耐其煩，欲成全他所求。但如果把三甲地各分一半來耕作，恐伯無法維持兩家生計，正進退兩難時，南遷多年的堂弟場景叔告訴他，高屏一帶田價僅北部的一半，但土地肥沃、灌溉完善，收成可翻倍。因此炎伯乾脆把塘背田地賣掉，經場景叔介紹在覆鼎金覓購六甲田，大婆細姐各耕三甲，以達兩全其美之利。

覆鼎金位於高雄火車站東北方不遠處，未幾高雄醫學院設立於斯，不出幾年成為鬧區，炎伯將近二萬坪水田被劃入建地，使他不費吹灰之力就成了大富翁。若用春秋的筆法，他的至大鴻福不外乎是因他討細姐而來，雅炎噹「雅」得對使然，此乃買婚使人致富之一例。

一九五四年初，我開始整理離北埔十餘公里山區的內大坪造林地。有一天造林地管理人詹木添向我報告，住在長坪頭的廖連景擅自伐用我們竹林的桂竹。我岳家在大坪的造林地是兩筆相向的地形，東邊伊灣窩九十八甲種植廣葉杉，西邊與新林地占地一百三十六甲，除了廣葉杉以外，包括十幾甲雜木林和約二十甲桂竹林，另有一塊不很大的孟宗竹林。因此，區區幾根桂竹並非什麼大不了的事，問題是伐竹者的名字，聽起來好像是我的宗叔。父親說，他是武威（塘背）村長沐景的堂哥，俗稱戇連，外號滿身憨，很早就搬出去山場拖木馬（在陡坡小徑往下搬運重物的木橇，工作極其危險但工資很高，是賣命頭路），很少回來，所以不知他的近況如何。我叫阿添哥請連景叔到北埔時順便來找我。

戇連叔是個老實人，當時約四十歲，他到我家來，一進門就說因為去山場（深山伐木現場）拖木馬剛剛回來，接著以木訥的語氣，為了伐竹一事向我道歉。我好奇問他從觀音海邊搬到「人生路不熟的山肚」（陌生深山）居住的原因，戇連叔若無其事地說，他在長坪頭買了一個哺娘（妻子），所以就住在她那裡。

如此簡單明瞭的說明，在他眼裡像是理所當然，不值得大驚小怪，但對當時的我來說相當震驚。後來我聽說，連景嬸也是孤苦伶仃的寡婦，連叔所稱的買哺娘，想必是聘金歸連嬸的意思。終戰後十年的那個時代，不可能再有買賣婚的存在，只是連叔戇腦筋，把自己非經明媒正娶的婚姻，用他那一套古老的說辭自作解人。

從前的臺灣農業社會，結婚制度頗有買賣婚的形態。勞動力是僅次於耕地的重要生產來源，田地和勞力結合乃是創造財富的基本條件。討哺娘（娶太太）除了傳宗接代之外，增加勞動力也是極大的潛在目的。結婚在男方來說是獲得勞動力，相對於女方是減少勞動力，所以男方應該補償女方損失。早期臺灣無論是客家人或福佬人都很注重訂婚聘金之多寡，想必其緣起也是由來於斯。

戇連叔買哺娘的事，讓我突然間想起運明哥賣貴妹嫂的往事，因而難過了一陣子。運明兄年輕時是一個遊手好閒之徒，他揮霍無度、嗜賭如命，很早就把祖產揮霍殆盡。賢妻貴妹嫂服侍他無微不至，他卻無動於衷，後來還把她嫁出去。

把自己太太嫁出這件事，以現代人的眼光看來簡直不可思議，但在我童年時期常有所聞。更絕的是，當時把這一種行徑叫做「賣哺娘」（賣老婆）。我之所以不忘運明哥嫁妻一事，很可能是因為貴妹嫂坐轎子離去的關係，對五、六歲的我來說，坐轎的年輕女人便是新娘子。差不多每天見面的貴妹嫂，突然穿著漂亮衣裳坐轎子匆匆離去，一切原委我渾然不知，雖然從旁人悄悄私語中獲悉貴妹嫂是嫁出去的，但還是無法理解，只是印象非常深刻。至今尚能隱約記得當時情景，連貴妹嫂那一天面紅耳赤的表情，我也記得。

妙招

在現代臺灣，父母對子女婚嫁的決定權甚至發言權已無足輕重，只要當事者情同意合，除了特別情況外，大部分都依照當事人的意志行事。但在尚未工業化以前的農業社會裡，「婚姻由父母決定」仍是牢不可破的傳統觀念。然而這種守舊觀念的嚴格程度，似乎也隨時代的變遷和為人父母者思想開明與否，而各有不同。

一九三〇年代，我鄉三座屋陳姓農家滿子（客語：么兒）和鄰居童養媳相戀。所謂的鄰居，在農村是相隔幾甲田的住家，但由於田畦相連，農家男女工作場所以田地為主，相見機會多，男歡女愛，照理應可成眷屬。陳家託媒向女方提親，但女方家長不答應，陳家另請高手前往，同樣遭到冷淡拒絕。抱養童養媳之目的是將其養大後許配給自己兒子做媳婦，所以女方家長的態度不無道理，但陳家後來耳聞，女方揚言這個女孩子既然喜歡別人家男孩子，我家也不要她做媳婦了，只要有人來提親，我就把她嫁出去，偏偏不嫁給陳家。

不久，有一天湖口庄吳姓人士託人來女方做媒，家長為了使鄰近陳家難堪，便欣然同意，並在當天談妥婚嫁條件，訂婚儀式也在準女婿光臨下進行如儀。結婚之日，新郎帶領迎嫁人員迎娶新娘，興高采烈而去，新岳父睥睨陳家，露出滿意一笑。

觀音庄三座屋至湖口徒步四個小時，行列臨近湖口時，新郎轎子卻不知去向。新娘花轎抵達婆家，在鞭炮聲中走近花轎迎接新娘的竟是陳家滿子。原來那裡是陳家長子住宅。婚後一對新人在長

外祖父陳加先生全家福。後排右方兩位即是靠此妙招結成的夫妻。

兄家住了約一個月才返回三座屋，女方家長雖然氣得跳腳，但生米已煮成熟飯，若把事情鬧出去，雙方都無好處，因而只好將錯就錯，息事寧人，不了了之。此事發生在親人家中，我卻一無所知。當時大家刻意守口如瓶，以免刺激女方家屬，也或許是自覺手段不算光明，因而不想把家醜外揚亦未可知。

一九四九年，我讀大學四年級那年初秋，姊夫的舅父到宿舍來拜訪，他大概看我少年老成，應知當年事，或是認為時過境遷，談談往事也無妨，我才從他口中第一次聽到我滿舅陳道生娶妻趣聞。而談論者正是當年替滿舅前往女方家訂婚、迎娶途中蒸發的假新郎官本人。後來家人說，滿舅媽名叫「阿旦」，很漂亮。滿舅陳道生，阿婆都叫他「阿生」。一生一旦合演一齣瞞天過海好戲，成就了好姻緣。

第八章　臺大經濟系

插班考

八月初旬，報紙終於刊登了臺大法學院經濟系三年級招考插班生的廣告，我趕緊北上報考，中旬的插班考試報名者僅為我們這一屆商業專修科畢業生，應考者約八十人，考試科目只有「經濟學」一門。

當年的臺灣大學分成法、醫、文、理、工、農六個學院，法學院在徐州路原臺北高商校址，醫學院在中山南路臺北帝大醫學部舊址，其餘四個學院集中在大安區羅斯福路四段一號臺北帝國大學原址，稱為大學本部（臺北帝國大學創校於一九二八年，與我同庚）。法學院設有經濟、商業、法律、政治等四個學系。按照過去商業專修科的學制，我們學習的內容屬於商業系統，然而商業系是那一年剛剛成立，而我們有資格插班三年級，因而只好將就歸入經濟系。

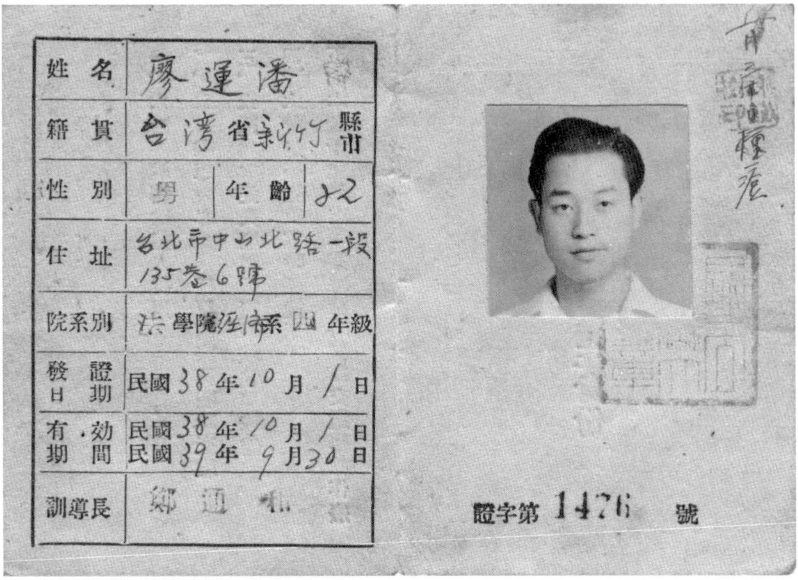

姓名	廖運潘		
籍貫	台湾省新竹縣市		
性別	男	年齡	22
住址	台北市中山北路一段135巷6號		
院系別	法學院經濟系四年級		
發證日期	民國38年10月1日		
有效期間	民國38年10月1日 民國39年9月30日		
訓導長	鄒		

證字第 1476 號

臺大經濟系時期的廖運潘。

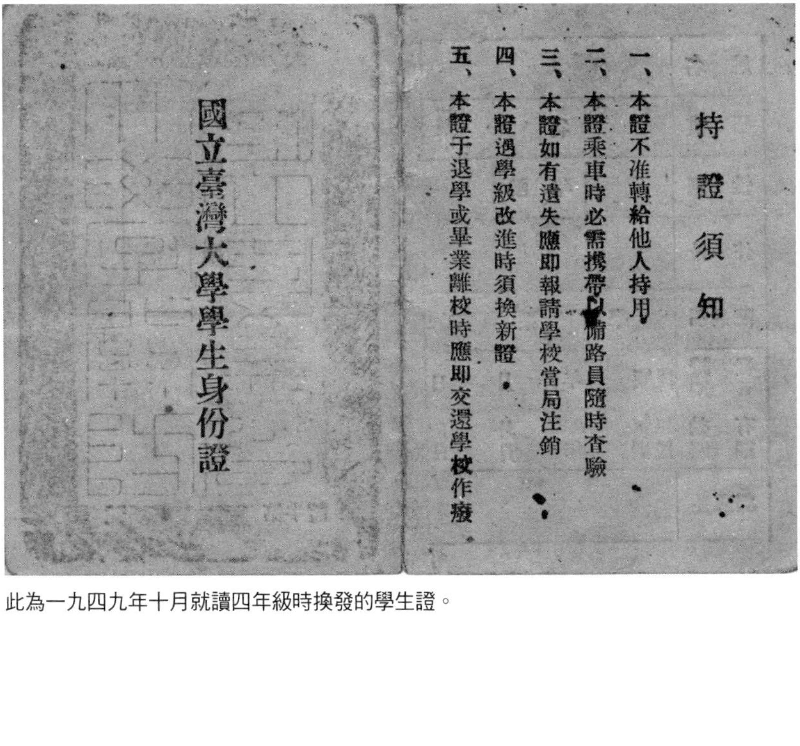

國立臺灣大學學生身份證

持證須知

一、本證不准轉給他人持用

二、本證乘車時必需携帶以備路員隨時查驗

三、本證如有遺失應即報請學校當局注銷

四、本證遇學級改進時須換新證

五、本證于退學或畢業離校時應即交還學校作廢

此為一九四九年十月就讀四年級時換發的學生證。

業餘學生

一九四八年十月一日上午十時，我在法學院布告欄看到經濟系三年級插班生的錄取名單，我們這一批學生包括楊鴻游、張錦國、張錦樑、鄭文峰、鄭如蘭、廖運潘、蔡瑞龍、陳文宗、陳鳳儀、余文柄、賴鎮南、林家鼐、周登龍、莊祖華等一共十四名，從八十多名應考生中脫穎而出。

臺大校長是傅斯年先生，教務長錢思亮先生後來接任校長，他是前中央銀行副總裁、財政部長錢純，以及前外交部長、國大代表、國大議長錢復的老爸。錢純當時是經濟系二年級學生。

法學院院長薩孟武先生是政治學知名教授，經濟系主任王師復教授講授經濟學。教務處、訓導處、總務處在法學院和醫學院各設有分處，法學院訓導分處主任由後來成為第一位臺灣籍大法官的蔡章麟教授兼任，教務分處主任戴炎輝教授則曾和蔡章麟教授在日本內地法院當判事（推事）法官，戰後返臺轉任教職，兩位都是知名法學權威。我赴總務分處領表辦理註冊手續，在那裡遇到幾位先來的插班同學。不久十四名同學全部到齊，我們進入一間空教室，共同商討選課和今後上課聽講的各種問題。

由於我們過去在商業專修科唸過的專業科目有不少與經濟系必修課程重疊，因而免除許多重修課程，但也有許多相關的基礎學科，例如哲學、論理學、倫理學、中國通史、西洋通史、政治學、法學概論、第二外語等屬於必修科目，而這些都是一、二年級的課程，所以我們除了要接受三年級的課程以外，還必須在未來兩個學年間消化掉這些一、二年級必修科目。討論後，我們決定在三年級修完哲學、論理學、世界通史、政治學、第二外語加上三年級應修課程，總共十科。大家打算頭一年辛苦一點，四年級時多留點時間寫畢業論文。結果算起來，每週上課時間多達三十二個小時，所幸後來臺灣人免除必修第二外語，因為

就讀臺大經濟系三年級時的廖運潘（左）和楊鴻游，攝於一九四八年冬。

臺大經濟系的同學們，左起廖運潘、蔡瑞龍、鄭如蘭。

左起蔡瑞龍、廖運潘、呂榮茂、劉世汀，攝於一九四九年晚春，臺大法學院前庭。

日文也屬於第二外語，而任何一個臺灣人都具有留學日本十年以上的實力，因而給予此一特權（第二外語包括日文、法文、德文）。故此，我們的上課時間就縮短為二十九個小時。

另一個問題是，我們十四位同學中除了我以外，大家都在就業。例如楊鴻游在母校開南商工當商科主任，余文炳、賴鎮南在台糖上班，鄭如蘭任教新竹商職、蔡瑞龍和陳鳳儀二人在臺大總務處會計室上班等等。當時一般臺灣人求職不易，他們都還在學業或就業間逡巡徬徨。

翌日十月二日正式開始上課，由於大家尚未熟習大學上課風氣，所以我們這一群插班生全部出席。過了幾天才知道，學校並不強制學生聽講，亦不點名，只要通過考試便能升級，因此大部分插班生就捨不得放棄職業，而以自修方式來度過難關。當時有教授分發謄寫鋼板油印的講義，也有教授用自己著作當教材。油印講義可托同學多拿幾份，教授著作購用不難，但若碰上口述講義，則非靠筆記不可。我是唯一的專職學生，多拿講義和提供筆記的差事自然就落在我身上。

楊鴻游任職的開南高級商工位於法學院附近，因此我就以楊君的辦公室當作我們的中途站，把多拿的油印講義或我的筆記本寄放在那裡，以供就職學生取回或抄寫方便。

由於身負重任，我不敢缺席，遲到早退亦在所不許。上課時，如果是口述講義，我必定坐中間最前列，全神貫注聽講，以期萬無一失。遇到分發油印講義的教授，我就屈就末座，以免多拿講義時被盯上而破壞自己的形象。若是用著作當教材的先生，我就坐靠窗席位，一來可以吸收新鮮空氣，二來能夠欣賞窗外風景或偶而經過的女生美姿倩影，藉以排遣聽課的無聊。如此，單就教室擇位就能兼顧天時、地利、人和各種要素，充分表露我與生俱來善於臨機應變的特殊資質。

後來，礙於課業壓力不輕或就職單位的業務不適合半工半讀，第一學期以後便有幾位同學辭職，專心攻讀學業。身兼大學職員和學生的蔡瑞龍、陳鳳儀二人，在新竹任教的鄭如蘭屬於此一類型。賴鎮南、余文炳兩人始終未曾放棄台糖職位，畢業後也持續堅守崗位至退休。其餘各位好漢也大同小異，辭去本職亦不放棄兼職，很少看到他們在學校出現，一直依靠楊鴻游的中途站來應付考試。這一批勇士們是從全島精選出來的臺北高商學生，又是在該批畢業生中挑選出來的上上之選，故能克服各種挑戰，個個品學兼優。

楊鴻游是員林人，他幾乎每隔一個月就告訴我，說他快要結婚了，但每一次都未能實現。他畢業多年才找到理想伴侶周素華小姐，是曾經擔任監察院長和臺北市長的醫學博士周百鍊先生的大千金。經濟系在學中的他繼續在開南教書。該校位置和法學院運動場只隔一條馬路，可說是近在咫尺，但除了考試，很少看到他在法學院出現。楊君為人豪爽樂於助人，他的這種性格和工作崗位的地理條件，是在職同學們往後兩年間賴以持續學業的沙漠綠洲。大學畢業後，楊君轉任物資局並留學美國，後來任職美國花旗銀行臺北分行，擔任副理、經理等職，最後受聘該銀行遠東地區總裁，堪稱一帆順風。可惜石油危機時因投資事業拖累，歸隱美國。

麵線始祖希達勒

陳文宗是桃園市人，私立國民中學校出身，滿口臺灣日語，他是我所認識的高學歷者中日語發音最差的一個。陳君沒有固定上學頻率，有時每天來，過一段日子又長期不見蹤影。這是因為他協助父親的事業，家業繁忙時無法分身，能抽空他就天天來。

陳家是桃園望族，陳君尊翁陳希達先生鼻下留有一撮短鬚，有希達勒（希特勒）之綽號。一九二〇年代，當時還年輕的陳老先生到基隆標購遭颱風侵襲被巨浪淋濕的兩艘貨船鹹麵粉。日治時代的臺灣沒有麵粉廠，所需麵粉全部仰賴日本內地供應。噸位不大的貨船遇到暴風雨而蒙受損失之事，在所難免。泡過海水的鹹麵粉不適合食用，只能當成豬飼料，還必須快速處理，以防止凝固或發霉，過程費工費時，因而標售價格就便宜過火灰。陳老先生以「火灰」般的價格買進大量鹹麵粉，目的也是要當飼料出售，但鹹麵粉銷售不易，售價當然不高。在此情況下，如果能把這一批鹹麵粉製成附加價值高且銷路良好的商品，必然能收一石二鳥之效。陳老先生深思熟慮想出來的辦法，是設法減輕鹹麵粉的鹽分來製成麵線，並全力推銷給島內各鄉鎮。

陳家企業善用各地批發商，讓產品滲透於全島各角落的末梢管道，當這位希達勒先生廉價標購的兩船鹹麵粉銷售完畢時，陳家已經變成桃園首富。以上就是昔時文宗君告訴我的陳合發財閥發跡起源。至於臺灣麵線帶有鹹味是始於古時創始者之安排，抑係盲從陳合發老闆處理鹹麵粉的權宜之計，文宗君未提及此事，由於他已不在人世，自然無法向他求證。

呂榮茂和劉世汀是我插班上學後最早認識的朋友，呂君就讀商學系一年級，劉君則是經濟系一年級新生。有一天中午我在圖書館閱覽室看報紙，附近有兩位學生用日語聊天，我聽他們的日語全無福佬腔，其中個子較高者說話的語氣神態與日本人無異，我推斷他們是客家人。當時臺灣人學生依然存有少許日本教育的餘緒，當我開口向他們說話時，二人都用日本敬語答話，來表示對學長的尊敬。

呂君是新埔客家人，但客家話爛得一塌糊塗，唯一說得清楚的一句客家話是新埔鄉語「痾你介風」（放屁），這是他的口頭禪。他無法判別客音「餅（ㄅㄧㄤˊ）」和「柄」（ㄅㄧㄤˇ）的差異，或把老女人叫成「老伯仔」等，常常鬧笑話。

他是呂阿祥先生、范湘妹女士夫妻的長子，臺北三中，新竹商職畢業生。

呂阿祥先生早年畢業於開南商職前身之臺灣商工學校，之後進入淺野水泥會社。現台泥高雄廠和竹東廠戰前都是淺野的財產。中日戰爭爆發後，呂先生隻身赴任廣東，將其高薪所得大部分寄回臺灣，在臺北任教的呂太太把長年的匯款積少成多，在斗六鄉下買了一批田地，呂先生戰後返臺持續在台泥服務，亦成為一個擁有十三甲田的小地主。

呂太太湘妹女士是一位女秀才，新埔公學校五年級跳級考上臺北第三高等女學校，彼時呂家貧窮，呂先生唸公學校高等科寒暑假都要幫乃父推關西通往竹北的鐵軌輕便車。有一天湘妹小姐坐呂家輕便車往竹北轉搭火車北上就學，呂先生一見鍾情於穿著北三女制服的楚楚可愛少女，故而發憤忘食，克服一切困難到臺北唸書，以優異成績畢業於開南商職並突破臺灣人夢寐以求的難關，就職淺野水泥會社，最後終於娶得熱戀多年的意中人。

以上是呂君告訴我的有關他父母結婚的經緯，但後來我到呂家見到的呂父是道貌岸然、沉默寡言的歐吉桑，呂母是一位笑容可掬、豪爽磊落的歐巴桑，完全看不出昔日二人羅曼史的隻鱗片爪。

呂公館是位於現中山北路三段台泥大樓後方畑地內向南的日本高等官宿舍。我第一次訪問呂家時，深鎖的大門遍找不著門鈴，所以我就按照鄉下土法大聲叫門。替我開門的中年婦人笑著說，你的聲音好大，她就是呂君的母親。從那天開始，我一直以伯母稱呼她，但仍用日語「歐巴桑」發音。

呂伯母指著門柱邊圍牆上之寫有「引張る」（拉）黑字的小木塊說，這是我們家不用電、零故障的門鈴把手。呂家玄關裝有一串鈴鐺，用鐵絲連接到大門，聽說那是呂伯父的偉大發明，雖然號稱零故障，後來我好幾次把鐵絲拉斷，可能是我用力過猛，同時也意味著他家門檻被我踏窪下去（常常登門之意）。

呂家宿舍面積相當寬大，隔著植有一棵無花果樹的中庭，與客廳相對擺有不少日本書籍的氣派大書房之讀書環境，令我這個屈居不到一坪面積的玄關書齋者十分羨慕。呂君住家大，但家族成員也不算少，除了二老和呂君以外，還有大妹秀文、二妹秀美、二弟寶茂、三弟俊三，另外有一隻平時不會叫，只在呂君汪汪學叫十幾聲才跟著吠一聲的矮小土黃狗。

秀文和秀美當時北二女在學中，二人都是鋼琴高手，秀美後來留學日本上野音樂大學，學成返臺後曾經在臺師大任教，麗芝堂妹姜喜美是她得意門生。寶茂是臺北商職學生，俊三是小學五年級，他們全家人都用日語交談，那是因為過去呂父在日本公司服務，母親又是學校老師，平時生活在日本人圈圈裡，就讀的是日本人小學，戰前臺北客家人寥若晨星，孩子們根本沒有接觸客語的機會，而福佬話就更不用說了。

呂家宿舍面積相當寬大，隔著植有一棵無花果樹的中庭，客廳擺有不少日本書籍，這樣氣派的讀書環境，令我這個屈居不到一坪面積的玄關書齋者十分羨慕。

劉世汀是芎林人，新竹省中畢業，外號「冷飯」，他是我內兄鳴鐸哥的同學。據鳴鐸哥說，戰中新竹中學校日人學生恃眾欺負臺灣人，因此常有臺日學生群鬥，劉君將此事寫信給他在日本求學的哥哥。那原本只不過是話說家常，但抽查民眾通信的特務警察懷疑他有抗日思想，竟命他到警察局拘留一夜接受調查。那個時代，監獄或拘留所的伙食極端惡劣，故有「豬飯」之稱。劉君在拘留所吃過一餐豬飯，所以他的正確綽號應該叫「豬飯」才算名副其實，但他的同學們卻錯取其名為冷飯。以上就是他外號之由來。

劉君父親是國校校長，其兄劉世勇也念新竹省中，畢業後服務於鐵路局。劉君托乃兄之福，搭火車免費，所以他從新竹父親宿舍通勤，每日搭乘單程二個多小時火車應該相當辛苦，但他卻不以為意。他說，詰襟服（日本大學黑色制服，高襟內側墊一枚白色樟腦製硬墊）和臺大徽章神通廣大，同一列車通勤臺北的許多女高中生對他神魂顛倒，隨時都有漂亮女生向他搭訕，所以通勤時只覺得光陰似箭，不以為苦。當時我不信他的鬼話，但從他爾後幾十年間豔聞不斷看來，並非完全在吹牛。不過，我對他聲稱詰襟服和臺大徽章之效用則不無存疑，蓋因老夫當年也穿詰襟服，也佩帶臺大徽章，卻未見有漂亮女生向我搭訕，使得自以為潘安再世的本帥哥徒呼負負，猛捶心肝。

我們本來的母校，臺北經濟專門學校（臺北高等商業學校）戰後被臺灣大學合併為臺大法學院。我們這群日本時代遺留下來的化外之民被安插入特別編制的商業專修科時，原本在臺大本部上學的法學院學生也全部移到我們這裡來。那時候三、四年級學生寥寥無幾，加上日治時代臺北帝大「法政學部」不收臺灣人學生，所以高年級都是日本大學過來的轉學生，其中有政治系四年級彭明敏先生、經濟系羅吉煊先生。二年級和一年級是經過所謂的先修班進來的臺灣人學生，人數還不算多，二年級學生在一年後成為我的同學，一年級政治系學生有前司法院長林洋港和央行總裁許遠東，我也聽說淡中前輩李登輝桑在農學院農業經濟系唸四年級（一九九八年我在加拿大寫到這裡，從收音機聽到華航飛機出事、許遠東夫婦在內的旅客二百多人罹難的消息）。

戰前，日本學制是國校六年，中學校五年，高等學校三年，大學三年為原則，中國學制是中學六年，大學四年而不設高等學校，所以戰後臺大另設一年制先修班，來補充中等學校修學年限之不足。一九四八年七月，戰後第一屆高中生畢業，所以不再有先修班，呂榮茂和劉世汀是首屆按照戰後臺灣學制正式管道進入臺大的學生。

我插班經濟系三年級時，中國大陸逐步淪陷中共，有不少學生逃到臺灣來，而以寄讀名義加入我們這一屆和下一屆。

初訪北埔

一九四八年初冬，何智謀結婚，在竹東舉辦婚禮，麗芝一家也到場祝賀。宴畢，姜阿新先生邀我們順道一訪北埔，當時姜家正在大興土木，在原有古老伙房屋南邊新蓋一棟規模雄偉的雙層洋樓。這是我首次拜訪姜家，印象深刻。

洋樓前的麗芝，一九四九年冬攝。

金融崩潰

自中日戰爭爆發後，中國大陸的通貨膨脹持續不斷，法幣急遽貶值。這個情況在戰後未獲改善，反而更加惡化。到一九四八年八月，躉售物價已較一九三七年開戰前上漲五百五十九萬倍，使法幣失去其作為通貨的功能。國民政府遂在一九四八年八月十九日宣布實施幣制改革，發行金圓券，單位價值為純金〇・二二二一七公毫，並規定以法幣三百萬元兌換金圓券一圓。金圓券的發行額限定為二億圓，並需有百分之四十的發行準備，以黃金、白銀及外匯抵充。在此同時，政府嚴禁私人保存黃金、白銀及外匯，持有者必須向相關機構兌換金圓券，違者將受到嚴厲處罰，甚者可能被殺頭。因此當時中央銀行收購的黃金、白銀及外匯多達一億七千萬美元（發行限額之三倍多）。

然而財政收支極端不平衡的痼疾無法解決，加上軍事支出浩繁，不久國民政府又「重施故技」，開始猛印鈔票。一九四九年七月底，「幣制改革」不到一年，金圓券發行額達到最高限額的六十二萬倍、一百二十五兆一千二百四十六億，惡性通膨的局面已然不可收拾。這導致大陸人民徹底唾棄國民政府，使其在國共內戰「兵敗如山倒」，不得不逃來臺灣苟延殘喘。

戰後一段時期，臺灣貨幣仍然延續使用日治時代的臺灣銀行券，但自一九四六年五月二十二日起，陳儀行政長官公署以新發行的臺幣按等值收兌原由臺灣銀行發行的銀行券，形式上維持獨立的貨幣制度，以隔絕大陸通貨膨脹對臺幣的影響。但臺幣發行初期對大陸法幣維持固定匯率，因此大陸的通貨膨脹情形也完全進入臺灣，法幣迅速貶值，也動搖了臺灣民眾對臺幣的信心。

陳儀公署及後來的省政府為了彌補龐大的財政赤字和支撐公營事業糜爛無度的開支，因而濫發紙幣，不久演變成惡性通貨膨脹，印製鈔票的面額從五十元券、一百元券擴大為五百元券、一千元券，一九四八年底發行一萬元券。另一方面，一般譏其謂「香勒紙」的十萬元和一百萬元定額本票也相繼出籠，「以補銀行印鈔機運轉速度之緩慢和乾燥能力之不足」（當時民眾以此說法來諷刺國民政府之無能和亂紀）。

在如此情形下，民眾不得不採取保值措施，其中最普遍的手段是把現金換成保存及脫手容易的商品，例如黃金、糧食、布匹等。另一個方法是把錢寄在地下錢莊，以高利來彌補貶值損失。由於臺幣貶值厲害，因而日息高達二%（最高達到二・七%），再加複利計算，亦即一百萬元一個月後連本帶利變成一百六十萬元，兩個月後就變成二百五十六萬元。地下錢莊把收到的錢交由臺北車站旁邊的最大錢莊七洋行轉借給中國大陸各地錢莊，賺取更高的利息。一九四八年前半，不同規模的地下錢莊在臺灣全島大小城市甚至鄉村小鎮處處可見。其間所謂的「牽猴仔」也十分活躍，他們把親戚朋友的錢介紹給錢莊收取佣金，而不用負擔風險。

有鑑於在大陸幣制失敗的後果所帶來的慘痛教訓，準備撤退來臺的國民黨遂於一九四九年六月十五日由省政府公布「臺灣省幣制改革方案」及「新臺幣發行辦法」，以大陸轉移過來的黃金八十萬兩作為基金，實施幣制改革。新臺幣將由臺灣銀行發行，發行總額以二億元「為限」，新臺幣對美元匯率定為新臺幣一元兌換美元二角，舊臺幣對新臺幣之兌換率為四萬元折合新臺幣一元，並限於一九四九年底前兌換新臺幣。

翌日六月十六日，鄭學稼教授上經濟思想史課時談到，如果政府財政無法平衡，舊日產事業亂七八糟經營的累贅不能澈底消除，恐怕會重蹈金圓券失敗的覆轍。更何況主導新臺幣改革的成員，正是不久前在大陸主宰金圓券幣制改革而一敗塗地的徐柏園等人，所以很難保障他們不會故態復萌，讓新臺幣步上金圓券之後塵。

當時我們熟悉，龐大的財政赤字、舊日產企業重建亂象及經營效率拙劣，是造成惡性通貨膨脹的罪魁禍首，而貪官汙吏普遍猖獗跋扈，更是大大助長其勢。所以鄭教授的分析也是一般民眾擔憂之處。但我個人卻認為，大陸貨幣政策的徹底失敗，間接迫使國民黨政權逃來臺灣，因此他們應該不敢再犯同樣的大忌，輕易棄守最後一道防線。我也曾經在書上讀過，德國納粹政權不用發行準備，只靠法律保障權限採行的貨幣改革，就能巧妙地把一次大戰後的惡性通貨膨脹完全抑制下去。也就是說，理論上一個大有為的政府，不一定要充足的準備金才能發行貨幣。

一九四九年六月幣制改革時，政府訂定新臺幣發行額以二億元為最高限額。但一九五〇年七月即以臨時限外方式增發五千萬元，一九五一年二月再增加發行九千五百萬元，到了同年九月，限外發行已經超過限內發行。此外，由於輔幣不包括在「限內發行」金額內，政府因而推出一億多元輔幣，以欺人自欺。小面額的輔幣是為了輔助本位貨幣而設，換句話說就是用來「找錢」的，但當時卻成為隱瞞貨幣發行額的手段。一九五一年元月起兩年多，我在臺銀左營分行勤務期間，就為了代替本位幣大量出籠的五角紙幣而傷透腦筋。出納人員和領款人之間常為了紙質惡劣、破爛不堪的一千張一捆（五百元）之五角券爭吵。譬如軍方發餉時，若要向銀行領卅萬元新臺幣，銀行便得將其中三分之一以輔幣發放，亦即二百捆（二十萬張）五角紙幣。笨手笨腳的阿兵哥來領款時根本無法在櫃台點清數目，若領回發餉後發現金額短欠，銀行也不會負責。我們行員都很同情軍隊出納員的處境，因為銀行收進五百元一捆的五角紙幣時，同樣沒時間一一點清，但我們只能奉命行事，實在愛莫能助。

自一九四九年六月幣制改革至一九五二年底，三年半期間發行總額由當初的五千六百萬元增加到七億元，物價指數上漲了五・五倍。此一數字顯示，鄭學稼先生的看法並非完全是杞人憂天。但這與幣制改革之前的慘狀相比，已是差強人意，也證明我的猜測是有道理的。財政當局為了維護幣值信用，採行了各項施策，包括整頓稅收、加徵防衛捐、加強公賣收入，以月息二至四・五％的高利吸收定期存款，發行愛國獎券，對高收入者強制推銷「愛國公債」等等。姜阿新先生被強銷有獎公債一萬元，當時臺大公費生一個月領取公費二十三元，其中付給學寮伙食費十九元，由此可知一萬元是不小的數目。但姜先生卻中了一萬元大獎而淨賺了一萬元的公債。當然，後來美援在一九五〇年至一九五二年之間供給了一億六千萬美元的民生必需品及農工原料等物資，對抑制通貨膨脹也有很大的幫助。

最後的暑假

一九四九年六月下旬，期末考後大學放假，這是我十五年學生生涯的最後一次暑假。三弟運淮當時是成功高中二年級學生，七月上旬才開始休假，所以我一個人先回鄉。

奔波的課表

大學四年級選課時，我初次獲知三年級插班生唸六十六學分就能畢業，但我在三年級已經拿了五十八學分，照理說四年級只選八學分，等於每週上四堂課就可以。不過，學校另外又有一學期上課不能少於十二學分的規定，而我尚未修完的必修科目剛好有國際貿易、經濟史、法律概論、中國通史四科，其中國際貿易是四年級必修課，經濟史和法律概論是二年級科目，中國通史是一年級的玩意兒。一個禮拜才上十二堂課，這是我十五年學生生涯當中最輕鬆的時間表。

美中不足的是，這一年開始，全校新生都集中在校本部新建的臨時教室上基本科目，因此我必須特地老遠跑到羅斯福路四段聽中國通史。中國通史排在星期一的第一、二節，二年級必修經

一九四九年夏，鐵馬遊淡水沙崙。左起詹國樑先生、傅少雄先生、林敬邦醫師、傅祖修醫師。

濟史則排在星期一的第三、第四節。為此，我每逢星期一都必須在第二節至第三節課的短短十分鐘內從校本部趕回徐州路法學院。當時行駛羅斯福路到公館的「一路」公共汽車雖然班數頻繁，但羅斯福路兩旁被違章建築霸占，只剩下不到三分之一的寬度，因而行車猶如牛步，還得在火車站換乘往松山的班車，所以根本無法利用公車。趕課唯一的方法是「頭擂擂」（悶頭猛衝）猛踩我的老爺腳踏車，但羅斯福路交通紊亂，加上車子性能不良，所以我每一次都跑得滿頭大汗，卻一定遲到十分鐘，只得以日本忍者的步伐從後門悄悄潛入合併教室，所幸吳克剛教授都看著小紙條講學，從不抬起頭來，故此未曾被他瞥見。吳教授是臺北博物館館長，他坐著當時已經罕見由車伕拉著跑的老式人力車來講課，充分展現出他博物館館長的本色。

中國通史的文學院歷史系夏德儀教授一貫穿著白色長袍，以口述授課。我代表十四個商專插班生上課，責任重大，必須全神貫注聽講做筆記，不能遲到早退，更遑論偷懶缺席。那段時期的我可說是名副其實的任重道遠。

違建大軍

大學四年級開始時，在大陸的國民政府大勢已去。一九四九年十月一日，中國共產黨宣布建立中華人民共和國，終結了國民黨三十八年的大陸統治。那段時期臺灣亂象百出，號稱六十萬的國民政府軍、幾十萬公務人員和家眷，以及「有辦法」的民間人士，全都蜂擁而來，臺灣全島瞬間增加一百多萬人口。軍隊分散全島各地占據學校、農倉或在公私空地設置臨時營舍，眷屬住進廟宇、祠堂，不然就是找地搭建木屋，成為後來所謂的眷村。

海軍以左營為基地，海邊形成一大眷村。一九五二年春天，臺灣罕見的龍捲風襲擊左營眷村，造成死傷慘重，滿載棺木的海軍大卡車從我服務的臺銀左營分行前面經過，令人觸目驚心，至今記憶猶新。高雄市前金區「小圓環」邊有一棟台糖公司起造的七層大樓，外殼蓋好尚未著手裝潢，就被一大群海軍眷屬強占，未裝窗戶以草蓆代替，無隔間則以布簾當床帷。大樓無水無電，上下樓只能靠雙腿，可謂難民悲慘的一頁寫照。

軍隊眷屬組織大，規模大，當他們占用公有或私有空地時，想必形式上也有經過各地行政單位的同意或默許。但在國民黨撤退大陸前後混亂時期隻身赤手空拳逃來臺灣的人士，就得尋找廣闊空地築窩棲身，或強占繁華地區較寬街道蓋小屋做買賣糊口。臺北市南下鐵路北門至愛國西路之間的兩旁柵欄外蓋滿了幾百間小木屋，市政府約十年後將其拆除，在原址鐵路東邊改建三層樓的中華商場，二十年為期租給原霸佔戶，以維國民政府首都的觀瞻。幾千戶違建陋屋很快就在羅斯福路一段至三段大馬路兩邊林立，大馬路頓時變成小馬路。此路乃通往景美、木柵等東邊郊區要道，平時往來卡車、巴士等大型車輛，如今又突然添加大批住戶，因而呈現擁擠不堪的混亂狀態。幾年後市政府不得不強制拆除，還得動用市民繳納的巨額稅金來補償住戶搬遷費。

新竹、竹東間公路之市區至關東橋段十公里沿路被違建屋占據近二十年，臺北市多處公園預定地也被占據長達幾十年，臺灣全島一時興起違建熱潮。搶地搭屋者多是來自大陸的難民，為求生存情有可原，但也有不少是從鄉下到都市謀生的無殼蝸牛。臺北舊馬場町一帶遼闊的違建地住戶有不少客家人，聽說該地取名「克難街」乃是起源於原「客人街」之俗稱，因為兩者福佬語發音極為相近。但真相是否如此則無從考證。此情況也成了臺灣至今仍無法解決的各式違章建築的遠因。

第九章　逐出校門

吃醋大小姐

初夏的一個星期六傍晚，飯後我到呂榮茂家，呂君頭纏布巾猛啃英文，說要應付星期一的期末考試，我不想打擾他，便打算告辭。呂君說美國第七艦隊軍樂隊當晚在新公園舉行露天演奏會，小妹秀美很想去，問我能否帶她一起前往欣賞。聽免費音樂會我求之不得，秀美另外騎一輛腳踏車跟著我後面走。我預感麗芝可能會來，所以順路回宿舍，她果然在那裡。我邀麗芝一起去，她不理睬，獨自搭巴士回家，似有不悅之狀。

我和秀美到場時，音樂會已經在博物館後面草坪上進行，曲名是德弗札克的《新世界》交響曲。我們把腳踏車架定，坐在鞍座上聽演奏，我對美軍艦隊軍樂隊之規模雄偉和「新世界」旋律之美印象深刻。演奏會在九點前結束，我們正要離開新公園時，遇到麗芝和煮飯的歐巴桑在公園內散步。歐巴桑沒注意到我們，麗芝看到我也視若無睹。那位廚婦是隻怪鳥，似乎對每人都有仇恨似的常在背後咒詛別人，如果發現我帶女孩子在公園溜躂，那張利嘴大概不會輕易放過我，很可能口無遮攔對麗芝胡說八道一番，所以我也裝作若無其事擦身而過。

翌日，我到附近藥房借電話（當時尚無公共電話，臺北市的電話號碼是四位數，永光公司的號碼是四五七四）請麗芝看電影，但遭到婉拒。我提起昨晚音樂會的事，她說她不想聽，突然把電話掛斷。至此我恍然大悟，麗芝昨晚婉拒同行，以及後來在新公園徘徊的不尋常行動、甚至掛電話等等，都是因為嫉妒我帶秀美去聽音樂會。秀美是很可愛的女孩子，但當時才高中一年級，在我這個大學快要畢業的男生眼中，她只是個小女孩。所以我毫不顧忌地在行前繞回宿舍邀請麗芝同往。我想，除非麗芝非常喜歡我，否則她不可能有此表現，對此我感到無比欣喜。下午我去看她，麗芝不再鬧情緒，我問她為什麼不高興，她未正面回答，只說昨夜心裡煩悶，獨自騎車在附近亂跑到十一時才回家。因此我更加相信自己並非自作多情。

一九四九（民國三十八）年度臺大經濟系畢業照。

唸臺大經濟系兩年期間，我思想單純、樂天知命、認真讀書，求知欲旺盛、獵涉書籍廣泛，又有知心女友，可說是人生最快樂的時期。但潛意識裡始終漂浮著一抹無法拂去的愁鬱，而忐忑不安。

無典禮畢業

一九五〇年六月，我畢業於臺大法學院經濟系，時年二十一歲又八個月。之前教務處公告，要求應屆畢業生前往羅斯福路三段美琪照相館借穿學士裝拍照，並於四月底前交出畢業證書用照片三張。我們在五月底繳出畢業論文，六月中旬畢業考試後不再上課，後來也沒有舉行畢業典禮，只有傅斯年校長站在操場司令台上，向畢業生做了一場簡單的演說。由於學校當局不強制參加，所以聽講學生不多，部分畢業生以看熱鬧的姿態在附近蹓躂行走，毫無臺灣第一學府學生畢業場面的隆重和莊嚴氣氛可言。我有一種在草率安排下，糊裡糊塗地被逐出校門的感覺。

我的畢業論文題目是〈產業革命論〉，指導教授是張漢裕教授，張先生是東勢客家人，東京帝國大學經濟學博士。所謂的產業革命是指十八世紀中葉迄至十九世紀初頭，以英國為中心，在歐洲各國產業界發生的激變和改革。產業革命可說是資本主義之母，但同時也種下後來階級鬥爭的種子。這是早就被先人一再討論的課題，我蒐集大量資料，不自量力地試圖探討產業革命演變的過程，意欲對資本主義體制下的社會矛盾給予一番更深入的詮釋，但開始作業不久就自覺才疏學淺而力不從心，只能甘拜先進後塵，敷衍了事繳出論文，但張教授卻給我八十分成績，令我大感意外。

就業考試

這個時期，臺灣省政府舉行大專畢業生就業考試，錄取者必須接受兩個星期就業講習，之後分發到各公教機關或公營事業服務。當時隨國民政府逃難臺灣的人口有數十萬，且全島各機關單位本來就冗員眾多，因而就業機會極少，想謀得一官半職，得靠有力背景援引，否則難如登天。然而所謂的有力背景全為外省人包攬，臺灣人占絕大多數的大專畢業生根本不得其門而入，所以大家不願放棄這條絕好管道，爭先恐後地踴躍報考。我們這一批商業專修科插班生十四人中，余文炳和賴鎮楠二君依然在台糖上班，張錦樑在一家紡織廠覓得職位，陳文宗從事家業，鄭文峰因白色恐怖案逃亡中，蔡瑞龍決定就職新竹客運公司，另三位畢業學分不足而不能參加。結果只有楊鴻游、張錦國、陳鳳儀、鄭如蘭和我五個人報名，七月中旬在南門臺北女子師範學校舉行考試，五人全部上榜。

一九五〇年臺大經濟系畢業，進入臺灣銀行實習時期的廖運潘。

講習

通過就業考試的一千名學員集合在臺灣師範學院接受就業講習，成員包括臺大、師範學院（師大）、臺中農學院（中興大學）、臺南工學院（成功大學）、臺北行政專科學校（後來與臺中農學院合併成為中興大學）等各大專畢業生。

八月十二日，為期十五天的就業講習會開始，每天上午聽國民黨大官爺們輪流演講和精神訓話，下午則講解服務須知或進行小組討論。全體學員以十五人為單位，分成幾十個小組，各組派一個國民黨員來主導討論，藉以培養年輕人對中共的敵意以及對三民主義的認識和嚮往，進而吸收純真可靠的國民黨員，想必這就是就業講習的真正目的。

我編入第三十二小組，其他組員有臺大同學徐錫美、陳懋春、林金莖。徐錫美是臺北高商早我一屆的前輩，陳懋春後來被分發臺灣產物保險公司。徐、陳二位都是經濟系同學，而林君是政治系畢業。林君結訓後被派省政府民政廳任職，幾年後考上外交人員特考轉入外交部，最後升為亞東協會駐日代表，也就是臺灣駐日大使。

就職一事我已告訴麗芝，她為我高興，同時我透過姊夫央求姜阿新先生做我的保證人，他也欣然同意。金融機構行員的保證人必須是擁有相當財力者才夠資格，我怕屆時找不到合適保證人而無法順利進入銀行，因而預作準備。當年所有大專畢業生中，臺大經濟系出身者最能勝任銀行工作，但臺銀、土銀、一銀、華銀、彰銀、合作金庫等六家行庫錄取名額有限，我又非國民黨員，萬一被派到鐵路局剪票，不知何等難堪，想到這裡我心中就焦急萬分，悶悶不樂。之後徐錫美真的被派到鐵路局，從剪票員開始做起。

金飯碗

講習結束，我按照事先指示，前往師範學院領取服務單位派令。不作任何期待的我打開信封，「臺灣銀行」四個字躍然紙上，令我欣喜欲狂，手舞足蹈。商業專修科同學中，張錦國、鄭如蘭和我三人分發臺銀，陳鳳儀派合作金庫，楊鴻游則進入物資局。

翌日午後，我攜帶派令赴臺銀人事室，人事科長命我填寫人事資料，並於九月十一日正式報到。我順便赴國外部拜訪劉昌培先生，劉桑是商業專修科早我一期的前輩，他們同屆的盧志超和連麟兒也在臺銀國外部。劉桑是G將的好友，彼此間較有交情。劉桑說總行機構大，分工細，因而工作單調乏味，若是派到分行，比較容易熟習業務。特別是臺南分行美女如雲，年輕人都希望到臺南分行云云。

一九五〇年九月十一日星期一，我準時前往臺灣銀行總行人事室報到。新進行員三十六人全部到齊，其中臺大經濟系畢業生占十二人，其餘是島內各地省立商業職業學校成績特優者。人事科長申屠諭先生說，按照本行規定，新任行員必須經過四個月試用實習，及格後才能成為正式行員。期間倘若表現不佳，不排除有遭到淘汰之可能來威嚇一番。金融研究室許建裕研究員擔任我們的指導員，他是臺灣人，但用相當流利的國語來說明實習期間的日程表，並勉勵大家遵守規則認真學習，順利成為正式行員。

臺灣銀行總行的組織架構，對外營業單位有營業部、國外部、公庫部、發行部、儲蓄部，內部管理單位則分為人事室、總務室、會計室、金融研究室等。各部室主管，營業單位是經理，管理單位則稱為主任。各部室按組織規模和業務需要設置若干科，各科又視情況分成幾個股，以期分工合作無間。

第一個星期從許春盛先生開始，各部室主管輪番來向我們講解各自掌管的部室業務內容。第二個星期開始，全部實習生分成三組，輪流分派各部室參與實際業務，以一科一星期的速度，讓我們理解銀行細部業務概況。

實習生待遇一律是月薪一百元，午飯在三樓大餐廳，憑餐券免費供應，營業部門不設午休時間，行員必須輪流交替用餐。菜單有中式定食、西餐，湯麵三種供選擇。菜餚不錯而份量甚多，當時我血氣方剛、食量奇大，卻無法吃下臉盆般大小的什錦湯麵。可是我看到一位弱不禁風的老先生，不祇能吃完大碗裡面的麵條，每一次還要在剩下的麵湯中加滿無限制供應的白飯，攪拌成什錦粥並悉數吞下。我不知那位穿長袍、整天在中庭打太極而不做事的長山歐吉桑是何方神聖，但以後看到他就會聯想到廉頗八十能食斗米的故事。

臺灣銀行接收日治時代的臺灣銀行、臺灣貯蓄銀行和日本三和銀行在臺各支店而成，董事長由省政府財政廳長任顯群兼任，總經理瞿荊洲則是我唸臺北商業專科學校時教中國地理、遭我們罷課而辭職的「地圖」先生，副總經理兼人事室主任許春盛和公庫部經理曹賜瑩二位則是高級幹部中少有的臺灣人。

算盤和語言

進入臺銀後立刻遇到兩個困擾，那就是算盤和語言問題。唸公學校五年級時，謝清京老師教過我們打算盤，他認為大部分學童畢業後不再升學，而算盤是在社會上用處最多的技術，所以非常認真教導我們。然而我雖懂得打算盤，但不熟練，速度慢又不準確。比起大學生，商職出身的實習生個個都是高手，他們斜睨著笨手笨腳的我們而暗自竊笑不已，只有，開南商職畢業的鄭如蘭例外。

銀行營業單位不設午休，但午後三點半營業時間結束後，結帳完畢即可下班，管理單位則與一般公家機關同樣，採取準時上下班和午休一個小時的制度。我們在管理單位實習時，會計室派一位三段的算盤高手來指導我們大學生，那位高手示範表演時三指飛快躍動，打出來的天文數字一個不差，令我覺得不可思議，嘆為觀止。當時電算機尚未出現，銀行業務只能依賴算盤，故而非埋頭苦幹不可。起初不祇速度慢，同一報表打出來的數目竟然每次都不一樣，打多少次就有多少個不同的答案，令我們這一批半路出家的笨蛋面面相覷，啼笑皆非。語云有志者事竟成，後來我們慢慢熟練，打算盤速度變快，打出來的天文數字也變為只有一個，一年後我在左營分行擔任主辦會計。

語言也是大問題。我的國語程度很差，只能聽，不會講。戰後經過五年，我的中文程度在「讀」、「寫」能力都有進步，專科和大學的老師來自大陸各省，從而無論什麼怪腔亂調都聽得耳熟能詳。但我們日常生活都用客家話、福佬話或日語交談，幾乎沒有說中國話的機會，因而想要說國語時，總是無法「脫口成語」。但我一開始就被派到公庫部存款課坐櫃台，接觸的顧客絕大部分是軍人或官吏等外省人，我別無選擇，只好厚著臉皮，七拼八湊地胡言亂語起來。大約一個月後，有一天我忽然發現自己竟能口若懸河地在說「國語」，不禁啞然失笑。我想這是因為五年間儲存在我腦海裡的語彙，遇到迫切需要時，便奉大腦指令而迸發出來，同時亦藉客家話近似北京話之利，不懂的部分姑且以客家話按照自然悟出的規則「變聲」來敷衍因應，後來也能應對自如，連我自己都感到匪夷所思。

在銀行服務，除了算盤和語言以外，會計（銀行簿記）也是必須具備的技術。這對我們三個商業專修科的插班生和商職畢業生都未構成威脅，可是對只學過會計理論而缺乏實際習作的其他經濟系科班出身者來說，是非常頭痛的問題。密密麻麻的會計科目和天文數字，我們能一目瞭然，他們卻個個看得目瞪口呆，頭昏腦脹，尤其是帳目借貸方分錄之來龍去脈，更令他們疲於奔命。讓我們享盡了幸災樂禍之福。

進入臺銀不久，我想若要出人頭地，須有過人之處，但我無一技之長，所以決定學習英文打字，以利未來在銀行業務上能夠勝人一籌。永光公司附近有一家打字補習班，我繳納一個月份（五十元）的補習費，報名晚上班。我每日下班搭銀行交通車回宿舍，晚餐後騎車到永光公司，把腳踏車寄放永光公司後上補習班。現在隨便丟在路旁也沒人要的腳踏車，在當年是貴重之物，身價是一般公務員好幾個月的薪水。那個年代的偷車賊尚無機車、汽車可偷，能夠下手的對象唯有腳踏車而已，所以必須停放在安全的地方。另外，我也藉寄車和取車之便來增加與麗芝見面的機會，那時公司裡令人發窘的歐吉桑們已經離開，我得以大大方方地找麗芝談天。因此，我的學習打字，可以說一箭雙鵰。

我每個月薪水的一半都用來支付補習費，所以起初不得不求助於父親，但後來銀行每個月都另立名目發放福利金，故而實際收入超過月薪三、四倍，第二個月開始就不再麻煩父親了。我從小運動神經不算靈活，打字技術進步緩慢，調差到左營後更沒有機會使用打字機，久而久之可說前功盡棄，但最起碼達到部分目的。

碧潭意外

開始在臺銀上班的前一天是星期日，G將和我約麗芝、麗芝表妹詹苑君、堂妹「B將」姜櫻媚、摯友張芬吟四位小姐前往新店遊玩。我們租用一艘由老船夫划的木艇巡遊碧潭，之後G將和三位小姐在潭中游泳。麗芝感冒，我不會游泳，所以二人坐在岸邊聊天。午餐時間，泳者上岸時，B將突然暈倒不省人事。我雙手抱起她，轉頭奔向街上尋找診所。當年十八歲的B將是一位瘦小女孩，但想不到失去知覺的人那麼沉重，走沒多遠，我的腳步就開始踉蹌，雙臂酸軟欲斷。跟隨後面跑步的是骨瘦如柴的G將和三個弱女子，不能期待他們代勞，所以我請大家幫忙，讓我把B將背起來，靠著童年時代背負弟妹練成的功力，飛奔到新店街上的小診所。一位老醫師搖搖晃晃地走出來替B將打針，診斷後說她心臟不太好。B將醒來後持續躺在診所休息，傍晚才一起搭公路局汽車回臺北。

約一個月後的晚上，我和麗芝在永光公司樓上喝茶時，突然聽到小工友在樓下大聲喊叫。B將倒在樓梯口，我趕快把她扶起來，讓她躺在沙發上，一面叫小工友到隔壁診所拜託醫生出診，醫師替她打針後就似無大礙。她是在「風呂桶」泡熱水澡，起來正要上二樓時暈倒，所以醫師再三叮嚀她往後不要泡「風呂桶」，以免發生意外。

詹苑君（左）和姜麗芝（右）在北埔姜阿新洋樓露臺，身後是北埔慈天宮。

姜麗芝、張芬吟、姜櫻媚於臺北合影，攝於一九五一年。

一九五〇年九月十日臺銀上班前一天，廖運潘（左）、G將詹錦川（右一）、詹苑君（右二）等人共遊碧潭。

坐在船上的麗芝，划船者為詹錦川，張芬吟在水裡。

冷戰

這段時期麗芝對我的感情起伏很大，時熱時冷，高深莫測。我不知其所以然，只能告訴自己，麗芝對我的情誼尚未鞏固，可能是受到父母的壓力而搖擺不定。不久前，楊鴻游向蔡瑞龍尊堂打聽我和麗芝之事，伯母說，一對年輕人情投意合，可惜女方父母還不肯做決定，另外好像也有條件很好的人向她雙親說媒。楊君將此事轉告，並鼓勵我再接再厲發動攻勢。

有一天傍晚，我去永光公司寄車，剛好遇到姜阿新先生夫妻外出，我向他們作揖致敬，他們默默點頭，麗芝隨後出來，表情冷淡，令我宛如被冷水澆頭。幾天後，某個晚上我打字完畢步入永光公司，麗芝送一位女客出來，客人回去後麗芝一言不發登樓而去，我不明白為何被藐視，心中困窘。再過幾天我去寄車時，正在和苑君、B將聊天的麗芝突然轉身背對我，默然呆坐，讓在座氣氛變得拘謹難熬，也令我產生一股不可名狀的屈辱感而感傷。我轉身就走，騎著車子橫衝直撞，一個多小時後回到宿舍，看見麗芝、苑君和B將三人在那裡。我餘憤未消，無意跟她們談話，獨坐書齋靜靜看書，未幾她們說要回去，麗芝和苑君共乘一輛三輪車，我騎腳踏車載著B將飛奔疾馳，先於三輪車抵達永光公司，把B將放下後立刻轉頭而去。

翌日是中秋節，銀行不放假，但發放為數不多的月餅代金。G將到銀行公庫部來邀我晚上去川端（螢橋新店溪河畔之日語名稱）划船賞月。他說除了住在永光公司的四位女性，蔡瑞龍和劉世汀二君也要參加，同時叮囑我下班後馬上到永光公司會合。我想起近幾日來的不愉快事件，不願再遭受同樣的難堪，所以下班後直接回宿舍並借中山北路藥房電話，告訴G將我不想同行。英姊家眷一行赴觀音過節，隔鄰傅先生請我吃飯，我怕麻煩，就騙他已經在銀行福利社用過餐，然後自圓其說，掛起蚊帳準備早早就寢。傅桑可能察覺我的企圖，便端了一大盤炒米粉，從窗外悄悄地放在我書桌上。我的偽裝不能得逞，吃完米粉後出門找呂榮茂，兩人騎車到明治橋（圓山橋）上談天散心。G將夜深回來，為我不去賞月一事頗多微辭。我敘述最近麗芝對我的態度和我無端受辱的悲憤，G將說我誤會麗芝了，但他也無法反駁我的想法。

為了避免遇見麗芝，翌日晚上我不騎車，改搭巴士去學打字，經過永光公司前，聽到有人從裡面衝出來的腳步聲，我不回頭而搶步踏入補習班，推定來者可能是麗芝。下課時間，麗芝在永光門前等候，請我進去歇腳，並問我病情如何。我立刻查覺昨夜G將大概是告訴她說我生病不能去「川端」賞月，故默然不答。麗芝端一碗仙草冰給我，說她一個小時前看到我經過店前，走出來想請我喝仙草冰，但我已經進補習班了。二人默然無語，我對她多日來的態度無以自解，也不知說什麼好，於是匆匆而別。

從此，我與麗芝開始冷戰，我和她相遇的機會仍然不少，但話難投機，有時甚至反唇相譏，但我知道彼此都言不由衷。她曾經為她的表現向我道歉，但未說明其所以然，因此我也不加理會。這時呂家伯母告訴我，麗芝母親託她親戚物色適當對象，她替我大為憤憤不平，也使我感悟麗芝對我的反應可能是來自於此。爾後，我多次在永光公司與麗芝等四位女性談天，但每每思及呂伯母的話就憂心如焚，心不由主地冷語冰人，隨即又陷於嚴重的自我嫌惡而痛苦自責。某個夜晚，我心浮氣躁，說出口的話使得在場淑女個個困窘難當，很快不歡而散。麗芝送我下樓，她替我開門時，如怨如訴地吐露她多日來的淒涼感受。麗芝言語居然喚起我憐惜之情，自省我連日來的舉動實非君子所為，尤其對自己所愛的人更不應該，這樣下去終究也不可能有什麼美好的結局，所以決心試圖離開麗芝，以求心如止水。為此，我打算實習結束前向人事室申請志願調職南部或東部，離北部越遠越好。

第二天晚上，我步出補習班，麗芝牽著一部腳踏車在亭子腳等待，要我騎車載她四處兜風。她的邀請對我是喜出望外，但有鑑於近日她的冷淡舉止，我不敢奢望她突然轉為親熱。我推測她有話對我說，但不願被第三者聽到，所以才有如此行動。在封建保守風氣仍然十分濃厚的時代，她算得上是前衛大膽，按照觀音人特有的說法是有一點「貂蟬」。

我們前往植物園，麗芝頻頻回頭，為前一陣子向我道歉卻未被接受之事頗有怨言，但我始終保持沉默，因為我仍無法諒解她對我故作藐視、甚至可說近乎侮辱的態度。我們在植物園繞了一圈後步行折回，路上麗芝說出她父母近來對我的態度有所改變，開始反對我們的婚事。這是我最不想聽的話，卻是非面對不可的冷酷事實。我問她雙親不贊成的原因，麗芝不知，只聽母親說二人輩分不合，我是麗芝舅父的內弟，結婚後親戚間稱呼諸多不便，她父親則說「呂邱」不通婚，而我「骨底」

姓邱，故而有所顧忌。我也知道廖姓和簡姓原出自張姓，因而自古有張廖簡三姓不通婚的習俗，但當時不再墨守成俗的例子已經不少。我雖然不知呂邱二姓不通婚的道理何在，但我姓廖，麗芝姓姜，後來我想到姜太公姓呂名尚，可是姜阿新先生是由蔡家出嗣之人，麗芝骨底姓蔡，照理與「呂邱」不通婚扯不上關係。

我認為這些都不是問題，顯然是用來安慰女兒的推託之辭，應該另有其他反對的理由。我推測她父母可能嫌棄我的條件未達所期水準，不然就是另有條件優於我的對象出現。此外，不忍獨生女離開膝下也是為人父母的矛盾心態，這些都可能使二老改變初衷。

姜阿新全家福。

對於這些問題，麗芝並無具體的答案。經過思考，我認為雙親的意志對她產生影響，意欲聽從父母的孝心與過去與我培養的感情之間起了衝突，心中的矛盾和鬱悶讓一位十九歲的女孩子做出乖謬的表現，這樣解釋比較合理。但如果此一想法正確，就意味著麗芝對我的情分不夠深切，想到這裡，我又萬念俱灰。

朋友

我們徐漫而行，卻不知不覺地走向她家，我和麗芝的話題雖非十分契合心意，但二人都不想太早結束那次難得單獨相聚的機會，所以在總統府前面左側的草坪上坐下來。麗芝再度表明，她的婚配必須由父母決定，父母不贊成，她就不會嫁給我。她的談話似乎把我和她過去兩年多的情誼拋諸九霄雲外。在此之前，我對她是低聲下氣、百依百順，但她這次的言談觸發了我的客家「硬頸」脾氣。我毅然決然地對她說，妳受過高等教育竟如此頑冥不化，妳可以不嫁給我，甚至可以不再相見，但妳不可以盲從父母之命，嫁給妳不願意嫁的人。她對我的勃然大怒感到十分意外而默然，我則更進一步決心離開她。經過短暫的沉默，麗芝悄悄說，今後我們能不能成為不以結婚為前提的好友，當時我六神無主，隨口應諾，但事後認為不合適。老蔣「非敵即友」的說法不合邏輯，因為中間還有非敵非友的閒雜人等，就那個時代一般男女關係而言，除了配偶或情人，其他都是平淡無奇的異性，並不存在所謂的男女朋友。我想既然不能得到她的愛，就該趁早斷念，不應一再糾纏難為她，以免被譏不知進退而貽笑大方。

幾天後，麗芝贈給我一套胭脂色天鵝絨封皮的英文原著《飄》，作為我和她成為朋友的紀念，並鼓勵我用功把那本書讀完。那一套天鵝絨封皮可能是麗芝在都麗美洋裁學院深造一年有成之唯一傑作，書扉後面用日文寫著：「受贈於成為朋友之人，以資紀念我們的一段友誼。」

我允諾麗芝的要求，接受了她的紀念品，也開始猛看英文書，但我的理性告訴我，當時的社會觀念並不允許不以結婚為前提的男女親密交往。所以恢復冷靜後，我依然決意貫徹我的初衷，盡可能與麗芝保持一定的距離，以防瓜田李下之嫌。彼時我的實習已近尾聲，聽說人事室歡迎行員請調鄉下分行，我希望藉由人事安排，早日結束目前的窘境。

永光公司位於臺灣銀行正對面，由於地緣關係，我和麗芝偶遇的機會也不少，她幾乎每次邀請我進去喝茶聊天，我都按照既定方針婉卻，麗芝也多次獨自或結伴來訪，但我均藉故外出，不然就是以忙於寫實習報告為由，不參加她們的歡聚，而且盡可能敬而遠之。我堅守自己的原則，但心中充滿了克己的悲壯感，和不得不遠離心上人的那股強烈的寂寞感。那時我感覺除了麗芝本人以外，她周圍的人也好像開始對我淡漠起來。或許有一點偏見，但我想，我不得不做好心理準備，接受可能失去麗芝這個殘酷的事實。所幸，我這種愁悶鬱結的情懷，不久就因狀況急轉直下而撥雲見日，使我重拾清風霽月的心境。

一九五〇年十一月二十日黃昏，麗芝訪友歸途到我宿舍稍坐片刻，之後要我送她回去，我用腳踏車載她，一下子就到了新公園。麗芝嫌我騎太快，建議進公園散散步。那日天氣清朗，但深秋寒意逼人，因而公園內走動的人寥寥無幾。我和她在公園內慢步行走，兩人好像都有很多話要說，卻一時說不出口。當時新公園不設供人休息的長凳，我們蹓躂一段時間，站在一棵樟樹下歇腳，這時藏在心窩的肺腑之言，禁不住自內噴湧而出。我說我愛她，我要娶她，然後吻她。她不抗拒，我和麗芝的夫妻緣分就決定在那一瞬間。麗芝如決堤奔流似地吐露她的愛慕之情，並承認眼見我的刻意疏遠，她內心有多麼焦慮和憂傷。麗芝是十分淳厚的女孩子，又是雙親寵愛的獨生女，對父母唯命是從，如無發生特別之事，很可能與當時一般家庭的女兒一樣聽從家長安排來決定終身大事，我認識好幾位麗芝同學的婚姻都是如此。麗芝情竇初開便與我情投意合，卻得不到父母首肯，失望與焦慮使她做出怪異的行止，結果使我憤慨難當，如今幸得誤解冰釋而言歸於好，並答應我的求婚。然而背著父母擅自做了如此重大的決定，對她確是一件驚天動地的大事，想到這裡，心中的不安使她不由得啜泣起來。

我了解麗芝的心意，便「正氣凜然」地表白我的想法。天下父母莫不冀望自己的兒女幸福，如果我們的結合能給妳帶來幸福，父母親將無怪怨（客語：怨尤）的道理。我有全臺灣待遇最好的職業，不久正式任職，定能保障過一般水平以上的生活。屆時我會稟告家父，按照一般習俗託媒向尊府求親，只要妳堅持自己的原則，那麼即使出現三頭六臂之敵手也莫奈我何。令尊是留學日本明治大學的知識分子，自無不顧女兒幸福而固執己見的道理，何況他肯當我在銀行的保證人，可見他對我並無偏見，起碼認為我是信實可靠的人。萬一令尊因為某些特殊原因強力反對我們結婚，我們就應該擬定長期計畫，等待老人家的意志改變，不得已時再另作最壞的打算。聽了我這一篇「大道理」，麗芝心境好像變得開朗一點，也告訴我她一位堂姑媽反抗父母離家出走私定終身的往事，以及她的前輩潘芳格小姐不顧父母反對嫁給杜慶壽醫師的經緯。她對她們的勇氣讚仰有加的同時，似乎也安撫了自己一番。

我和麗芝坐在博物館後方樹蔭下的兩個巨石上談論未來，但內容並不浪漫，而是非常切身的問題。我說我會竭力為銀行做事，將來一定要當上總經理。此話聽起來像是年輕人負氣在情人面前誇耀自身才幹，其實不盡然如此。一個初出茅蘆的青年立志想要有一番作為乃是人之常情，除此以外，經過兩個多月巡迴各單位實習中觀察的見識所得，亦助長了我的自信。

我認為如果臺銀的人事制度運作健全，十幾年後外省人空降幹部泰半告老退休，將為後進大開升遷門路。倘若此一判斷正確，到那個青黃不接時期，我等這一群首批分派臺銀的高學歷者受到特別重視的可能性不小。這是我的如意算盤，但當時我未想到銀行規模擴張迅速，因而無法估算包括其他商業銀行同儕後來的升遷比我想像中更快，四十歲不到就擔任分行經理者比比皆是。曾文謙升至副總經理後轉任一銀總經理，退休前是華銀董事長，與我同時就職的臺中商職畢業生陳捷南任臺銀副總，慢我四年任職的後輩梁國樹當了中央銀行總裁。

先前麗芝贈送的英文原著《飄》，我不自量力地依靠英日辭典，勉強唸了二十幾頁。現在麗芝改變立場，不再是我的「朋友」，我的諾言也不再堅持，因而變成龍頭蛇尾，不了了之。

重見曙光

十一月二十日晚間的相遇使我重見天日，麗芝也不再隱匿感情。爾後我每天利用上班經過她宿處的短暫時間相見，下班後盡可能去看她，如果時間允許就邀她看電影，麗芝也很自然地挽著我的胳膊走。在那個時代的風氣而言，麗芝是「心臟很強」（日語）的女孩子。銀行營業單位的下班不甚固定，業務閑散時收班早，但每逢一、五、十等「大日子」或當天的試算不符時，勢必延後下班。麗芝說，每日下午時間快到了，就期待著我出現而心不在焉，有時我晚到，她就忐忑不安而不得自主。她說希望我的實習趕快結束，職位安定，正式成為社會成員，以利我們婚事的進行。我和麗芝形影不離，已為我們很多親朋所知，我姊丈勸我與麗芝來往不可過於親密，以免招來閒言閒語，因為在那個時代，戀愛並不是什麼很光彩的事，同時也擔心我二人交往過密可能引起麗芝父母的反感。我們認為他言之有理，努力克制自己，但很難壓抑順路進去見面的誘惑。

十二月一日，蔡瑞龍與苑君小姐在新埔老家成婚。由於實習期間不准請事假，所以我未克南下參加嘉禮，但蔡家決定另擇一日在臺北招待旅北親朋和同學。瑞龍君發給臺大商業專修科及經濟系同學的請帖由我代送，我利用公餘時間騎車奔走。十二月九日傍晚，蔡家在西門町新蓬萊飯店三樓宴客二十桌，我受託擔任招待，發現傅斯年校長坐車到來，趕緊下樓迎接並牽著老校長的胖手登樓。傅校長當年五十五歲，卻老態龍鍾，氣喘嚴重，中途休息二、三次才走到三樓，然後坐在沙發上喘氣不已，聽說他患有嚴重心臟病。兩星期後，我在報紙上看到臺大校長傅斯年先生與世長辭的噩耗。

瑞龍君尊翁蔡昆松先生臥病在床，未克出席宴客。新竹客運公司總經理許振乾先生是蔡昆松先生、姜阿新先生的結拜兄弟，所以由許先生主持宴會。許先生日文造詣很深，日語演說無懈可擊，但生硬發音的日本北京話不算高明，惟其從容不迫的瀟灑儀表頗富英國紳士風采，令人印象深刻。宴中他略帶酒意向我說，「你的媒人非俺莫屬」，對我來說彷彿是天賜福音。因為麗芝曾告訴過我，她父親和振乾叔二人從小情同手足，彼此敬重，大小事情都會商量。麗芝唸初中時，父親把她寄在新竹振乾叔家，叔父特別疼愛她，對她照顧有加，有關她的結婚問題，父親必定徵求叔父的意見云云。所以我樂觀推測，許先生的那句若無其事的戲言，乃是贊同我倆之意。托「阿龍頭」喜事之福，我又看到未來一線曙光。

翌日午後我去看麗芝，有一位年輕女客人正告辭離去。麗芝說，那位客人是她同學，同屬北埔姜家，但輩分大，日前有一望族託她說媒，她利用同學之誼來打聽本人意思，但麗芝直截了當承認自己已有意中人，似乎是匆匆回去復命。麗芝也說，她已經對親友表明要與我結婚的決心，使我進一步增加對她的信心。

十二月下旬，銀行實習快要結束時，每個學員都在關心自己將來去處，除了部分原籍中南部者以外，大家都期望在臺北總行服務。十二月二十八日，我接到正式任用為辦事員，本俸一四〇圓，前往左營分行服務。大失所望的我於心未甘，到人事室找一位頭份出身的黃姓雇員，打聽我是不是因為成績不佳而被謫戍僻地。黃先生年屆知命，他是從日治時代「給仕」（小工役）做起的老行員，經驗豐富，熟悉銀行一切業務，堪稱臺銀萬事通達人，卻因學歷低而無法升級。黃老用苗栗口音很重的日語說：「不，左營分行是最小的分支機構，但業務內容匹敵任何一家大分行。待在小單位分擔複雜的業務，不出幾年就能把你磨鍊成為一個「Expert」（日治時代銀行用語，原意是專家，在銀行乃指精通一切銀行業務者，與梨園用語「戲包袱」同一用詞），屆時你就能獨當一面。或許上面有遠謀，刻意把你們派出第一線栽培幹部人才也說不定。」我心想大概是黃桑在替我打氣。

下班後，我向麗芝告知即將調職高雄的消息，她雖非常失望，但十分鎮定。她說昨夜振乾叔借宿三樓，她坦率地向叔父表明心意，振乾叔答應會尊重她的選擇。我知道麗芝決心彌堅，二人即使天各一方，依然心心相印，或許這就是她能心平氣和接受這個消息的原因。

翌日二十九日是實習最後一日，三十幾位實習生聽過總經理瞿荊洲先生一場訓話後，各散西東。鄭如蘭派任營業部，張錦國高雄分行，我經濟系同學許蓬萊配屬澎湖分行，許君四十歲前當一等分行經理，後轉任亞太銀行總經理。

三十日上午麗芝來訪，我們珍惜暫別前的一分一秒，大談以後二人如膠似漆的理想生活和光輝燦爛的未來美夢。麗芝說她父親昨夜上臺北，獲知我將南下之事，命她邀我翌日晚上到永光聚餐。為此她提前回去準備。我傍晚赴約，麗芝和二位小姐準備豐富的「壽喜燒」大餐和多瓶紅露酒（當時臺灣最高級的酒），姜先生笑容可掬地舉杯祝賀我就職。麗芝父親的態度令我相信，他極可能是同意了我和他女兒的婚事，使我有點陶然自得。

一九五〇年即將結束。我必須在翌年元月五日上午九時向臺銀左營分行報到，因此預定元月四日從臺北搭夜快車南下赴任。在此之前，我還要回觀音向父母親報告調職之事，因此約好麗芝元月三日在臺北見面。十二月三十一日中午，我和利用新曆過年放假回家的麗芝、芬吟桑、B將搭乘同一班快車南下。我在中壢下車，麗芝把頭伸出車窗，揮手道別。我站在月台，心裡追懷在臺北和麗芝共享的快樂時光，然後以歡欣無比的心情，走向返鄉之路。

廖團景和兒子女婿於廣生藥房前合影。後排左起運琤、運潘、運璹，後排右一運範，前排右四運琦。唯一缺席的運淮定居日本，在大學教書。

母親廖陳李妹和八個女兒及兒媳於觀音家後院。

後記
聽爸爸說故事

廖惠慶

擅於說故事的爸爸記得一生經歷過的大小事，鉅細靡遺，而六個子女中我是在父母身邊最久的一個，也是聽最多故事的女兒。有天我用客家話轉述觀音故事中的有趣片段給徐仁修老師聽，徐老師當下便建議爸爸將所見所聞寫成文字記錄下來。之後，受日本教育的爸爸竟能用流利的中文將故事寫下。此乃由於他博覽群籍及長期為賺取子女龐大的學費，工作之餘孜孜不倦地翻譯日文而練就的功力。

爸爸幸好有古典音樂和文學相伴，否則一九六五年突然從北埔帶著老小北上，面對茫茫未知，真不知道當時三十七歲的他，要如何度過接下來幾十年的煎熬？家父滿腹才華卻一生不得志，微醺時他偶爾會哼起《四郎探母》中那段「我好比籠中鳥，有翅難展；我好比虎離山，受了孤單；我好比淺水龍，困在了沙灘……。」每次聽到這段，我內心總是忍不住偷偷地哭泣。

家父滿腹才華卻一生不得志，然而善良及慷慨的本性絲毫未受影響。家中鉅變後，在與媽媽合力養大我們六個嗷嗷待哺的小兒過程中，他們學習新知及努力工作的態度，處世的樂觀積極，給了我們最好的身教。父母親從不說己長、不道人短，即使貧困也永遠不忘對困窘的親友伸出援手，待人親切謙虛，家裡雖簡陋卻經常有來客，父母的好人緣成為我們全家的資產，兩人間從不吵架的恩愛也是子女們最大的幸福。親情與對人的溫暖，應該就是讓我們能身心健康地成長的禮物。

家父的自傳九冊《想到什麼就寫什麼》一百三十萬字鉅作，因內容包含有親朋私事而未公開出版，其中祖父姜阿新先生的茶業故事後由公視改編為電視影集《茶金》，瀚草影視公司總經理湯昇榮先生於拍攝完成後認為需要讓觀眾看原版的真實故事，因而相關段落由我摘錄編成《茶金歲月》一書。出版後隔年，承蒙汪其楣教授及曾文娟女士建議，雍熙及我開始將《想到什麼就寫什麼》中由兒童時期至大學畢業間求學生涯故事整理精簡成冊。敏感的家父對周遭人事物觀察入微，說故事的本領一流，文筆生動幽默，風格獨樹，整理文稿過程中我們時而捧腹時而落淚，然限於篇幅，只能忍痛取捨而反覆再三，最終編輯成二十三萬字之此書。

由父親的成長背景，也許可以窺見他在艱困年代中受到觀音祖父母及學校雙重嚴格教育而養成的性格，影響我們子女深遠之端倪，同時我們也非常慶幸、榮幸，能為父親把這些珍貴的民間史料公開，以期與眾人分享並流傳後世。

People

生徒年代：茶金歲月前傳

2024年10月初版 定價：新臺幣480元

著者	廖運潘
整稿	廖惠慶
	黃雍熙
叢書主編	洪偉傑
叢書編輯	陳胤慧
內文排版	立全電腦
封面設計	康學恩

出版者	聯經出版事業股份有限公司
地址	新北市汐止區大同路一段369號1樓
叢書編輯電話	(02)86925588轉5394
台北聯經書房	台北市新生南路三段94號
電話	(02)23620308
郵政劃撥帳戶第	0100559-3號
郵撥電話	(02)23620308
印刷者	文聯彩色製版有限公司
總經銷	聯合發行股份有限公司
發行所	新北市新店區寶橋路235巷6弄6號2樓
電話	(02)29178022

編務總監	陳逸華
總編輯	涂豐恩
總經理	陳芝宇
社長	羅國俊
發行人	林載爵

行政院新聞局出版事業登記證局版臺業字第0130號

本書如有缺頁，破損，倒裝請寄回台北聯經書房更換。 ISBN 978-957-08-7490-7 (平裝)
聯經網址：www.linkingbooks.com.tw
電子信箱：linking@udngroup.com

國家圖書館出版品預行編目資料

生徒年代：茶金歲月前傳/廖運潘著．初版．新北市．
聯經．2024年10月．448面．15.5×22公分（People）
ISBN 978-957-08-7490-7（平裝）

1.CST：廖運潘 2.CST：傳記

783.3886 113014147